郑欣淼文集

政策学

郑欣淼 著

图书在版编目（CIP）数据

政策学 / 郑欣淼著. — 北京 : 北京出版社，
2023.6
ISBN 978－7－200－18300－9

Ⅰ. ①政… Ⅱ. ①郑… Ⅲ. ①政策科学—文集 Ⅳ.
①D035－01

中国国家版本馆 CIP 数据核字(2023)第 188696 号

政策学
ZHENGCEXUE
郑欣淼　著
*
北京出版集团
北京出版社　出版
（北京北三环中路 6 号）
邮政编码：100120
网　址：www.bph.com.cn
北京出版集团总发行
新华书店经销
北京雅昌艺术印刷有限公司印刷
*
170 毫米×240 毫米　16.75 印张　288 千字
2023 年 6 月第 1 版　2023 年 6 月第 1 次印刷
ISBN 978－7－200－18300－9
定价：101.00 元
如有印装质量问题，由本社负责调换
质量监督电话：010－58572393
责任编辑电话：010－58572383

目录

CONTENTS

第一章　导论/1

第一节　政策学——一门兴起中的科学/2

第二节　政策学的研究对象和性质/6

第三节　建立和发展我国社会主义政策学/11

第四节　国外的政策科学/15

第二章　政策的地位和作用/19

第一节　政策的起源和本质/19

第二节　党的政策是党的生命/26

第三节　正确的政策是实现“四化”的重要保证/30

第四节　“落实政策”“放宽政策”的巨大威力/34

第三章　政策的基本特征/39

第一节　政策的阶级性与科学性/39

第二节　政策的针对性与系统性/41

第三节　政策的稳定性与变动性/45

第四节　政策的原则性与灵活性/50

第四章　政策的若干关系/54

第一节　总政策与具体政策/54

第二节　一般政策与特殊政策/58

第三节　政策与法律/61

第四节　现行政策与共产主义理想/65

第五节　政策规定与党性原则/70

第五章　制定政策的指导原则/74

第一节　制定政策要以客观存在的事实为依据/74

第二节　制定政策要从基本的国情出发/78

第三节　制定政策要科学地分析形势/82

第四节　制定政策要着眼于发挥政策的整体效应/92

第五节　制定政策要以四项基本原则为基础/96

第六章　调查研究是制定政策的前提和基础/100

第一节　调查研究是主观与客观相符合的中间环节/100

第二节　在调查中获得感性材料/105

第三节　在研究中求得理性认识/110

第四节　调查研究的科学方法/114

一、开调查会/114

二、典型调查/115

三、抽样调查/117

第五节　群众路线是我党制定政策的根本方法/119

第七章　政策的制定/124

第一节　实现理性决策/126

第二节　制定政策的程序/129
一、发现问题，确立目标/129
二、拟定政策方案/131
三、预测评估，方案选优/133
第三节　借助“外脑”/135

第八章　政策的实施/140

第一节　掌握政策实质划清政策界限/140
第二节　安排部署检查督促/145
第三节　政策的试验与推广/149
第四节　创造性地贯彻政策/154
第五节　政策与方法/161

第九章　善于把政策变为群众的行动/166

第一节　贯彻政策要走群众路线/166
第二节　政策的宣传教育/170
第三节　科学地组织群众/178
第四节　政策要取信于民/184

第十章　政策反馈/188

第一节　政策反馈的意义/188
第二节　建立信息反馈系统/190
第三节　必须重视信息负反馈/194
第四节　追踪决策/197

第十一章　检验政策的标准/201

第一节　实践是检验政策的唯一标准/201
第二节　正确的政策必须有利于生产力的发展/206

第三节　正确的政策必须为广大群众所拥护/211

第十二章　政策研究/216

第一节　政策研究的意义/216

第二节　政策研究机构的建设/221

第三节　政策研究的方法/224

一、把定性分析与定量分析结合起来/225

二、重视比较研究法/226

三、借鉴和吸取新的研究方法/227

第四节　政策研究人员的修养/228

第五节　国外的政策研究/232

第六节　世界著名的思想库——兰德公司/236

第十三章　努力提高政策水平/241

第一节　政策水平是衡量干部素质的重要标准/241

第二节　维护政策的严肃性/245

第三节　反对政策问题上的“左”倾、右倾/249

第四节　加强理论政策学习/255

后记/260

第一章

导论

政策学是研究政党和国家的政策及其规律的科学，是政治学的一个分支，是软科学的一个重要组成部分。

政策作为建立并服务于一定经济基础的上层建筑的重要组成部分，是一个同国家一样历史久长的问题。但是，真正把它作为一门专门的学问加以系统研究，在西方，也只是20世纪六七十年代以来的事。政策学力图通过对政策过程的研究，一方面揭示社会政治生活的本质和特点，一方面寻求政策本身发展的客观规律，以提高政策的效益和效率，更好地发挥政策的作用。

中国共产党第十一届三中全会以来的十年，政策问题日益受到理论界和实际工作部门的重视，政策学作为一门适应社会主义现代化建设事业需要的马克思主义的应用科学，正在应运而生，随缘而长。因此，加强政策科学的研究，建立和发展社会主义政策学的体系和方法，对于把政策建立在科学的基础上，对于提高人们理解和把握政策的水平，对于通过政策的系统研究来提高国家的宏观管理水平，都具有十分重大的意义。

第一节　政策学——一门兴起中的科学

任何一门学科的产生，不取决于人们的主观愿望，也不是一种偶然现象，而首先取决于研究对象的成熟程度。马克思指出：“理论在一个国家的实现程度，决定于理论满足这个国家的需要的程度。”① 政策科学在我国的兴起，同样有着深刻的社会历史原因，带有鲜明的时代特征。它是由政策的地位和作用所决定的，是政治体制改革的需要，是软科学发展的内在要求，也是我们从某些政策失误的深刻的历史教训中得出的结论。

第一，建立社会主义政策学，是由政策的地位和作用所决定的。

政策是我们党的路线的体现，是实现党的领导的决定性手段。政策又是国家的“运动神经”。国家就是靠由各种政策组成的政策网络，把自己的意志传导到各条战线、各个行业的。现代国家的经济发展，主要取决于政策的正确。我国农村改革的巨大成功，就是一靠政策、二靠科学的结果。随着改革的深入和发展，管理又被提到了重要位置。然而，科学技术、管理和政策不是三足鼎立的关系。一个国家的经济发展，科学技术和管理固然重要，但起决定作用的是正确的政策。因为科学技术、管理要发挥作用，同样离不开正确政策的支持。在我国的社会主义现代化建设中，政策起着指导和调整国家在政治、经济、文化和人际关系各个方面的重大作用，是实现党对国家的领导的重要保证。关于政策在党和国家生活中的地位和作用，我们在后面第二章还要详细论述。

政策本身的这种重要性告诉我们，必须把政策作为一门科学进行认真研究。然而，新中国成立三十多年来，我们还没有一门专门研究

---

①《马克思恩格斯选集》第1卷，第10页。

政策的学科。虽然我们有些学科涉及政策问题，但这些涉及还只限于附带的对某种政策的说明、解释，比较零星、肤浅，就政策本身的规律性问题加以系统的全面的研究，可以说是个空白。因此，为了保证政策的科学性，更好地发挥政策的作用，就必须重视政策研究，并要建立相应的科研机构，培养专门的研究人才，对政策进行科学的系统的研究。

第二，建立社会主义政策学，是我国深入进行的政治体制改革的需要。

社会主义的政治体制，作为社会主义的上层建筑，是为社会主义的经济基础服务的。党的十一届三中全会以来，我们在政治体制方面进行了一系列改革。政治体制改革的目标是完善社会主义民主政治。可以这样说，政治体制改革的过程就是民主化的过程，通过政治体制改革，使人民群众参政、议政和监督制度化、法律化。我国政治体制上的一个重要弊病，就是领导权力过分集中，决策制度不健全。由于几千年封建社会和小生产经济的影响，由于科学文化教育的落后，由于法制不健全，以及干部素质、民主作风方面存在的问题，我国至今仍然没有建立起一整套严格的政策制定系统，没有完善的政策咨询系统、评价系统、监督系统和反馈系统，相当多的干部对决策过程知之甚少，各方面的专家学者能起的影响作用更为有限，这就使得政策制定的科学性无从检验，它的失误也难以受到及时有效的监督。由于政策的透明度不够高，广大群众和绝大多数干部对政策抱有一种神秘感，觉得今天说这个对，明天说那个对，翻来覆去似乎都对。如果有什么人对政策发表意见，往往以“反对”“攻击”政策的罪名遭到厄运。这些人们都是记忆犹新的。

社会主义社会是建立在公有制和社会化大生产基础上的社会。在社会主义社会，人民的民主权利，人民作为国家的主人翁，最重要的一点就是他们在国家的决策问题上有发言权。如果没有充分的社会主义民主，我们的社会主义制度就是不完善的、不健全的。我们进行政治体制改革的一个重要方面，就是解决制定政策的民主化、科学化问题。这就需要充分发扬人民群众的主人翁责任感，充分发挥他们的积极性和创造性，尊重知识，尊重人才，尊重实践经验，从而充分发挥社会主义制度的优越性。政策学正是在这种情况下兴起、发展的。还应看到，政治体制改革的关键和首要问题是党政分开。党政分开，就是党政职能分开。党政分开的目的，就是使党能够集中精力抓好党的自身建设，抓好大政方针，更好地实行政治领导。党的这种政治领导，主要是通过制定和实施政策来实现的。因此，为了加强和改善党的领导，就不能不加强对政策的认真系统的研究。

第三，建立社会主义政策学，是我国软科学发展的内在要求。

软科学是人们借用电子计算机“软件”的名称，相对于那些专门的学科门类（硬件）而言的。它的主要任务是以自然科学、社会科学、工程技术科学等诸多学科的理论、方法和技术为基础，把定性分析与定量分析相结合，典型研究与趋势预测相结合，决策部门与研究部门相结合，进行跨部门、多学科的综合分析研究。软科学包含的内容比较多，有管理科学、预测科学、领导科学、决策科学等，其中研究政策制定与实施科学化的理论与方法的政策科学，是它的主要目标。

党的十一届三中全会以后，我国开始实行对外开放、对内搞活的方针，并有步骤地进行了经济体制、政治体制、科技体制、教育体制等一系列的改革。在这种国内外矛盾错综复杂，各种新情况、新问题层出不穷的形势下，要制定正确的政策，领导者不仅要依靠自己在长期实践中积累的智慧和经验，不仅要依靠领导成员集体的智慧和经验，而且要依靠一大批各行各业的专家，依靠各种专门的决策研究班子，依靠那些知识和信息以及实践反馈信息的综合体，采取新的理论和方法，进行集体的研究，才能做出正确的决定。正是在这种社会经济条件下，我国的软科学研究空前地活跃起来。由于软科学研究的深入，现在，我们在制定政策方面正经历着三个转变：一是从以行政的方法为主转变到以科学研究与行政手段相结合；二是从短期突击性的研究转变到长期经常性的研究；三是从以领导意志为主转变到充分尊重专家、尊重知识。

另外，社会科学的一些学科，如政治学、经济学等的实现价值，在很大程度上是取决于它们的政策化程度的；也就是说，这些学科的研究成果，只有通过政策这个中介，才能转化为社会实践。因此，建立我国的社会主义政策学，不仅具有重大的实践意义，同时具有重大的理论意义。

第四，建立社会主义政策学，是我们总结政策失误的历史教训所得出的结论。

新中国成立以来，在中国共产党的领导下，我们各方面的工作都取得了巨大的成就，这些成就的取得，是贯彻执行党的正确的路线、方针、政策的结果。但是，毋庸讳言，我们在政策方面也有过重大失误，曾实施了一些不合我国实际、不正确的政策。例如，在人口政策上，我们曾长时期片面地强调人口多的好处，不搞计划生育，马寅初为避免人口爆炸而提倡计划生育，却受到打击、迫害，致使人口急剧膨胀。1949年中国人口为5.41亿多，1957年增加到6.46亿，到1982年就猛增到10.8亿，大大增加了来自人口方面的压力，使人口压迫生产力的状况明显地表现出来。正像人们所说："批了一人，多生几亿。"又如，在知识分子政策上，我们也有过很大偏差。由于"左"倾错误的干扰，我们把世界观和政治态度当作划分阶级的主要依据，而不看经济地位，不加分析地把知识分子当成是资产阶级知识分子，甚至把在新中国由我们党培养起来、受社会主义教育的知识分子也当成资产阶级知识分子。在"文化大革命"的十年内乱中，"四人帮"一伙更把知识分子污蔑为"臭老九""反动权威"等，造成了极其严重的恶果。人们还记得，在过去"左"倾指导思想起作用的时候，曾出现过"困难来了讲政策，形势好了忘政策，运动来了批政策"的现象，损害了政策的严肃性、稳定性和连续性，影响了干部和群众的积极性。

回顾过去多次重大政策失误，究其原因是多方面的，其中一个重要方面，不能说不和对政策缺乏系统的科学研究有很大关系。政策学的建立，不仅可以填补我国理论上的空白，而且对于指导实践，促进政策制定和落实的程序化、最优化、科学化，减少政策性失误，有着重大意义。

第二节　政策学的研究对象和性质

任何一门学科之所以能够独立存在，就在于它必定有自己独立的研究对象和特殊的规律性，正如毛泽东所说的："科学、研究的区分，就是根据科学对象所具有的特殊的矛盾性。因此，对于某一现象的领域所特有的某一种矛盾的研究，就构成某一门科学的对象。"[①]研究政策科学当然也是如此，需要弄清它的研究对象、范围及性质。

列宁曾经指出，政策有它的客观逻辑[②]。这种"客观逻辑"，就是政策的规律性。政策学的研究对象就是政策的这种"客观逻辑"，即政策的本质、特点和作用，以及政策制定、实施和完善过程的规律。

政策是主观指导和客观规律的统一。政策是人们从施政的角度确定的改造客观世界的主观指导，因而带有主观性；但是，这种主观指导并不是凭空臆想出来的，而是根据客观实际情况制定的，是对客观规律的反映，因而又有其客观性。实践反复证明，只有符合客观发展规律又适应客观形势发展需要的政策，才是正确的政策；反之，不符合客观发展规律，不适应客观形势发展需要的政策，则是错误的政策。政策的这种特点，要求我们的主观指导必须具有高度的科学性。

① 《毛泽东选集》横排一卷本（下同），第 284 页。

② 《列宁全集》第 11 卷，第 362 页。

政策学研究的目标，就是要使主观指导更科学地反映客观实际，依据社会发展的客观规律和不断变化的客观情况，制定并实施指导革命和建设事业发展的正确的行动准则。

政策学研究正在我国兴起，并有了很大发展，但从目前研究成果看，要形成一个完整的、成熟的体系，还需要进一步地探索。大致说来，政策学的研究范围，可以从纵、横两个方面来划分；

所谓从纵的方面划分，就是把政策作为一个动态过程看待，作为系统工程看待。它主要包括六个部分：

（1）政策学基本理论，主要研究政策的起源、本质和功能的变化，政策在政党和国家社会生活中的地位和作用，政策的特征等。

（2）政策的制定，包括制定政策的指导思想和依据，制定政策的前提和基础，制定政策的科学化、民主化原则。

（3）政策的实施，包括实施政策的原则，实施政策的程序，实施政策的方法，以及政策的监督和反馈。

（4）政策的评价，包括目标评价、方案评价、效果评价，其中效果评价是政策执行过程中的评价，也即是对现行政策的评价。

（5）政策的终止，主要研究政策的修订，政策的停止，政策的转化。

（6）政策的研究，包括政策研究的组织机构和方法，政策研究人员的素养，以及提高政策执行者的政策理论水平问题。

所谓从横的方面划分，就是进行政策结构分析，研究政策体系的各个子系统。拿我国的国内政策讲，主要有工业政策、农业政策、商业政策、财政金融政策、科学技术政策、教育政策、文化政策、劳动工资政策、干部政策、知识分子政策、统一战线政策、民族政策、宗教政策、侨务政策、人口政策等等；拿我国的对外政策讲，主要有外交政策、对外开放政策等。政策学不仅要研究这些政策的规范、性质、作用等，而且要研究它们之间的相互关系，使各项政策成为一个有机的整体，从而产生系统效应，形成一个合力方向。

社会主义政策学有些什么特点呢？我们可以从以下三个方面来认识：

第一，社会主义政策学是一门综合性很强的多元交叉学科。

在改革开放和社会主义现代化建设深入进行的今天，我们面对的是复杂的经济现象和社会现象。我们事业的每一方面、每一环节，我们前进的每一步，都离不开正确的政策作为统一行动的准则。因此，现代领导者必须善于处理复杂多变的新情况、新问题，从战略到策略，从宏观到微观，从全局到局部，从经济效益到社会效益，都要做出全面、科学的论证，制定和实行符合客观实际的政策。但是，每一项较大政策的制定都不是轻而易举的，涉及自然科学和社会科学的诸多领域。就是说，它不仅牵涉到领导学、管理学、心理学、行为科学、决策科学、思维科学、政治学、社会学、统计学、部门经济学等社会科学领域，而且离不开科学技术的参与，因为科学技术作为综合的知识体系和思维工具，能帮助我们从宏观上观察分析复杂多变的经济现象和社会现象，进行准确的鉴别和判断，从而在更大的范围内做出科学的决策。因此，制定一项比较重大的政策，需要丰富的社会科学知识、自然科学知识以及有关方面的专门知识，而这往往不是一个人或少数人所能具备的，这就要向各行各业的专家请教，广泛地听取广大群众的意见和建议，利用各个方面的科学知识为制定和实施政策服务。这说明，政策学在知识领域里是跨学科的，是一门综合性很强的多元交叉学科。

第二，社会主义政策学是科学性和阶级性有机统一的学科。

政策作为政党和国家指导人们的行动准则，只有符合客观实际，符合社会发展规律，才能起到推动历史前进的作用，才是正确的政策。社会主义政策学建立在马克思主义理论基础之上，在制定和实施政策的过程中，坚持实事求是的认识路线，坚持辩证唯物论和历史唯物论，提高了决策的科学性，减少了盲目性，因而具有高度的精确性。当代资产阶级政策科学虽然也讲“科学”，但实际上把政策与一定的社会阶级关系割裂开来，孤立地研究政策现象，并没有科学合理地把握政策的实质。社会主义政策学又具有鲜明的阶级性。政策是阶级社会的产物，属于意识形态范畴，反映的是统治阶级的利益和意志，其阶级性是很强的。资产阶级政策学不管打着什么旗号，它的根本目的是为资产阶级服务的，是为维护资本主义生产关系、为资本主义制度的长治久安服务的。社会主义政策学的阶级性，就在于它代表着工人阶级和广大劳动群众的利益和意志，是为巩固和发展社会主义制度服务的。社会主义代表着社会发展的方向，它敢于揭示客观世界的发展规律。越是坚持社会主义立场，就越是尊重科学，拥护真理；科学越是昌盛，真理越是透彻明白，就越符合社会主义的利益。这就表明，社会主义政策学具有科学性和阶级性相统一的特点。

第三，社会主义政策学是一门应用性学科。

政策是理论见之于实践的决定性环节之一，是基本理论的具体化，实践经验的原则化。政策的这种特性，决定了政策学是一门介于理论与实践之间的中介学科，是一门应用马克思主义基本理论解决实际问题的应用学科。马克思列宁主义是指导我们思想的理论基础，我们必须坚持。但各国的国情不同，即使在一个国家，各地的情况也千差万别。马克思主义发展历史的一条根本经验，就是各国政党要根据自己的实际，自己所处的国际地位和国内情况，自己决定自己的路线和政策，革命也好，建设也好，才能取得成功。应用马克思主义的基本原理，从本国、本地区千差万别的实际出发，制定和实施符合实际需要的正确的政策，创造性地解决存在的问题，正是政策学研究的任务。

我们的理论，是马克思列宁主义的普遍真理同中国革命的具体实践相结合。在这个过程中，有两次历史性飞跃。第一次飞跃发生在新民主主义革命时期。中国共产党人经过反复探索，在总结成功和失败经验的基础上，找到了有中国特色的革命道路，制定了正确的路线、方针、政策，把革命引向了胜利。第二次飞跃发生在十一届三中全会以后。中国共产党人坚持从中国的实际出发，从各方面深入总结历史经验，创造性地运用马克思主义关于社会基本矛盾运动原理，科学地阐明了许多从实践中提出的有关建设社会主义的理论和政策问题，开始找到一条建设有中国特色的社会主义的道路。我们党也在对社会主义再认识的过程中，在哲学、政治经济学和科学社会主义等方面，发挥和发展了一系列科学理论和观点。

把握社会主义政策学的特点，还应弄清政策学与有关学科及概念的关系，这主要是：

第一，政策学与政治学的关系。政治学是以国家为主要研究对象，同时研究阶级、政党、革命、民族、国际社会等政治现象的一门基础科学。政策问题的本质就是政治问题，是政治统治的工具。因此，政策学与政治学有密切的关系。拿我国今天的政治发展状况来说，一方面，政治上的民主参与，政治体制的改革，为政策制定的科学化确立了框架；另一方面，科学地制定政策将会有效地调整制度和社会需求之间产生的矛盾，并可以巩固发展政治体制与经济体制改革的成果。但是二者又有区别，它们是在不同的层次上来研究政治问题的。政治学是试图把握整个政治系统的运动，着重研究这个系统的构造，研究这个系统内部联系的方式和环境因素；政策学则是从一个角度、一个方面来看待政治系统，把政策的发展看成是衡量政治系统成熟的标志。政策学与政治学相比属于次层次的研究，可以看成是政治学新的学科分支。

第二，政策学与决策科学的关系。决策科学是研究决策原理、决策程序和决策方法的一门综合性学科。决策是做出决定的意思，是人们在改造世界的过程中，寻求并实现某种最优化预定目标的活动。决策是行为的选择。目前国内许多研究者把决策方法同领导行为放在一起考虑，也就是说从决策者的角度来进行选择。决策科学的决策原则、决策程序、决策方法为政策学提供了重要的方法与工具，是正确制定政策的不可缺少的保证。但是政策学主要不是探讨政策选择的方式，而是强调政策的设计和创造力，提倡对政策制定系统进行改造，突出考虑政策形成的环境因素，同时研究政策的实施、完善。因此，政策学与决策科学有密切联系，但又有一定的区别，各有自己的研究对象和研究领域。

第三，政策学与政策分析的关系。政策分析是运用各种方法、模型和解决问题的技巧，去识别或分析各种政策，是政策制定的准备阶段，包括确定有限的目标、排列多种方案、进行方案验证、提出选择建议等要素，即突出了自目标确立到最后决定之间这段时间，因此它只是政策学的一个部分、一个重要环节，并不等于政策学。

第三节 建立和发展我国社会主义政策学

政策学是一门现实性、应用性很强的科学，因此，我们必须以科学的态度来对待它；政策学又是一门正在兴起的科学，在我国可以说处在草创阶段，因此，就要用大胆探索的精神积极研究，善于总结，逐步地建立起它的科学体系。

开展政策学研究，在工作上要注意抓好以下几点：

一是要着力整理、研究马克思主义经典作家的政策理论。当然，限于历史的原因，马克思主义经典作家没有明确提出过“政策学”的概念，也没有写过关于政策学的专著。但是，他们在领导无产阶级革命和社会主义建设的过程中，都十分重视对政策问题的研究，写下的不少理论著作都为这方面提供了大量的材料，形成了极为丰富的政策理论，需要我们系统地整理，认真地研究。同样限于历史的原因，马克思主义经典作家的政策理论多是对无产阶级革命实践的总结，对社会主义建设的实践情况则没有或较少论及，需要我们运用马克思主义的立场、观点和方法，对新的实践情况做出创造性的理论概括。

二是要总结中国共产党在长期的革命和建设实践中制定和实施

政策的宝贵经验。我们党长期倡导并坚持的实事求是，一切从实际出发，按照实际情况决定工作方针，主观指导要和客观实际相符合，对具体情况具体分析，用不同的方法解决不同的矛盾，调查研究，解剖麻雀，典型试验等一系列行之有效的方法，以及一般和个别相结合、领导和群众相结合，从群众中来到群众中去等原则，至今仍然是我们应该继承的宝贵财富。党的十一届三中全会以来，我国在实行改革、开放的实践中积累了大量的制定和实施政策的新鲜经验，需要我们认真地总结研究，上升到理性认识。

三是要总结中华民族在悠久的历史长河中所形成的极为丰富的政策思想。我国是世界文明古国之一，有着丰富的文化遗产，在那浩如烟海的史籍中，不乏关于政策问题的研究文献。从有文字记载的历史来看，历代王朝都设有史官，负责记载国家大事和帝王及其他重要人物的言行，其中一个重要方面，就是关于政策的制定和实施的情况，作为后代统治者“安邦治国”的借鉴。历代的政治家和一些学者的著作，也都有着关于政策问题的大量记载。如约成书于春秋末至战国初时期记录孔子及其弟子言行的《论语》，历代封建统治者都把它作为治理国家的教科书，以至后世有“半部《论语》治天下”的说法。这本书中就有不少值得研究的政策思想。认真研究这些文化典籍，披沙拣金，对于我们今天建立社会主义政策学，是不无裨益的。

四是要吸收和借鉴国外政策科学的有益成分。20世纪50年代以来，西方的政策科学有了很大发展，我们在下面一节还要专门介绍。对于国外政策科学中那些反映人类制定和实施政策的共同规律的理论和方法，以及一切合理的、有价值的成分，也需要仔细研究，予以吸收和借鉴，为我所用，进一步丰富、完善和发展我国的社会主义政策学。

研究政策学还应该掌握正确的方法。没有正确的方法和手段，就得不到正确的认识和结论，就不能客观地科学地考察和分析政策现象，甚至会走上歧途。那么，我们在政策学研究中，在方法上应该坚持或注意些什么呢？

第一，坚持理论联系实际的原则。

社会主义政策学研究应当坚持以马克思主义基本理论为指导。这是因为：一方面，社会主义政策学的理论基础是马克思主义的哲学、政治经济学和科学社会主义。马克思主义哲学为政策学提供了科学的世界观和方法论基础，政治经济学为制定革命政策、经济政策和社会发展政策提供了理论依据，科学社会主义是无产阶级政党制定政策的理论武器。因此，只有掌握了马克思主义，才能深刻地理解党的政策，正确执行党的政策。另一方面，马克思主义作为指导我们思想的理论基础，也为我们进行政策学研究指明了方向，是我们开展政策学研究的武器，离开了马克思主义理论的指导，就可能使研究工作离开正确的方向。因此，这就要求我们必须懂得理论，用马克思主义理论武装自己。但是，政策研究又必须联系实际。这是因为，开展政策学研究的目的是为了更好地指导我们的实践，离开社会现实的政策研究是毫无意义的。这就要求我们懂得实际，并且善于把理论与实际结合起来。理论联系实际，理论与实践的统一，是马克思主义一个最基本的原则，是我们从事政策学研究可靠而又科学的方法。只有认真掌握马克思主义基本原理，联系我国改革、开放和社会主义现代化建设的实际，研究和解决一系列复杂的政策问题，才能达到政策学研究的目的。

第二，要把传统的政策研究方法与利用现代科技成果结合起来。

我们党在长期的实际工作中，在政策的制定和实施中，积累了大量丰富的经验，形成了一系列行之有效的方法，这些传统的经验和方法是科学的、宝贵的，必须十分珍视，继续坚持。在重视运用传统方法的同时，我们还要在政策研究中积极利用现代科学技术的成果。应当看到，现代科学技术的发展和社会进步，正在把自然科学和社会科学紧密地结合起来，使两者互相渗透，产生了一系列交叉学科和边缘学科，使得跨部门、多学科的大系统综合性研究成为可能，这就大大加强和丰富了政策科学的理论和方法，为科学地制定和实施政策，以及分析评价政策创造了条件。例如，电子计算机的不断发展，特别是系统仿真技术、专家咨询系统、系统动力学的日趋成熟，为科学制定政策提供了技术手段；控制论、信息论、系统论、耗散结构理论以及有序体的自组织的结构分析等研究成果，为决策的逻辑模型的建立以及决策的定量研究，提供了有效的工具。另外，一些相关学科的迅速兴起和发展，也促进了政策学理论体系的建立。例如，心理学、社会心理学和管理心理学的发展，为研究决策的心理机制和心理过程，提供了有价值的分析方法；领导科学、决策科学的兴起，有助于坚持制定政策的科学程序，提高决策能力，等等。总之，我们要运用现代科学技术的理论与方法，对错综复杂、变化万千的政治的、经济的、文化的社会现象，进行系统的、多层次的研究，把定性分析同定量分析结合起来，把纵向比较同横向比较结合起来，把典型分析、典型试验同数据计算、模拟模型结合起来，使政策科学的研究深入下去。

第三，研究新问题，总结新经验。

我们开展政策学研究，不仅要总结、继承历史经验，学习、借鉴国外经验，更重要的是要始终面向现实，注意研究新情况、新问题，总结新经验，以充实、丰富政策科学。这有两个方面的原因。其一，政策本身一刻也不能离开现实的实践，完全是为现实服务的。正确的政策不是主观臆想的产物，而是来源于实践，是实践经验的总结。政策正确与否，检验的唯一标准是社会实践。只有在实践中经过检验和证明，达到了预期的目的，才能说明这个政策是正确的。同样，经过对实践的科学总结和概括，又经过实践的检验，才能丰富和发展政策学。其二，我们今天开展政策学研究，应着眼于建设有中国特色的社会主义。建设有中国特色的社会主义，是我们面临的最主要的任务，同时也是社会主义政策学研究的目的。建设有中国特色的社会主义，是一个长期的探索、实践的过程。只有面向实际，努力研究新的情况和问题，认真总结丰富的新鲜经验，才能研究制定并实行一系列符合客观实际的、促进生产力发展的方针、政策，从而推进社会主义的发展。

第四节 国外的政策科学

政策问题在当今世界上，已日益引起许多国家的重视。许多国家的政党和政府都极为重视通过政策来调节社会各阶层政治经济利益和关系，通过政策来实现宏观管理社会生活，通过政策来控制经济的发展方向、速度和状态。可以说，政策已成为现代社会发展的巨大杠杆。同时，以电子计算机为标志的信息社会的来临，使人类的联系越来越密切，关系也越来越复杂。在这种情况下，仅仅依靠少数政治家的智慧和经验的传统的决策方式和制定政策方式，已不能适应社会的需要，而要把政策系统置于科学的基础之上，即依靠一大批科学家，把自然科学和社会科学的理论和方法、技术和手段，引入政策系统，于是政策科学就逐渐形成了。需要指出的是，这里的“政策”，指的是公共政策，即政府的政策。

政策科学起源于美国。1951年，著名政治学家H. 拉斯韦尔与勒恩纳合著的《政策科学》（*Policy Science*）一书，首次提出政策科学的概念，并对其内容加以系统地介绍和说明。他们认为，现代社会错综复杂，陈旧的决策机制给政府带来了沉重的负担，因而政府及其他机构在进行决策时，需要而且可以依靠专家学者的帮助。他们指出：“不同的政策产生是各种科学知识综合运用的结果。”主张运用政治学、社会学、经济学、统计学、心理学等科学知识，分析政策的过程。他们把政策制定划分为七个过程：信息、建议、法令、援引、实施、评价、终止。从而初步建立起政策科学体系。但是，由于美国当时正处于行为主义政治学的鼎盛时期，拉斯韦尔的观点没有得到应有的重视。

政策科学的概念被普遍接受，则是20世纪70年代末的事。20世纪60年代中期以后，美国社会因为越南战争、军备竞赛、贫困、犯罪、失业、种族关系等问题形成的危机此起彼伏，政策问题和矛盾十分突出，出现了后行为主义政治学，认为“知识分子应该把参与政策制定当作社会职责”，提出了把政治科学变为政策科学的主张。到了20世纪70年代初，陆续出现了一些新的研究方法，使传统的社会科学研究手段和方法得到更新和改造，特别是系统分析的广泛应用为政策科学的发展提供了重要的方法论基础。继美国之后，政策科学受到联邦德国、英国等西方国家普遍的重视。随着西方社会危机的频繁出现，国家干预的不断扩大，以及由此带来的政策咨询的要求，促使许多学者投身于社会改革，采用各种新方法研究各种政策方案，帮助当局进行科学决策。社会上的各种智囊团、“思想库”大量涌现，政策研究的范围也逐渐扩大。在今天，政策科学已在国际政治科学中赢得了中心位置，它的重要性获得了国际政治科学界人士的认可。国际政治学协会1985年7月在巴黎举行的第13届代表大会上，政府政策分析被列为大会的中心议题之一。不仅如此，政策研究还成为西方经济学研究的中心课题。当代西方经济学发展的引人注目的特点，是把经济政策学作为自己的重要组成部分，其内容包括经济政策学一般理论、宏观经济政策学、微观经济政策学和国际经济政策学等部分。近年来，美国出版了大量的政策科学专著，如由美国著名政策科学家斯图亚特·S.纳格尔主编的《政策研究百科全书》，就是自政策科学出现以来世界上第一部关于政策科学的百科全书。美国还办有著名的五大政策科学期刊：《政策分析》《政策科学》《公共政策》《公共利益》《政策研究》。同时，政策科学进入了美国各大学的课程，科学促进会上还成立了政策科学研究小组。

那么，什么是政策科学呢？从学科种类上说，它不是作为某一现存学科的更新出现的，而是一门全新的跨越许多门学科领域的交叉学科；从研究范围来说，一切涉及选择现象或具有类似内容的，以及与处理政策制定系统问题有关的理论和应用研究，都属于它的研究范围；从研究目的来说，则是为了应用知识和创造能力以更好地制定政策。目前政策科学在研究内容上较为成熟的是五个领域[①]：

第一，政策战略。政策战略是指对某一特定的政策的指导原则、作用范围、基本态度、基本假定，以及遵循的主要方向。首先是对政策问题的认定，什么问题在什么条件下能构成政策问题，既取决于人们的价值观念，也取决于交叉文化因素的影响。政策战略的另一方面是指政策目标的确定，它是在积极目标和消极目标，短期目标和长期目标，安全可靠目标和风险较大目标之间进行战略选择。

第二，政策分析。政策分析是政策科学的关键环节，它的目的是运用各种方法、模型和解决问题的技巧，去识别或发现各种政策选择，以达到所希望的质的标准。在一般情况下，政策分析要经过：确定分析主题—统一分析标准—选择可供选择的全部方案—建立系统模型—比较各种方案—检验最后结果等步骤。其中建立系统模型特别重要，目前比较有影响的模型是：（1）理性决策模型（认为政策是完成有效目标的过程）；（2）渐进决策模型（认为政策是对过去行为的不断修正）；（3）组织决策模型（认为政策仅仅是政府机关自身活动的结果）；（4）集团决策模型（认为政策是不同利益集团折中的结果）；（5）精英决策模型（认为政策是杰出人物的偏好）；（6）系统决策模型（政策是系统的输出、转换和输入）；（7）剧烈改变模型（重新设计或者终止和替换现有的政策系统）。

第三，政策制定系统的改进。主要是指对政策规划过程，对人员、机构等各种角色地位的研究，比如政策规划按照什么原则、方法进行，需要经过哪些必要的程序等。在角色分析中，着重研究政党、行政机关、立法机关、利益集团、研究机关及其他社会组织在政策制定过程中承担什么任务及其相互关系。它们是如何在对政策进行预测分析的基础上形成政策方案的。

第四，政策评估。主要是指执行政策和政策执行完毕后的估价。

① 参阅徐任：《论政策科学》，《政治学研究》1987 年第 2 期。

它是把具体的政策看成一个周期性行为，在政策终止后对政策过程进行反思。政策评估主要是分析政策需求、政策选择、政策声明等几个重要程序。

第五，政策科学的发展。这有两层意思，一是指政策科学作为一门学科需要系统化，要通过不断地补充新的内容加以完善；二是指政策科学是整个政治发展理论的核心，政治发展必然要归结到政策发展上。

说到政策科学，不能不介绍一下耶合兹科·德热。“政策科学的整个发展过程在很大程度上是和德热的个人努力联系在一起的。”[①]德热于1968—1971年留居美国，作为兰德公司的高级研究人员，出版了被称为“政策科学三部曲”的著作：《重新审查公共政策的制定过程》（1968）、《政策科学探索》（1971）、《关于政策科学的设想》（1971）。在此期间，德热又发表了大量论文，推动美国各大学开设政策科学课程，并在加州大学和南加州大学讲课。他与兰德公司的夸德合作，创办了《政策科学》期刊。在1969年美国科学促进会的会议上，德热组织和领导了第一个政策科学小组，并继而在美国政治学年会上组织了一个同样的研究小组。德热还编辑了一套政策科学丛书，为以后在美国出版这套丛书打下了基础。从1972年开始，德热参加了《政策科学》杂志的编委会工作，定期为高级决策人员举办国际性训练班，在改进以色列的决策体制方面也施加了影响。

“他山之石，可以攻玉。”当代西方政策科学的研究，由于明显的阶级利益因素和社会经济制度殊异，以及研究目的的不同，必然带有其浓厚的阶级色彩和特殊目标，这是需要认真鉴别的。但是，其一般的理论和方法，却是值得我们在建立社会主义的政策科学的过程中认真学习和借鉴的。

---

① 罗伯特·M. 克朗.《系统分析和政策科学》，第27页。

第二章

政策的地位和作用

建立和发展我国的社会主义政策学，首先要弄清政策这个概念，了解它的起源和本质，认识它的重要地位和作用。

第一节　政策的起源和本质

什么是政策？资产阶级政治学者对它下过不少定义，如政策是“对整个社会所从事的权威性价值分配”；政策是“政府选择作为或不作为的行为”；政策是“一种解决或选择重要的、有创造性的社会问题的方式”；等等。这些不同的定义，应该说都从不同的角度部分地展示了政策的某个方面的内容，但整体地看，都没有科学地说明政策的内涵。我们认为，所谓政策，狭义地理解，是指国家或政党为实现一定历史时期的路线和任务而制定的行动准则；从广义上讲，还包括完成总路线、总政策的具体路线、具体政策，以及完成具体路线、具体政策的一些措施、办法。

要正确地认识政策的本质，应该首先了解它的起源。

政策作为国家或政党的行动准则，是阶级社会的产物。原始社会没有阶级，也没有国家，那时的社会组织是氏族和部落制度，它的基本单位是氏族。氏族的族长，或部落的酋长，或部落联盟的领袖，都是分别由氏族或部落大会选举产生的，并且可以由大会随时撤换。氏族组织的另一个特点是没有系统地采用暴力和强迫人们服从暴力的特殊机构。氏族的权力是依靠人们对氏族全体会议和首领的威信和尊敬，依靠自幼的教育和养成的习性，依靠社会舆论。氏族公社调整社会生活各个方面的关系、维持社会秩序，依靠的是在长期生活中形成的风俗、习惯。原始社会的风俗、习惯是很多的，例如有远古人们对图腾的崇拜而形成的仪式和禁忌；有对神、天的膜拜和祖先的祭祀，从宗教逐渐扩大到社会生活各方面的习俗；有氏族成员相互帮助、共同防御一切危险和侵袭的习惯；以及血族复仇的习惯等。原始社会的这些风俗、习惯，是人们共同生活的准则，体现着氏族全体成员的意志和利益，对全体氏族成员具有普遍的约束力，被他们严格地自觉地遵守着。由于当时没有阶级的划分，没有国家，这些作为指导人们的行动准则的风俗、习惯，还不是体现统治阶级利益和意志的法律、政策，但可以说是政策的原始形态。我国古籍中记载的“刑政不用而治，甲兵不起而王”[①]“昔日神农无制令而民从”[②]等，就是我国原始社会状况的描述。因此，氏族社会虽然没有军队、宪兵和警察，没有贵族、国王、总督、地方官和法官，没有监狱和诉讼，但一切都是有条理的。这是由当时的生产力发展和经济条件所决定的。

后来，由于生产力的发展、私有制的产生和阶级分化的日益加剧，氏族组织显得软弱无力了。原始社会成员之间的平等、合作、利益一致的关系，已被剥削与被剥削、奴役与被奴役的阶级关系所代替。剥削阶级与被剥削阶级、奴隶主与奴隶之间的利益是根本对立的。原来反映全体社会成员的意志和利益的习惯，已经没有能力来调整社会分裂为阶级后所形成的新的社会关系。经济上占统治地位的奴隶主阶级，为了维护自己的政治、经济利益，建立并巩固一种迫使奴

① 《商君书 · 画策》。

② 《淮南子 · 氾论训》。

隶服从自己剥削和奴役的新的社会秩序，除了需要借助于国家政权外，同时还需要一整套指导人们行动的准则，一种体现奴隶主阶级意志的特殊的社会规范，以调节各方面的关系，缓解各方面的矛盾，这就是法律和政策。我国历史上商周时期的“井田制”和春秋时期鲁国实行的“初税亩”，都是体现当时统治阶级意志和利益的政策。

政党是政治派别的简称，是指一定的阶级、阶层或集团，为了维护共同利益，采取共同行动以期取得政权而结合起来的一种政治组织。政党是社会经济和阶级斗争发展到一定阶段的产物，又是进行阶级斗争和社会政治经济活动的工具。近代最早的政党是17世纪70年代英国的辉格党（主要代表资产阶级和新贵族的利益）和托利党（主要代表封建贵族的利益）。1894年，孙中山在美国檀香山组织“兴中会”，中国才开始有了政党。1921年7月，中国无产阶级的政党——中国共产党成立。据1985年统计，世界上168个国家中，政党在国家政治生活中居于领导地位的有146个，占国家总数的87%。

构成政党的要素是组织、党员、政治纲领。政党作为阶级的组织，集中代表着本阶级的利益，它的一切行动的最终目的是为实现一定阶级的经济利益而夺取政权、巩固政权，或在一定条件下支持某种政权。政党的这一基本目的，决定它必须制定一整套路线、方针、政策。现代政党影响政治、控制或指挥政府的一个方式，就是通过制定政策达到的。各个政党包括最松散的选举联盟在内，都会有反映自己政见的各种政纲，有自己的方针、政策，这是政党活动的基础；制定出的方针、政策，又是指导政党活动的基本依据。政党在制定政策后，还必然要想尽办法使它为政府所采纳，成为国家的政策。一个政党把它的政策贯彻到政府中去，可以通过各种渠道。执政党通常是把自己的政策交由担任政府首脑或议员的党员，再以适当方式将其转变为政府的政策。非执政党则是指挥有关党员和舆论机构给政府施加压力。不管各政党所使用的手段如何，但却有一个共同趋势，那就是当今世界各国的政策，大致都是在不同程度上由政党制定的。

无产阶级政党的领导，主要是政策的领导，是通过自己正确的路线、方针、政策和党员的先锋模范作用体现出来的。马克思、恩格斯十分重视无产阶级政党的政策制定。他们在领导建立世界上第一个无产阶级政党——共产主义者联盟时指出：要使无产阶级摆脱旧政党的支配，“最好的办法就是在每个国家里建立一个无产阶级政党，这个政党要有自己的政策，这种政策将同其他政党的政策显然不同，因为它必须表现出工人阶级解放的条件。”[①]斯大林也说过：“在我们的国内政策和对外政策的一切基本问题上起领导作用的是党。”[②]毛泽东在论述党的领导权时也指出：“所谓领导权，不是一天到晚当作口号去高喊，也不是盛气凌人地要人家服从我们，而是以党的正确政策和自己的模范工作，说服和教育党外人士，使他们愿意接受我们的建议。”[③]

那么，国家政策与政党政策是什么关系呢？我们说，政党和国家是两个不同的主体，两者活动范围不同，政策的内容范围也不一样，因此政党政策不同于国家政策。在一个秩序稳定、没有发生分裂的国家，掌握国家权力的国家机关只能是一个，因而只有一种国家政策；但在这个国家可能存在几个政党，各个政党都有自己的政策，其中执政党会通过该党控制的国家机关把本党的政策转化为国家的政策，这时的国家政策实质上就是执政党的政策，而那些反对党的政策则只能是不同于国家政策的政党政策。可见，国家政策与政党政策在主体、形式上是两个不同的概念，在实质、内容上只能出现基本一致、部分一致或完全相反、部分相反的现象，这需要对具体情况进行具体分析。

在我国，从根本上说，政策是由中国共产党制定的。这种状况是

① 《马克思恩格斯选集》第 2 卷，第 321 页。

② 《斯大林全集》第 7 卷，第 284 页。

③ 《毛泽东选集》第 700 页。

由我国社会的性质，我们党的性质决定的。我国是工人阶级领导的以生产资料公有制为基础的社会主义国家。作为执政党的中国共产党，是工人阶级和全国各族人民利益的忠实代表。我国的社会性质，表明其他任何非无产阶级都不能领导这个国家；我们党的性质，表明只有中国共产党才是中国工人阶级的唯一代表。党的这种领导地位，已明确载入中华人民共和国宪法。因此，党的政策就是国家政策，也就是说，党的政策和国家政策在内容上是基本一致的。随着国家机关的逐步健全和党政职责逐渐分开，党把主要力量集中在国家的总政策和重大问题决策的制定上，有关处理国内外事务的大量具体政策则主要由国家机关制定。应当看到，国家机关制定的具体政策，亦即是党的总路线、总政策的具体化。

从以上分析可以看到，政策作为阶级社会的产物，作为国家和政党指导人们的行动准则，属于意识形态的范畴，具有鲜明的阶级性，反映的是统治阶级的利益和意志。列宁指出："党的策略是指党的政治行为，或指党的政治活动的性质、方向和方法。"[①]他又说过，"政策就是阶级之间的相互关系"[②]。这是对政策本质的科学抽象。任何政策都是政党的政治行为，都是直接的或间接的政治问题。例如，工资问题是一项经济政策，住房问题是一项福利政策，计划生育问题是一项人口政策等等，它们看上去都是一项项具体的政策，只解决某个方面的问题，但却直接关系到国家和社会的根本利益，关系到政治统治体系和秩序的稳定，因此又是具有政治性的政策，是国家社会管理职能的具体体现。这些政策如果制定得不好，就会产生政治动乱，阻碍政治发展进程。所以，我们说政策问题的本质是政治问题，是政治统治的工具。

汉语的"政策"是个外来词，来源于日语，日语又是由英语

---

① 《列宁选集》第1卷，第516页。

② 《列宁全集》第32卷，第217页。

Policy一词意译而来的。我们说政策一词是由日语转来的，并不是说汉语里的“政”“策”二字与现在的“政策”的概念没有关系。在古汉语里，政有治的意思，“政者治也”，政治是指统治（或治理、管理）国家一切行为的总称；策有谋的意思，“策者谋也”。因此，政策含有统治（或治理、管理）国家的一切行为的谋略（策略、计谋）的意思。政又指行事之定则，所以政策也可理解为行为的准则和谋略。《论语·为政》中有“道之以政，齐之以刑”的话。我国古代，人们还沿用“政纲”“政令”“治国之道”等概念表达“政策”的意义。

我国是世界文明发达最早的国家之一。约在公元前2070年，就出现了第一个奴隶制国家——夏，有了体现统治阶级意志的法律和政策。如《孟子·滕文公上》说“夏后氏五十而贡”，就是国家分给每户土地五十亩，农民向国家交一定的贡赋。这就是当时的一项重要政策。作为封建时代“六经”之一的《尚书》，是我国最早的一部文集，其中周王及诸侯的命令、文告等，记述了当时的一些重大政治事件，如重要战争，政治制度和政策等。唐吴兢编纂的《贞观政要》，分类编辑贞观年间（627—649年）唐太宗李世民与名臣魏徵、王珪、房玄龄、杜如晦、虞世南、褚遂良等45人的问答、大臣的争议和所上劝谏的奏疏，以及记载政治上的一些重大措施，涉及治国的方针、原则及历代治国的经验教训。通过这部贞观年间政事的纲要，我们可以看到当时统治者是如何制定和实施一些重大政策的。古人也很重视政策研究。宋代司马光编纂《通鉴》，在进呈皇帝的表文中说：“专取关国家盛衰，系生民休戚，善可为法，恶可为戒者，为编年一书。”目的就是借鉴以往王朝在政策上的得失。宋神宗认为该书“鉴于往事，有资于治道”，因此赐书名为《资治通鉴》。

一般来说，每一项政策都应当包括以下四个要素，即主体、对象、主要内容和作用：

（1）主体，解决政策的所属问题，即解决是谁的政策，是谁制定的政策的问题，如国家的政策，政党的政策，国际组织的政策等。

（2）对象，解决政策的目标和适用范围问题，即解决政策是针对何事何物的问题，如知识分子政策，干部政策，对外开放政策等。

（3）政策的主要内容，解决政策指什么东西的问题，如路线、方针、原则、措施、策略、对策等。

（4）政策的作用，解决政策的效力问题，如政策的指导性、强制性、规范性等。

根据政策不同的内容和要求，政策可分为不同的类型：

从适用范围来分，有总政策和具体政策，一般政策和特殊政策，还可分为国内政策和国外政策；按部门来分，有经济政策、政治政策、文化教育政策、科技政策等；按时间来分，有长期政策、中期政策和近期政策等；按作用来分，有调动性政策、制约性政策等。

政策的体现形式很多，如法令、命令、文告、决定、规章、制度等。从我国的实际情况来看，主要反映在以下几个方面①：

（1）国家法律或法规，主要包括宪法、法律、行政法规和地方法规。

（2）党的政策文件，主要指党的领导机关（包括中央和地方党委）依照党章规定而制定的各种纲领、决议、决定、通知、宣言、声明等文件。

（3）党的领导机关与国家机关联合发布的决定、决议、通知等文件，它们既可以列入法规类，也可以列入党的政策文件类。

（4）国家中央机关制定、发布的各种不属于法规的文件，如国民经济和社会发展计划（包括规划）、国家预算、标准，对某些报告的批文、对法律的解释、同外国签署的宣言，声明等文件。

（5）见之于党和国家的报、刊的重要讲话、报告和文章，主要指

---

① 参阅蔡守秋：《国家政策与国家法律、党的政策的关系》，《武汉大学学报》（社会科学版）1986 年第 5 期。

党和国家领导人发表的报告、讲话、文章和著作，党和国家的报、刊发表的重要社论和文章。

第二节 党的政策是党的生命

共产党的政策是指导无产阶级进行革命和建设的科学，它对无产阶级政党来说有着极其重要的意义。马克思、恩格斯、列宁、斯大林、毛泽东都强调指出这一点，并向无产阶级政党提出认真研究政策和策略的任务。需要说明的是，马克思主义经典作家在表述政策含义、阐明无产阶级的革命政策时，除了使用“政策”一词外，还广泛地运用“政治战略”“党的策略”“任务”“措施”等多种语汇形式，来表达政策的全部含义或部分含义。

列宁在十月革命前就指出：“社会民主党的全部政策就是照亮人民群众应当走的道路。我们要高举起马克思主义的火炬，要用各个阶级的每一个步骤，用每一个政治事件和经济事件证明，实际生活证实了我们的学说。”[①]他还指出：“在党纲问题上和在策略问题上的一致是保证党内团结，保证党的工作的集中化的必要条件。”[②]斯大林也指出：“列宁主义的战略和策略是指导无产阶级革命斗争的科学。”[③]

毛泽东在领导中国人民进行革命和建设的过程中，多次强调指出，政策和策略是关系革命成败的大问题。翻开《毛泽东选集》一至四卷，《关心群众生活、注意工作方法》《论政策》《一个极其重要的政策》《关于工商业政策》《关于情况的通报》《在晋绥干部会议上的讲话》《对晋绥日报编辑人员的谈话》《一九四八年的土地改

---

① 《列宁全集》第10卷，第447页。

② 《列宁选集》第1卷，第482页。

③ 《斯大林选集》上卷，第426页。

革和整党工作》《党委会的工作方法》等一系列论著，都是结合当时斗争实际，阐述党的政策思想的光辉篇章。在革命的每个重要发展阶段，毛泽东都十分强调正确地完整地执行党的政策，依靠党的政策夺取胜利。毛泽东在分析中国红色政权发生和存在的原因时，指出了五个条件，其中一个“要紧的条件”，就是“共产党组织的有力量和它的政策的不错误”[①]。他在中国革命即将获得全国胜利的前夕，即1948年春，又特别提醒全党同志，要严肃地、认真地注意政策问题，警惕地、谨慎地防止政策上的错误。他说：“全党同志须知，现在敌人已经彻底孤立了。但是，敌人的孤立并不就等于我们的胜利。我们如果在政策上犯了错误，还是不能取得胜利。”[②]他认为，党中央当时制定的关于战争、整党、土地改革、工商业和镇压反革命等五个方面的政策，如果在任何一个问题上犯了原则性的错误，不加改正，我们就会失败。毛泽东还在党内通报中，提出必须纠正当时党内在政策和策略问题上的“左”的和右的偏向，提出：“只有党的政策和策略全部走上正轨，中国革命才有胜利的可能。政策和策略是党的生命，各级领导同志务必充分注意，万万不可粗心大意。”革命的实践完全证实了毛泽东的科学论断。正因为我们党坚持了正确的路线和政策，纠正了具体执行政策中的错误和缺点，才保证并加速了第三次国内革命战争的胜利。“政策和策略是党的生命”，这是毛泽东总结中国革命经验所得出来的科学结论。

为什么说政策和策略是党的生命呢？

第一，政策是革命政党一切实际行动的出发点，并且表现于行动的过程和归宿。

一个革命政党的任何行动都是实行政策，不是实行正确的政策，就是实行错误的政策；不是自觉地，就是盲目地实行某种政策。由这

① 《毛泽东选集》第50页。

② 《毛泽东选集》第1181页。

些行动所引起的一切结果都是执行政策的结果。所谓经验，就是实行政策的过程和归宿。在我国革命发展过程中，多次发生过因为政策的失误而招致革命暂时失败的情况。其中最为突出的有两次。一次是陈独秀的“右”倾投降主义政策和策略，不去发动工农武装，不去建立工农政府，极力压制工农的革命斗争，对资产阶级只讲联合，不讲斗争，一味妥协让步，结果使第一次大革命遭到失败。另一次是王明的“左”倾教条主义政策和策略，照抄照搬外国的经验，在战争、统一战线、土地、劳动、肃反以及白区工作等一系列政策和策略问题上，采取了“左”的做法，使党受到严重的损失。以毛泽东为代表的党中央制定和实行了马克思主义的政策和策略，开拓了革命前进的道路，使党的事业转危为安，从胜利走向更大的胜利。在社会主义建设时期，我们有着同样的经验和教训。总之，一个革命政党的实践，没有不同这种或那种政策相联系的，都是在为实行某种政策而斗争着。

第二，政策是实现党的领导的主要途径。

中国共产党是阶级组织，是工人阶级的先锋队，而不是国家政权组织，也不是经济组织和生产组织。党的这一性质，决定了党既不能代替政权组织发号施令，也不能代替经济组织直接指挥生产和经营活动。我们又知道，中国共产党是根据自己的纲领和章程，按照民主集中制组织起来的整体。党的这种整体性，决定了党的领导是一个总体的概念。那么，党的领导作用是怎么体现的呢？或者说，党的领导的主要途径是什么？党的领导，主要是政治领导。所谓政治领导，指的是路线、方针和政策的领导，也就是说，党运用自己制定的路线、方针、政策引导人民群众前进。这一点我们前边已讲过了。当然，党还要进行思想领导和组织领导。党的思想领导，指的是向人民群众进行马列主义、毛泽东思想、共产主义思想的教育，进行党的路线、方针、政策教育，以便启发和提高人民群众的觉悟，引导人民群众积极投入党所领导的革命斗争和建设事业。党的组织领导，就是正确地挑选和使用干部，并通过他们模范地执行党的路线、方针、政策来实现党的领导。可见，就是思想领导和组织领导，还要最终体现在党的政策上。正如斯大林指出的："在我们的国内政策和对外政策的一切基本问题上，起了领导作用的是党。"[①]

第三，党的政策是党的利益和群众利益的集中表现。

马克思主义认为，阶级关系的实质是利益关系或财产关系，包括物质利益和政治权利。任何革命政党所进行的一切革命活动，都是为了争得物质利益和政治权利。共产党的政策之所以是共产党的生命，就是因为正确的政策能使人民群众得到解放，获得幸福，从而使广大人民群众的力量变成党的力量。毛泽东指出："领导的阶级和政党，要实现自己对于被领导的阶级、阶层、政党和人民团体的领导，必须具备两个条件：（1）率领被领导者（同盟者）向着共同敌人作坚决的斗争，并取得胜利；（2）对被领导者给以物质福利，至少不损害其利益，同时对被领导者给以政治教育。没有这两个条件或两个条件缺一，就不能实现领导。"[②]政策的作用就是正确地处理各个阶级、阶层、党派、团体的利益关系，争取最广大的同盟者，孤立和打击少数敌人，以达到实现自己政治任务的目的。广大人民群众的最大利益就是党的利益。因此，实现正确的政策，就是实现党和人民群众的利益；如果党的路线和政策是错误的，就必然会损害党和人民群众的利益，脱离广大人民群众，党的领导也就成为一句空话。

第四，政策是统一全体党员和干部的思想和行动的锐利武器。

一个革命政党要使自己的队伍有力量和步调一致，就必须使自己的党员和干部经常保持思想认识上的统一，而这也需要经常用党的政策去教育自己的党员和干部。事实证明，群众和干部只有在党的政策的指引下，才有明确的目标、正确的方向，才会自觉地行动起来，如果群众和干部不了解党的政策，就可能离开党的政策而盲目行动。毛

① 《斯大林全集》第 7 卷，第 284 页。

② 《毛泽东选集》第 1168 页。

泽东极其深刻地阐明了这个道理，他说："人们的实践，特别是革命政党和革命群众的实践，没有不同这种或那种政策相联系的。因此，在每一行动之前，必须向党员和群众讲明我们按情况规定的政策。否则，党员和群众就会脱离我们政策的领导而盲目行动，执行错误的政策。"①我们党在革命和建设的各个时期，都及时地把党的方针、政策告诉党员和人民群众，以此统一全党的思想和行动，保证了革命和建设的胜利发展。

第三节　正确的政策是实现"四化"的重要保证

党的十二大提出了新的历史时期的总任务，这就是团结全国各族人民自力更生，艰苦奋斗，逐步实现工业、农业、国防和科学技术现代化，把我国建设成为高度文明、高度民主的社会主义国家。这是摆在我们面前的全面开创新局面的伟大任务。在这各项任务中，首要任务是把社会主义现代化经济建设继续推向前进。为此，党中央实事求是地确定了我国经济建设的战略目标、战略重点、战略步骤和一系列正确的方针。按照这个目标，到20世纪末，全国工农业的年总产值翻两番，国民生产总值按人口平均达到800美元，人民生活达到小康水平。对我国来说，这是一个宏伟的目标。

实现"四化"目标的重要保证是什么？是正确的政策。邓小平指出："实现这样一个目标，也不是很容易的。讲大话，讲空话，都不行，要有一系列对内对外的正确方针和政策才能实现。党的十一届三中全会以来，我们确定了对内经济搞活、对外经济开放的政策。要实现这个目标，没有这个政策是不可能的。"②

---

①《毛泽东选集》第1181页。

②《建设有中国特色的社会主义》（增订本）、第86页。

我们的现代化建设，必须从中国的实际出发。把马克思主义的普遍真理同我国的具体实际结合起来，走自己的道路，建设有中国特色的社会主义，这就是我们总结长期历史经验得出的基本结论。建设有中国特色的社会主义，是一个相当长的历史过程，要充分认识它的长期性和艰巨性。所谓有中国特色的社会主义，就是既有社会主义的共性，又有中国特色的个性，是矛盾的普遍性和矛盾的特殊性的辩证统一。要做到这一点，就要一切从我国的实际出发，依靠群众的智慧和力量，研究和制定正确的方针、政策。应该看到，我们今天对于具有中国特色的社会主义道路的要点和轮廓的认识已越来越明确，并且制定了一系列符合实际的政策和措施。但是，还不能说对我国社会主义现代化建设的客观规律已经充分地、完全地认识了。如何建设有中国特色的社会主义，无论从总体上说，还是从各个领域来说，我们的经验还很不够，需要在实践中继续探索和创造。已有的政策和措施，有些还需要进一步充实和发展；实践中不断出现的许多新情况、新问题，还需要我们通过深入的调查研究，制定新的政策和方法。拿农业战线来说，党的十一届三中全会以来，我们在实践中创造出联产承包责任制这一适合我国情况的农村合作经济的新形式，使农村出现了欣欣向荣的新局面。但是，不能认为党的农村政策已经到头，可以解决所有问题了。事实上，农村要作的文章还很多，许多还没有破题，有的破了题，还没有成章。例如，如何完善双层经营制，把农村改革引向深入；如何采取特殊措施，使“老，少、边、穷”地区尽快富裕起来；如何进一步发展第二、第三产业，为剩余劳动力广开生产门路；如何加强农业这个基础，改变生产条件，增强农业后劲；如何建立更完善的社会主义城乡关系，以及解决农业能源、保护生态环境等问题，都还处于进一步的探索之中。进一步解决这些战略性问题，需要全党动手，进行系统的调查研究，制定出符合客观实际的正确政策。农业战线如此，其他各条战线也是这样。

建设有中国特色的社会主义，必须进行一系列的改革，包括经济体制、科技体制、教育体制以及政治体制等方面的改革。改革是一项复杂的系统工程，能否制定正确的改革政策，并且善于根据形势的发展和变化，对改革的具体步骤和配套措施及时做出恰当安排，是改革能否成功的关键。例如，改革价格体系关系国民经济的全局，涉及千家万户，一定要采取十分慎重的态度，根据生产的发展和国家财力负担的可能，在保证人民实际收入逐年增加的前提下，制定周密的切实可行的方案，有计划有步骤地进行。再如，在改革过程中，如何正确认识和处理各方面利益关系问题，是人们普遍关心和必须引起我们重视的问题。随着新旧经济体制的逐步转换，各方面利益关系必然要作相应的调整和发生新的变化。原有的利益结构和分配关系将逐步被突破，新的合理的利益结构和分配关系将逐步形成。这同整个新旧体制的转换一样，也只能和必然是一个渐进的过程。正由于它是一个渐进的过程，人们利益的增加就不可能齐头并进，必然有先有后，有多有少，甚至有些方面的利益还会暂时受到某些损失。而且，这种利益关系的调整也不是一下子就能定型的，在某项改革中得到的利益有可能在另一项改革中部分丧失，又可能在另外的改革中得到补偿。这种利益关系的复杂变化，往往会在某种程度上影响到人们对待改革的态度。这就要求我们在制定有关政策、采取某些措施时，要立足于尽可能做到增进各方面人们的利益，从而使改革能够始终得到广大群众的支持，以保证其顺利发展。可见，正确地制定和贯彻政策，对于搞好改革同样有着十分重要的意义。

正确的政策之所以是实现“四化”目标的重要保证，归根到底，是由政策问题在国民经济发展过程中所处的位置决定的。政策是国家组织和管理国民经济的主要手段，党和国家通过制定各项政策来把握和调整宏观经济的状态、方向、速度。实践证明，在同一路线、同一目标的情况下，由于国家实施的政策不同，国民经济会呈现不同的状态、不同的速度、不同的结果。我们过去在利用政策管理经济方面，显得不够。现在，政策问题已被提到了重要议事日程。1985年9月党的全国代表大会通过的《中共中央关于制定国民经济和社会发展第七个五年计划的建议》中指出：“为了实现‘七五’计划的奋斗目标，需要在经济建设的战略布局和主要方针，科学、教育和文化事业，对外经济贸易和技术交流，经济体制和调节手段，人民生活和社会保障等方面，提出符合实际的要求，采取一系列适应新形势新任务的正确决策。”并且强调指出：“这次制定‘七五’计划，除了正确地确定必要的生产建设指标以外，必须充分重视对政策的研究和制定，使之成为计划的有机的重要组成部分。”这个建议中没有列过多的数字，只是讲了关系经济和社会发展全局与方向的一些重要指标。着重研究发展战略和方针政策，是计划工作的一个重大转变，是这个文件的特征。这有利于把注意力集中在研究经济工作的大的矛盾上面，解决经济建设中的关键问题。

拿科学技术政策来说，它是使科学技术能够有力地推动经济建设和社会发展以及自身进步的最重要的保证。当代科学技术门类繁多，我国有1000多万科技人员，他们所从事的专业又千差万别，各有自己的奋斗方向和目标。在社会发展的特定阶段内，由于资源、财力等条件的限制，人们各自确定的奋斗方向和目标常常是相互促进而又相互制约，有时又可能是相互矛盾的，因此就需要政策的协调。只有在正确政策的指导下，而且在大多数人都能掌握这些政策要义的情况下，广大科技人员的努力奋斗、数亿劳动人民的科技活动才能并行不悖，相辅相成，取得最好的社会效益。但是，我们过去对科技政策的研究未给予足够的重视。由于没有技术政策，或者政策失误，科技工作和经济建设难免走偏方向，造成严重损失。党的十一届三中全会以来，我们总结历史的经验教训，重视了这一方面的工作。1986年，经国务院批准，国家科委决定陆续发布科学技术政策指南（《科学技术白皮书》）和专门领域的政策指南（《科学技术蓝皮书》），使党和政府制定的关于科技工作的方针政策，某些重要专门领域的政策能直接同广大科技人员，全国人民见面。正确的科技政策对我国的技术进步和经济振兴具有重大的推动作用。党的十一届三中全会后国家颁布实施了第一个奖励条例——《国家发明奖励条例》。据不完全统计，三中全会以来评选出的国家发明奖中具有直接经济效益的项目，最少为国家增收节支了28亿元。九年来，根据《国家发明奖励条例》，我国已先后评选出21批国家发明奖项目共1344项，其中包括特等奖1项、一等奖26项、二等奖140项、三等奖654项、四等奖523项。我们由此也可以看到政策的强大威力。

第四节 "落实政策""放宽政策"的巨大威力

1979年以来，在中国大地上，有两句人们十分熟悉的话，一句是"落实政策"，一句是"放宽政策"。政策问题，牵动着亿万人民的心，落实政策成为各级党组织、政府以及各个部门、单位一个时期的中心工作。政策的落实、放宽，极大地调动了广大干部和人民群众的积极性，变成了社会主义现代化建设的强大的物质力量。"千好万好，不如党的政策好。"人们用各种美好的语言，衷心地赞颂党的政策。回顾中国共产党历史上这不寻常的、值得大书特书的一页，我们会受到一次深刻的政策教育，进一步体会到党的政策是党的生命这一论断的正确。

从粉碎"四人帮"到十一届三中全会以前，由于"两个凡是"的干扰，在指导思想上继续犯着"左"的错误，因而使得十一届三中全会前的两年间，拨乱反正呈现徘徊局面。那时，一项错误的方针政策要得到纠正，正确的方针政策要得到恢复和确立，几乎都遭到严重的阻碍，都要经过严重的斗争，高等学校招生不再搞群众推荐，恢复从高中毕业生中直接招考学生的办法。在科研机构，大专院校中恢复科研、教学人员的职称，甚至科研工作者每周要有一定的科研时间，科研机关、教育部门的后勤工作要为科研工作、教育工作服务，要为科研人员、教学人员服务，等等，这些几乎是“天经地义”的事，做起来都遇到不少阻力，都要经过斗争，更不用说平反冤、假、错案，重新肯定知识分子是工人阶级的一部分，是“四化”建设的依靠力量，以及纠正经济工作中“左”的指导思想，乃至停止“以阶级斗争为纲”的错误方针等这样大的方针政策了。

党的十一届三中全会，是新中国成立以来我党历史上具有深远意义的伟大转折。这次全会的伟大历史功绩，就在于从根本上冲破了长期“左”倾错误的严重束缚，端正了党的指导思想，重新确立了马克思主义的思想路线、政治路线和组织路线。此后，开始全面地认真纠正“文化大革命”中及其以前的“左”倾错误，有步骤地解决了新中国成立以来的许多历史遗留问题。党又从各个方面深入总结历史经验，科学地阐述了许多从实践中提出的有关建设社会主义的理论和政策问题。落实政策、放宽政策，就是这场全面的拨乱反正的题中应有之义。落实政策，主要指落实有关各类人员的政策；放宽政策，主要是指放宽经济政策，首先是从放宽农村经济政策开始的。

在各级党组织和政府的努力下，落实政策工作成绩显著，在全国复查和平反了大量的冤、假、错案。党中央坚持实事求是的原则，处理历史遗留问题和干部问题，批准为所谓“六十一人叛徒集团”“新疆叛徒集团”“东北叛徒集团”等在全国影响很大的几个冤案、假案平反，为彭真、陆定一等平反，五中全会为刘少奇彻底平反昭雪、恢复名誉，并给因刘少奇冤案而受株连的数万人平反。从中央到地方，平反了290多万人的冤、假、错案。为数更多的没有立案审查而受到错误批判斗争和株连的各级干部、党员、各族人民群众的问题也都得到了合理的解决。改正了反“右”扩大化和反“右”倾的错误。为台胞台属和40多万原国民党起义投诚人员落实了政策。宣布16万原工商业者中的绝大多数人已改造成为劳动者；把原为劳动者的71万名小商小贩、手工业者从原资产阶级工商业者中区别开来；为现已改造成为劳动者的440多万地主、富农分子改定了成分。落实了知识分子政策，纠正了把知识分子当作“臭老九”的偏见，肯定知识分子是中国工人阶级队伍中走在现代化建设最前列的一部分。这一系列落实政策工作，妥善地解决了大量党内和人民内部的矛盾，对于促进安定团结，调动各方面的积极性，恢复和发扬实事求是的优良作风，起了巨大作用，为全党工作着重点转移到社会主义现代化建设上来，创造了条件。

“放宽政策”，是在前些年农村政策调整的特定历史条件下产生的特定用语，形象地概括了这些年党的农村政策变化的一个重要特征。在过渡时期，我们党创造性地开辟了一条适合中国特点的社会主义改造的道路。对个体农业，我们遵循自愿互利、典型示范和国家帮助的原则，创造了从临时互助组和常年互助组，发展到半社会主义性质的初级农业生产合作社，再发展到社会主义性质的高级农业生产合作社的过渡形式。当然在这个过程中，我们也有一些缺点和偏差。这主要是在1955年夏季以后，对农业合作化要求过急。原来准备第三个五年计划完成，1956年底就基本完成了。由于步子急，形式过于简单划一，工作上就出现了强迫命令、违反自愿互利原则、改革耕作制度和耕作技术的计划过大过急、分配上的平均主义倾向、经营管理混乱等缺点。这些缺点没有完全得到纠正，又开始了“大跃进”和人民公社化，有些缺点反而扩大了，以致长期遗留了一些问题，挫伤了农民的生产积极性，影响了生产力的发展。特别是十年动乱中，“左”的指导思想给农业生产带来了灾难性的后果，什么“宁要社会主义的草，不要资本主义的苗”“割资本主义尾巴”“大批促大干”等口号，颠倒了是非，扰乱了人心。在所有制问题上，认为越大越公越好，大搞“穷过渡”；在作物种植上，片面强调“以粮为纲”，在不适宜种植粮食的地方也扩大粮食种植面积，甚至滥垦草原，毁林开荒，盲目围海、围湖造田，搞人造平原等，在生产的组织、管理和分配上，大搞一窝蜂式的“大呼隆”，平均主义，吃“大锅饭”；“农业学大寨”，不分东西南北，不分自然条件和耕作习惯的差别，一律用“大寨”这样一个典型的经验硬性指导农村中所有地区和不同行业的各项工作，等等。1978年，全国平均每人占有的粮食大体上只相当于1957年，全国农业人口平均每人全年的收入只有70多元，有近1/4的生产队社员收入在50元以下，平均每个生产大队的集体积累不到1万元，有的地方甚至不能维持简单再生产。

为了补救农业合作化后期以来农村工作上的失误，党的十一届三中全会以后，党中央、国务院采取了一系列步骤，逐步制定了一整套政策。1979年9月，党的十一届四中全会正式通过了《中共中央关于加快农业发展若干问题的决定》，实事求是地估计了我国农业的现状，全面地总结了我国农业发展的历史经验，从投资、价格、税收、信贷和农副产品收购等方面，调整了农业政策，适当地放宽了对自留地、家庭副业和集市贸易的限制，强调尊重生产队的自主权，纠正平均主义和开展多种经营等问题。接着，又于1980年和1981年，先后批转了《关于进一步加强和完善农业生产责任制的几个问题》《山西省委关于农业学大寨运动中经验教训的检查报告》《关于积极发展农村多种经营的报告》等重要文件，进一步肃清“左”倾错误的影响，推行了以联产计酬为主要特点的多种形式的生产责任制，提出了“决不放松粮食生产、积极开展多种经营”的方针。党中央从1982年起，连续五年都把指导农村经济改革的文件，作为当年第一个文件发出。这五个“一号文件”，在不断总结完善家庭承包责任制的同时，又从政社分设、所有制形式、计划管理体制、农村商品流通体制、农产品统购派购制度等方面进行了调整和改革，提出了调整农村产业结构，组织产前产后服务，改善农业生产条件，发展农村商品经济等任务和要求。所有这些政策措施，对调动广大农民的生产积极性，增加农业生产，改善农民生活，都起了巨大作用。农业生产取得突破性进展。粮食生产连续六年丰收，平均每年增产340亿斤。农民收入持续增长。“政策暖人心，遍地是黄金。”人们清楚地看到，长期停滞不前、令人焦虑不安的我国农业，靠政策改变了面貌，迅速走上了兴旺发展的大道；多年缺吃少穿、为温饱而终日胼手胝足的数亿农民，靠政策治穷致富，基本上解决了温饱问题；延续了几千年的自给、半自给的自然经济，靠政策这一强有力的“催化剂”，正在逐步向大规模的商品经济转化。

党的十一届三中全会以来，我们在政策方面作的努力，当然不止以上两个方面，我们在教育、科学、文化、卫生、体育工作，民族工作，统战工作，军事工作和外交工作等方面，认真落实党的各项政策，都取得了重要的成就。“政通人和”，这个“政”，自然包括政策。只要坚持好的政策，就能把人们团结起来，克服前进道路上的困难，我们的事业就会兴旺发达。这个付出昂贵的学费换来的经验教训，我们要牢牢记取。

第三章

政策的基本特征

政策作为党和国家的行动准则，有它自身的基本特征，这些特征主要体现在阶级性与科学性、针对性与系统性、稳定性与变动性、原则性与灵活性等几个方面，下面分别予以论述。

第一节　政策的阶级性与科学性

政策具有鲜明的阶级性。阶级性表现为政策的制定是为一定的政治路线和经济战略服务的，为统治阶级服务的。政策的这一特征，是由经济基础的性质所决定的，我们在上一章关于政策起源中已经做了论述。

原始社会没有私有制，不存在公共利益和个人利益的矛盾，也没有阶级压迫和剥削，氏族成员之间不存在根本的利害冲突，因而在生产资料公有制基础上形成的那些风俗、习惯，就反映了氏族全体成员的共同利益和意志，没有阶级性。出现了阶级之后，剥削阶级为了维护本阶级的利益，巩固自己的统治，制定了各种政策，并且利用自己手中掌握的国家机器，把自己的政策用法律的形式固定下来，强迫人民遵守。在阶级社会中，被剥削被压迫阶级为了反抗专制统治，进行有组织的斗争，也要制定出符合本阶级利益、体现本阶级革命意志的各方面的政策，以便统一思想和行动，联合同盟军，开展各个领域的斗争。

社会主义社会消灭了私有制，以生产资料公有制为基础，人民当家做主。社会主义社会政策是根据社会发展的客观规律和马克思主义的基本原理制定的，是为了巩固和发展社会主义经济制度和政治制度，体现着工人阶级和广大人民群众的意志和利益。因此，社会主义社会政策既有鲜明的阶级性，又有广泛的群众基础，是阶级性和人民性的统一。

应当看到，资产阶级为了维护其统治，总是极力掩盖其政策的阶级实质，把资产阶级的国家说成是代表全体人民的国家，把资产阶级的政策说成是反映人民利益的政策。这是骗人的谎言，现代资产阶级国家的某些政策虽然也反映了人民的一些利益，但这只是它们对工人实行统治的两种方法，即暴力的方法和“自由主义”方法的交替使用罢了。因此，即使资产阶级的政策存在着“公共性”，也仅仅是表面上的、形式上的，并没有改变作为资产阶级利益和意志的体现的资产阶级政策的本质。

我们说政策具有阶级性，并不是说凡是反映了统治阶级利益和意志的政策就是正确的政策。任何阶级的政策都有正确或错误之分，问题在于区分政策的正确与错误的标准是什么。总的说来，这个标准是客观的，是主观与客观相统一的。一个阶级的政策只要它符合实际，符合事物发展的客观规律，能够成功地推动社会生产力的发展，那么这项政策就是正确的政策，就是科学的政策。反之，就是错误的政策。因此，凡是正确的政策，又都具有科学性的特征，是阶级意志与客观规律的统一。

政策的这种科学性特征同阶级的历史地位和历史作用有关。当一个阶级处于推动历史进步的上升阶段的时候，因为其政策所反映的根本阶级利益和基本阶级意志与社会发展的客观规律是一致的，因此他们的政策在整体上多属于正确的亦即科学的政策。而当一个阶级处于阻碍社会进步的没落阶段，因为其政策所反映的根本阶级利益和基本阶级意志与社会发展的客观规律相悖，因此尽管他们的某些局部政策、具体政策是正确的，但其根本政策和总的政策体系却是错误的。当然，对此也应具体分析。一个阶级的根本政策和总的政策体系正确与否固然重要，它可以最终决定本阶级的兴衰存亡，但其政策体系中的具体政策的科学化程度，在一定条件下同样会极大地影响一个阶级的命运。

在实际政治生活中，有时会看到这样的现象：同一项政策，在今天提出和实施是符合客观实际和客观规律的，亦即科学的；而在“昨天”或“明天”提出和实施就是错误的，不符合客观实际和客观规律。这是因为，在社会活动的不同领域，在各个国家以及每个国家历史发展的不同时期，客观规律的表现形式和作用方式呈现出不同的状况，由此决定了每个阶级的利益和意志也必然是多样的、变化发展的。政策只有及时地反映阶级意志与客观规律的统一，表达一个阶级在不同国情和历史条件下的正当利益，才能成为正确的科学的政策。

第二节　政策的针对性与系统性

政策总是为了解决某种问题或倾向而制定的。没有问题，不解决问题，就不需要政策。因此，一个正确有效的政策，必须具有很强的针对性，即有的放矢，解决什么问题，采取什么对策，都应该是鲜明的。这就是政策的针对性。

一个具有很强的针对性的政策，一般具有两个特点：

一是抓准了问题，抓住了重点。问题就是矛盾。只有弄清实际情况，全面地分析研究，从而把握现实矛盾的主要方面，找出问题的症结所在，制定的政策才会有针对性。既要抓准问题，还要抓住重点。没有重点就没有政策。在一个复杂的事物中，往往包含有许多矛盾，其中主要矛盾起着支配的、决定的作用，规定和影响其他矛盾的存在和发展，次要矛盾则属于次要的和服从的地位。抓重点就是抓主要矛盾，解决了主要矛盾，其他矛盾就迎刃而解了。缺乏针对性的政策，没有抓住问题，没有抓住重点，看上去似乎广泛适用，其实由于它越发抽象，越发高度原则化，也就难于切实地解决问题。

二是注意区分具体情况。没有区别就没有政策。事物之间有着质的区别，这是客观存在的。“一般讲来，所谓区别，必含有二物，其中每一物具有一种特性，而此特性为他物所无有者。”[①]正确的政策就是建立在这种区别之上的。例如，在王明的“左”倾冒险主义统治时期，曾流行一种所谓“哪有猫儿不吃腥”的论调。持这种论调的人，把国民党统治集团看作铁板一块，根本否认九一八事变后这个统治集团中当权派和在野派之间的区别，甚至认为当时积极活动起来的中间派是“最危险的敌人”。这种不讲区别的思想及政策，给革命事业造成了很严重的危害。我们党批判和清算了王明的“左”倾冒险主义。毛泽东1940年写的《论政策》一文，讲的就是阶级关系的区别问题。他认为，对于反对抗日的亲日派大地主大资产阶级和主张抗日的英美派大地主大资产阶级要加以区别；对于主张抗日但又动摇、主张团结但又反共的两面派大地主大资产阶级，同两面派较少的民族资产阶级和中小地主、开明士绅也要加以区别，“在这些区别上建立我们的政策”。我们在极端困难的情况下能够把抗日战争坚持下来，取得最后的胜利，是同我们坚持区别对待各个不同阶级的政策分不开的。在自然界和人类社会中，任何事物都不是孤立的，而是处在各个层次的系统之中。同样，任何政策也不是孤立的，也必然处在各个层次的政策系统之中，或者说，政策是作为系统而存在的。这就是政策的系统性。政策是为解决具体问题而制定的，但政策一经制定出来，就不再是孤立的单个的，而是政策网络上的有机组成部分。因此，政策既有

① 黑格尔：《小逻辑》，第204页。

针对性，又具有系统性，是针对性与系统性、网络性的统一。

所谓系统性，就是事物本身所固有的那种相互作用、相互依赖、共同结合成一个具有特定性质和功能的有机整体的特性。政策是一个复杂的系统，包含着许许多多的母系统和子系统，或者叫作总政策和具体政策。任何一项政策都可以看成是一个系统；同时，又可以看作是它所从属的更大系统中同其他政策相联系的一项要素（或子系统）。从大的方面讲，我们有国内政策，对外政策。在国内政策中，有经济政策、科技政策、文化政策、教育政策以及政治方面的政策，等等。就经济政策而言，又分农业政策、工业政策、商业政策、金融政策、物价政策，等等。就政治方面的政策而言，有干部政策、知识分子政策、民族政策、统战政策，等等。拿经济政策中的农业政策来说，则有发展乡镇企业的政策、土地承包政策、扶持粮食生产的政策、发展多种经营的政策、农民从事商品流通的政策，等等。在发展乡镇企业政策方面，则有贷款政策、一定时期的减免税政策等。这许许多多的政策，有机地联系在一起。每一项具体政策都服从于相应的总政策，每一项总政策又统率着其所含的所有具体政策。这样，就形成了一个纵横交错的政策网络。列宁在说到政策之间的这种联系时指出："如果不先解决一般的问题，就去着手解决个别的问题，那么，随时随地都必然会不自觉地'碰上'这些一般的问题。而在每一个场合盲目地碰上这些问题，就必然会使自己的政策发生恶劣的动摇和丧失原则性。"①

根据系统论创始人贝塔朗菲的理论，任何系统都具有三种最基本的机制特征，即系统机制、开放机制和层次机制。政策作为系统，同样具有这三种机制特征。

第一，系统机制。

系统机制的基本思想，是认为任何有机体都是一个有机统一的整

① 《列宁全集》第 12 卷，第 476 页。

体，也就是系统。整体是所有个体的有机结合，其性质决定于个体的内容、特性及相互之间的特定关系。各部分离开整体是不能存在的，整体的功能也不是各部分的简单总和。一定程度上整体是所有个体共同的内涵，所有个体则是整体的不同侧面的外延。政策系统同样具有系统机制的基本特征与功能。政策作为系统，是成套的东西，是长期演化发展、不断完善的产物，是经济、社会、政治相一致的整体，而且在这种结构的深层，还潜藏着利益格局和文化传统的稳定因素，常常“牵一发而动全身”，因此具有稳定性、整体性的特点。政策的这种有机统一的关系，使政策能够互相制约、互相支持、互相补充，从而在实践过程中极大程度地发挥各自的作用。例如，我们制定了经济上开放、搞活的政策，又要制定相应的打击经济领域犯罪的政策；制定了农业政策，又要有工业、教育、科技等政策；制定了经济领域的政策，又要制定政治战线、思想文化战线的政策；制定了总政策，又必须有一系列具体政策。这些政策之间，相辅相成，缺一不可，构成了政策的有机体。

第二，开放机制。

任何具体的系统作为整体，都不是孤立存在的，它同外部环境即其他系统处于互相联系、互相作用之中。任何系统整体要保持自己的稳定，维持自身的存在，都需要一定的外部条件，都与环境发生着物质、能量和信息的交换。所谓开放机制，指的就是系统与环境进行物质、能量和信息的交换，保持其相对稳定性的一种关系。政策系统也具有这种开放机制，即能够随着外界条件的变化，不断进行自我更新，从而保持自身动态平衡。这一机制包括三个部分：一是决策机构，二是有关制定政策的政策（规章、制度、程序等），三是信息反馈机构。通过这种开放机制，即政策的酝酿、制定、实施、反馈、再酝酿、再制定……的良性螺旋式循环，可以大大提高政策的科学性及应变新形势的能力，同时政策在自我更新中保持动态平衡，使人们对政策有一种可靠感、充实感。例如，农业政策作为一个系统，不仅同工业、商业、能源、交通运输等各个方面存在着联系，而且同自然环境，同政治、思想、文化、科学、技术、教育等，都有密切的联系。当这些条件发生变化时，通过信息反馈机构及时反映到决策机构，决策机构就要采取相应的对策，对政策进行调整或制定新的政策。这样，就使农业政策能够适应新情况的变化，从而保持其系统的稳定性。

第三，层次机制。

层次机制也叫等级机制。系统论认为，任何有机体（系统）都是按严格的等级组织起来的。在同一系统中，处于同一等级（层次）的事物可能形态各异，但都有类似的结构与功能。不同层次的结构有着不同层次的功能，亦即不同层次间的结构有着严密的有机联系，同时又较为独立地发挥着各自的功能与作用。政策系统也具有这种层次机制。就是说，各种不同层次的政策及同一政策内部的不同层次，是有机的统一，不可割裂；同时，政策系统中的每一个具体政策，又都较为独立地发挥着自己的作用，不是可有可无的，不能相互替代，从而体现其各自存在的必要性。

第三节　政策的稳定性与变动性

任何正确的政策都具有稳定性的特点。这种稳定性可以从两个方面去理解：一是从时间上说，它是有效时间的持久性。我们知道，客观事物无时无刻不在运动、变化。可是，事物的运动、变化又具有质变和量变这两种不同的形态，当事物处于量变状态时，它是相对稳定的。二是从空间上看，它是就政策的基本方面而言。因为正确的政策是主客观相符合的产物，是事物发展规律的反映，而客观规律是稳定的。所以，凡是正确的或基本正确的政策，它的基本方面也是相对稳定的。

中国有个成语叫“萧规曹随”，说的就是政策的稳定性问题。萧是萧何，曹是曹参。汉初萧何担任丞相，制定了政策法令，后曹参继任丞相后，全照萧何的一套办事，事事不作更改。这是不是说曹参无能呢？不是的，而是反映了当时需要政策稳定的要求。西汉初年，经过多年战争的中国社会，生产力遭到严重破坏，人民生活困难，汉王朝建立后的首要任务，就是安定社会，恢复生产。西汉政府便采取了清静无为、休养生息的政策，如让士兵复员生产，免除若干徭役；劝告流亡民众归还故乡，领取原有田宅；凡庶民因饥饿卖身为奴隶的人释放为平民；减轻田租，规定十五税一；等等。曹参任丞相后，继续推行这一系列与民休息的政策，适应了社会发展的需要，因而受到人民的欢迎。当时老百姓曾这样歌颂汉初的政策：“萧何为法，顜若画一，曹参代之，守而勿失。载其清静，民以宁一。”[①]这种政策坚持了六七十年，社会经济逐渐发展，并出现了为史家所称道的“文景之治”。

“政策不稳，人心不定”。政策变化太多，朝令夕改，就会使人无所适从。因此，政策是否稳定，关系到国家的政局能否稳定、经济能否发展，以及国际的交往能否正常开展。正确、稳定的政策，可取信于民，取信于国际社会。在一定阶段内把我们的政策稳定下来，不变来变去，这是我们党领导中国革命和建设的一条重要经验。过去，我们的一些政策变化较多，不够稳定，影响了人民群众社会主义积极性的发挥。党的十一届三中全会以来，我们的政策之所以受到广大群众的拥戴，不仅因为这些政策是正确的，而且因为它是稳定的。这种稳定性，是事物发展规律的反映。拿党的农村现行政策来说，有些人总担心要变，我们说不会变，它是稳定的。为什么说它是稳定的呢？这是因为，党的农村现行政策，是党的十一届三中全会路线的产物，是改革的产物，是党中央运用马克思主义基本原理科学分析中国国情、

① 《史记·曹相国世家》。

在总结群众创造的基础上制定的，体现了社会主义初级阶段党的农村工作指导思想与策略的基本精神，将在一个长时期内发生作用，因而必须长期稳定。政策的稳定，是经济得以持续稳定发展的必要前提。

要保证政策的稳定性，应注意以下三点：

第一，要求某种政策一经提出制定，就应该是比较成熟的，符合国情的，其基本内容是正确的、合理的，只有这样的政策，才有较强的生命力，有较长远的指导作用，因而也就能保持其自身的相对稳定性。

第二，要求领导者在发展和完善政策的过程中，注意保持政策合理内容的连续性。所谓连续性，就是前后政策内容的继承性、一贯性，亦即政策稳定性的动态表现。我们知道，政策要依据形势的变化有所发展，但这种发展，一般说不应是对前一政策的全盘否定，而要保留前一政策的合理内容，这才是正确的辩证的否定，是“扬弃”。邓小平1987年4月18日会见外宾时说：“政策不但要对头，而且要稳定，要有连续性。”①

第三，要保持政策的稳定性、连续性，还要有组织上的保证。就是说领导班子虽然有变换，但都能继续执行原来的政策，保持政策的一贯性。还要有制度上的保证。有了制度的监督，就能排除干扰，始终如一地贯彻执行正确的政策。

政策不仅具有稳定性，而且具有变动性，是稳定性与变动性的统一。

任何政策都不是一成不变的，它的稳定只是相对的。随着时间、地点、条件的变化，政策也要发展变化。政策不发展、不变化，就难免胶柱鼓瑟，当然是不行的。列宁说过：“马克思主义的政策是以现实的东西，而不是以可能的东西为依据的。一种现象转变为另一种现象是可能的，所以我们的策略不是一成不变的。”②古人也懂得这个道

① 见1987年4月19日《人民日报》第1版。

② 《列宁全集》第35卷，第256页。

理："不期修古，不法常可，论世之事，因为之备。"[1]就是说，不期望完全按古代的办法，不效法陈规，而是研究当代的事情，从而制定相应的政策措施。政策的变化，大率言之，有适应和推动生产力发展的变化，也有束缚和阻碍生产力发展的变化。前一种变化符合客观发展规律的要求，符合广大人民群众的利益；后一种变化则违背客观发展规律的要求，违背广大人民群众的利益。对无产阶级政党的政策来说，要的是前一种变化。我们这里所说的政策的变动性特征，也是就前一种性质的变动性而言的。

为什么政策会有变动性呢？主要有以下三方面的原因：

第一，由于人们对外界事物的认识需要有一个过程。

马克思主义教导我们，任何客观事物都是可以认识的，人们在实践中不断地发现和接近真理。但人们对于外界事物的认识，并不是一下子就能抓住它的本质和它的固有的发展规律的，而是一个曲折的过程。列宁说，人们的认识不是直线，而是无限地近似于一串圆圈，近似于螺旋的曲线。毛泽东也指出，一个正确的认识，往往需要经过由实践到认识，由认识到实践这样多次的反复，才能够完成。一项政策从提出到日趋完善，往往有一个过程。这又有三种情况：

一是由于受客观过程的发展及其表现程度的限制（客观过程的方面及本质尚未充分暴露），而人们在实践和认识过程中，又不能不受到各种主观和客观条件的限制，制定的政策还有不符合实际的部分，这就要及时修正，如果全部错了，就要全部改变。

二是有些政策在提出时，就带有试行性，随着人们认识的深化，就会发现政策不完善的地方，需要及时加以补充修改。

三是任何一个正确的政策，按照马克思主义的观点，都是在一定历史时期比较好的或者是比较符合实际的政策。就其接近客观真理的程度来说，都只能是相对的。客观现实世界的变化运动永远没有完

① 《韩非子·五蠹》。

结，人们在实践中对于真理的认识也就永远没有完结。因此即使正确的政策，仍然需要在实践中检验和发展，从而不断地修正、补充，逐步完善起来。

第二，由于客观事物是不断发展变化的。

世界上一切事物都处在永不停息的发展变化之中。自然界在变，人类社会在变，人们的思想也在变。因此，指导人们改造自然、改造社会、改造思想的政策，自然也必须适应客观世界和人们主观认识的变化而加以调整、补充和发展。这就好比气候变化了，衣服必须随着变化的道理一样。毛泽东指出："真正的革命的指导者，不但在于当自己的思想、理论、计划、方案有错误时须得善于改正……而且在于当某一客观过程已经从某一发展阶段向另一发展阶段推移转变的时候，须得善于使自己和参加革命的一切人员在主观认识上也跟着推移转变，即是要使新的革命任务和新的工作方案的提出，适合于新的情况的变化。"①

第三，这也是由政策的时效性所决定的。

政策的时效性，就是对政策要有强烈的时间观念，它的效能是与具体的时间紧密联系在一起的。任何政策都只能在它生命的周期内发挥自己的作用。就是说政策经过一段时间的实施之后，必然出现效力减退的现象。这有两种情况：一是原来的问题可能逐步解决了，原有的政策自然就作用不大了；二是出现了越来越多的新问题、新情况，原来的政策无法适应了，需要新的政策。因此，没有一劳永逸的政策，应该随着情况的变化而调整、修改政策。

总之，在实际工作中，我们所制定的各项政策，一般地说，毫无改变地实现出来的事是很少的，而是随着情况的发展在变化，部分改变思想、理论、计划、方案的事是常有的，全部改变的事也是有的。即是说，原定的思想、理论、计划、方案，部分地或全部地不合于实

① 《毛泽东选集》第 271 页。

际，部分错了或全部错了的事，都是有的。许多时候须反复失败过多次，才能纠正错误的认识，才能达到和客观过程的规律性相符合，因而才能够变主观的东西为客观的东西，即在实践中得到预想的结果。那种以为政策一经制定，就万事大吉了的认识是不对的。应该看到，政策的这种变化不是随意的，而是政策本身的丰富，是政策的“扬弃”，是保留政策原有合理内容的变化，是政策更趋于成熟的表现。

为了正确认识和把握政策的稳定性与变动性的对立统一关系，我们既要坚持政策的相对稳定性和连续性，不随意改变，同时要注意情况的变化，注意分析随着条件的变化出现了什么新事物，注意研究随着条件的变化原有的事物呈现出什么新特点，以便政策不断地得到丰富和发展。

第四节　政策的原则性与灵活性

政策作为指导人们的行动准则，它本身体现着事物的本质和规律，具有高度的原则性。政策的原则性，要求政策规定应是权威的、严肃的，从行文看，口气应是坚决的。例如，1986年2月发布的《中共中央、国务院关于进一步制止党政机关和党政干部经商、办企业的规定》指出：“党政机关，包括各级党委机关和国家权力机关、行政机关、审判机关、检察机关以及隶属这些机关编制序列的事业单位，一律不准经商、办企业。凡违反规定仍在开办的企业包括应同机关脱钩而未脱钩，或者明脱钩暗不脱钩的，不管原来经过哪一级批准，都必须立即停办，或者同机关彻底脱钩。”“在职干部、职工一律不许停薪留职去经商、办企业。已停薪留职的，或者辞去企业职务回原单位复职，或者辞去机关公职。”这些都体现了政策的原则性。

正确认识政策的原则性，还必须把原则性与原则口号区分开来。口号的特点是简练生动，便于记忆，便于流传。在政治领导中，一个好的口号可以集中千百万人的意志，形成巨大的物质力量。但对于复杂多变的大生产和现代科学技术，口号是很难直接用以指导行动的。科学是十分严密的，简单的口号决不能成为政策，因为口号会在不同系统、不同层次中产生不同的理解和影响，即使正确的口号，由于理解不一，也往往会造成工作上的混乱。口号只能是抽象的原则，仅仅具有某种号召力，而原则性的政策具有规范化、严密化的特征，并具有控制决策实施的作用。例如，“开放市场”是我们在新时期搞活经济的正确决策，但在实行这一决策前，应制定一套比较完善的经济法规和政策，建立相应的仲裁机构，才能保证这个决策的正确实施。如果仅有一个“开放市场”的口号就行动起来，那么就难免出现投机倒把、偷税漏税、欺行霸市、以次充好、以假乱真、哄抬物价等不法行为，造成极大的混乱和损失，使开放市场的决策流于形式或被歪曲。因此，政策的原则性不等于原则口号。

列宁非常强调政策的原则性，他指出；“方针明确的政策是最好的政策。原则明确的政策是最实际的政策。只有这样的政策才能真正地和持久地赢得群众对社会民主党的同情和信任。”[①]他还说过：“归根到底，只有广泛的具有原则性的政策才是真正实际的政策。”[②]列宁也树立了坚持政策原则性的典范。十月革命后不久，为了更好地利用当时的国际环境和国内外一切可以利用的条件，列宁提出实行租让制，吸收外国资本，引进先进科学技术和生产管理经验，以促进苏维埃国家的社会主义经济建设。在实行租让制中，列宁强调必须坚持社会主义的独立自主原则，绝不丧失国家的政治、经济权益。列宁参与厄克特租让就是一个例子。英国企业家和金融资本家莱·厄克特是沙俄时代许多矿山的业主，同苏维埃政府谈判租让原由他拥有的企业。列宁对这个最大、最重要的租让项目极为重视，拟定了租让的主要条

① 《列宁全集》第 12 卷，第 9 页。

② 《列宁全集》第 12 卷，第 476 页。

件，并密切关注谈判的进程。后来厄克特中断了谈判，投入了反苏活动，企图在签订合同时取得更多利益。当列宁看到签订的初步合同对厄克特非常有利时，立即给中央政治局写信，认为这是奴役和掠夺，担心这项租让会成为对苏俄不利的先例，坚决主张否决这项租让，否决的理由是当时英国对苏俄采取敌对政策，实行租让所需要的友好关系并不存在。最后中央委员会否决了这项合同。列宁在处理厄克特租让的过程中，鲜明地体现了苏维埃租让制的基本原则，捍卫了苏维埃国家的独立自主和经济利益。

政策又具有灵活性的特征，是原则性与灵活性的统一。毛泽东指出："我们的原则性必须是坚定的，我们也要有为了实现原则性的一切许可的和必需的灵活性。"①任何政策规定在时间、空间上，都会有一定的局限性，不可能把客观过程的一切细节毫无遗漏地包含在内。因此，政策就要有灵活性，留有一定余地给执行者去调整。具体说，就是在政策条文中，对有些问题不规定得过细过死，避免"一刀切"，同时允许下级执行中作一定的变通处理；对于应当办到而一时难以办到的事情，应做出恰如其分的规定，以求逐步实现；对于不是在一切地方和任何条件下都能办到的事情，也只能规定按照不同的情况，不同的条件去办。

政策的灵活性，还表现在它对迅速变化的客观形势有较大的适应性。国家制定法律往往比较慢，党和政府制定政策相对来说比较迅速，它可以根据形势的变化，及时采取对策。例如，第二次国内革命战争后期，党中央从中日矛盾上升为主要矛盾出发，把"加紧反对富农的策略"，改为限制富农的政策，即没收其多余的土地，取消其高利贷所经营的包括雇工所经营的土地，商业及其他财产则不能没收，保障富农发展工商业的自由。抗战爆发后，又将限制富农政策改为减租减息及鼓励和保护富农资本主义性质的生产的政策。解放战争时

① 《毛泽东选集》第1326页。

期，一方面富农倾向于地主阶级和蒋介石一边，反对土地改革和人民解放战争；另一方面，人民解放战争又要求农民出兵、出钱、出义务劳动来支援战争。据此，党采取了征收富农多余土地和财产的政策。在国民经济恢复时期，为了孤立地主，保护中农，稳定民族资产阶级，争取政治上的主动权，毛泽东提出暂时不动富农的主张，把解放战争时期的富农政策改变为"保护富农经济"的政策。以后，在生产资料私有制社会主义改造中，"保护富农经济"的政策又为消灭富农的政策所取代。以上我党每一次关于富农政策的变化，都是基于当时形势的分析和阶级力量估量的，体现了我党在政策上的灵活性。

正确认识政策原则性和灵活性的关系，应注意以下两点：

第一，灵活性必须是在原则性所许可的范围内的灵活性，即灵活性要以原则性为标准和尺度。如，社会主义的分配原则是多劳多得、少劳少得、不劳动者不得食，是必须贯彻执行的，但究竟采取什么形式进行分配，或计时工资，或计件工资，或大包干，或联产计酬等，则要根据各地、各部门、各个工种的不同情况出发。不管采取哪种形式，都必须符合按劳分配、同工同酬、多劳多得的社会主义分配原则，有利于社会主义经济的发展，有利于人民民主专政的巩固，有利于"四化"建设。如果离开了这个原则，不论采取什么形式和花样，都是错误的。

第二，灵活性应是为了实现原则性所必需的灵活性。原则性是党和国家规定的长远的全局性的方针任务，灵活性则是为了实现这一方针任务而采取的措施和方法。判断某一具体措施和方法的正确与否，一定要根据它对长远的全局性的任务是否有利而定，决不能从一时的成效来看，更不能为了灵活性而采取违反政策原则性的做法。

总之，政策的原则性与灵活性是辩证统一的关系。原则性是灵活性的基础。如果没有原则性，灵活性就成了随风倒，见风使舵。但原则性也不能离开灵活性，否则就成了僵死的教条。因此，必须善于把原则性与灵活性结合起来。

第四章

政策的若干关系

上一章我们论述了政策本身的一些基本特征。为了在实际工作中更好地把握政策，还需要弄清政策内部（总政策与具体政策，一般政策与特殊政策等）及其与外部（政策与法律、现行政策与共产主义理想、政策规定与党性原则等）的一些关系，在这些联系、区别中加深对政策特征的进一步理解。

第一节　总政策与具体政策

政策有总政策和具体政策之分。总政策，或者叫总路线、总任务、基本路线，它是政党和国家在一定历史时期内，为了达到特定的目标而制定的总的政治路线、方针和政策，它规定一定的历史阶段内的总的方向；具体政策，是进行各项具体工作的具体方针和具体措施，它是服从于总政策并为总政策服务的。应该说明的是，对于总政策和具体政策，无产阶级革命导师则较多地使用战略和策略的概念。战略指总路线、总方针、总政策，策略指具体路线、方针、政策。马克思和恩格斯在《共产党宣言》中就提出了无产阶级战略策略的重要原则。列宁在《卡尔·马克思》一文中全面介绍马克思和马克思主义时，专门写了“无产阶级阶级斗争的策略”一节，指出：马克思和恩格斯共同创造了革命无产阶级社会主义或共产主义（马克思主义）的理论和策略。

总政策和具体政策是辩证统一的关系，互相依存，互相促进。

总政策不是规定短期的工作任务的，不是规定具体的个别的工作路线和政策的，而是总揽全局，为党和国家在一个历史阶段中的全部工作确定方向、目标和航道的。我们党从来很重视明确地、正确地形成党在各个历史阶段的总路线和总政策，很重视经常向党员进行总路线和总政策的教育，因为它是照耀我们各项工作的灯塔。在我们党的历史发展的各个时期，在我国革命和建设发展的各个历史阶段，先后有过几个总路线和总政策：

民主革命时期，我们党规定的总路线和总政策是：无产阶级领导的，人民大众的，反对帝国主义、封建主义和官僚资本主义的革命。我们党又以这条总路线和总政策为出发点，根据各个时期变化了和变化着的阶级关系和各阶级的情况，规定了各项具体的工作路线和具体政策，从而引导我们取得了建立中华人民共和国的伟大胜利。

进入过渡时期，我们党确定的新的总路线和总政策是：要在一个相当长的时期内，逐步实现国家的社会主义工业化，并逐步实现国家对农业、手工业和资本主义工商业的社会主义改造。这个总路线、总政策引导我们取得了基本完成社会主义改造的新胜利。

1958年召开的党的八大第二次会议，提出了社会主义建设的总路线和总政策：鼓足干劲，力争上游，多快好省地建设社会主义。这条总路线和总政策，就它强调工作重心转向经济建设这一点讲是正确的，但它同“大跃进”和人民公社化相联系，带有急于求成的主观空想色彩。这次会议在指导思想上又存在着主要矛盾的判断同中心任务的确定相脱节、相冲突的情况，所以后来经济建设被推到次要地位，“以阶级斗争为纲”占了统治地位。于是，产生了“以阶级斗争为纲”这条所谓“党在整个社会主义历史阶段的基本路线”，它从1962年八届十中全会以后逐渐发展，到“文化大革命”而形成一套，给党和人民带来严重的挫折和灾难。

1978年党的十一届三中全会以后，我们党在总结历史经验教训的基础上，逐渐形成和发展了正确把握我国社会发展阶段的性质及其主要矛盾的基本路线，亦即总路线和总政策。党的十三大作了这样的概括："在社会主义初级阶段，我们党的建设有中国特色的社会主义的基本路线是：领导和团结全国各族人民，以经济建设为中心，坚持四项基本原则，坚持改革开放，自力更生，艰苦创业，为把我国建设成为富强、民主、文明的社会主义现代化国家而奋斗。"构成这条基本路线的还有一系列指导方针，还需要制定一整套的具体政策。

党的总路线和总政策是管总的，具有全局性的意义，一切具体的工作都必须按照它所指引的方向去办，才能成功；离开了它，我们就会迷失方向，在执行具体路线和具体政策中就会犯这样或那样的错误，其结果，不但不能完成党的总任务，也不能完成党的具体任务。毛泽东1948年《在晋绥干部会议上的讲话》，就这个问题作过深刻的论述。他说："我党规定了中国革命的总路线和总政策，又规定了各项具体的工作路线和各项具体的政策。但是，许多同志往往记住了我党的具体的个别的工作路线和政策，忘记了我党的总路线和总政策。而如果真正忘记了我党的总路线和总政策，我们就将是一个盲目的不完全的不清醒的革命者，在我们执行具体工作路线和具体政策的时候，就会迷失方向，就会左右摇摆，就会贻误我们的工作。"毛泽东这个时期曾经纠正过这样一种倾向：个别地区或有些干部在土地改革中，不是宣传依靠贫雇农，巩固地联合中农，消灭封建制度的路线，而是孤立地宣传贫雇农路线；不是宣传无产阶级联合一切劳动人民、受压迫的民族资产阶级、知识分子和其他爱国分子（其中包括不反对土地改革的开明士绅），推翻帝国主义、封建主义和官僚资本主义的统治，建立中华人民共和国和人民政府，而是孤立地宣传所谓贫雇农打江山坐江山，或者说民主政府只是农民的政府，或者说民主政府只应该听工人和贫雇农的意见，而对中农，对独立劳动者，对民族资产阶级，对知识分子等，则一概不提。这是严重的原则性错误。为什么会发生这种错误？就是在执行依靠贫雇农这一政策时，忘记了党的土地改革的总路线和总政策，把贫雇农的利益和贫农团的带头作用必须放在第一位的方针，不正确地理解为贫雇农的利益是唯一的，而忽视同盟者的利益；不正确地理解为在农会中、在乡村政权中抛弃中农及其他劳动人民，而由贫农包办一切。其结果，必然使贫雇农的利益同人民内部其他阶级的利益相对立，使贫雇农在农村中陷于孤立的地位。忘记了革命的全局利益而只看到贫雇农的局部的眼前的利益，并因而侵犯了其他革命阶级的利益，不但会损害革命的全局利益，而且也会损害贫雇农的利益，包括长远利益和眼前利益。因此，我们只有紧紧地掌握党的总路线和总政策，才能树立全局观点，在观察处理问题和采取具体政策措施时不会离大体，发生大的偏颇。即使由于认识的局限性或缺乏经验而发生某些缺点和问题，也容易得到纠正。

我们强调总政策的极端重要性，并不是说就可以忽视具体政策了。党的总路线和总政策，只是规定了革命和建设的总方向和总任务，而要实现总任务，还必须制定各项具体政策，通过一项一项的具体工作，采取一个一个的具体步骤才能实现。就是说，仅仅有了总政策而没有正确的具体政策，或者有了正确的具体政策而没有认真地执行这些具体政策，或者在执行政策的过程中发生了这样或那样的偏向和错误，党的总政策和总任务也不能实现。例如，我们要实现民主革命的总路线和总政策，就必须正确地执行民主革命时期一系列的具体政策，如对待地主的政策，对待富农的政策，对待开明士绅的政策，对待知识分子的政策，对待资产阶级的政策，以及对待俘虏的政策等等。如果其中哪一项政策执行得不好，不仅这一项具体工作要受损失，而且直接间接地都不利于党的民主革命总政策和总任务的实现。现在，我党规定的社会主义初级阶段的基本路线，就是我们的总路线和总政策。要实现这个总路线和总政策，还要坚决执行党的一系列具体的方针政策，这主要是：必须集中力量进行现代化建设；必须坚持全面改革；必须坚持对外开放；必须以公有制为主体，大力发展有计划的商品经济；必须以安定团结为前提，努力建设民主政治；必须以马克思主义毛泽东思想为指导，努力建设精神文明。在这六条中，每一条又包括一些更为具体的政策。只有认真贯彻执行这一系列具体的政策，才能保证党的基本路线的顺利实施。

总之，我们要正确地把握和处理总政策和具体政策的关系，既要认识掌握总路线和总政策的重要性，认真学习和坚决贯彻党的总路线和总政策，使我们的各项工作一刻也不离开总政策的轨道，又要懂得认真执行各项具体政策的意义，认真学习和坚决贯彻党的各项具体政策，以达到逐步实现党的总路线和总政策的目的。

第二节　一般政策与特殊政策

政策又有一般政策与特殊政策之分。一般政策，是指具有普遍适用性的政策；特殊政策，是有别于一般政策的例外规定，它与一般政策比起来有着更强的针对性与更大的灵活性，但只限于某个特定的时期，或特定的地区，或特定的方面。

列宁说："任何一般只是大致地包括一切个别事物。任何个别都不能完全地包括在一般之中。"①有了普遍适用的一般政策还不够，为了达到人们的某种目的，针对某些特殊情况，还需要制定具有特定适用范围的特殊政策。特殊政策大致有三种情况：

一是限于特定时期的政策。例如，俄国十月社会主义革命胜利后，如何巩固革命成果，如何按照自己的条件建设社会主义，成为当时的迫切任务。列宁为此作了许多探索，决定实行新经济政策，并在1918年就制定了这一政策的基本原则。但是由于发生了外国武装干涉

① 《列宁选集》第2卷，第713页。

和国内反革命叛乱，当时新生的苏维埃政权面临着严峻的考验。武装干涉者切断了苏维埃政府最重要的粮食、原料和燃料的来源，造成严重饥荒，工矿企业停工停产，城乡资本主义势力猖獗。为适应这种形势，便实行战时共产主义政策，动员工业和全国的一切资源为前线服务，整个社会经济生活和文化政治生活都转入战时轨道。战时共产主义政策的实行，对最大限度地动员社会资源，赢得战争胜利、保卫苏维埃政权起了重大作用。列宁肯定了这种作用。但是，列宁认为，这种政策是被迫实行的，是一种临时的办法。在粉碎外国武装干涉和结束国内战争后的1921年春，就改行新经济政策。再如，1960年冬，我国在对国民经济实行“调整、巩固、充实、提高”时，也采取了一些特殊政策，如精减了1958年以后来自农村的新职工1887万人，精减城镇人口2600万人，加强了农业生产战线，大量地减少了工资开支和粮食销量；在保持生活必需品价格基本稳定的同时，对针织品、自行车、钟表、茶叶、酒及某些糖果和糕点等消费品实行高价政策，回笼货币，也取得了好的效果。

二是限于特定地区的政策。例如，党的十一届三中全会以来，我们实行对外开放，办了经济特区。经济特区就实行的是特殊的经济政策和特殊的经济管理体制：（1）特区的经济发展，主要靠吸收和利用外资。特区产品主要供出口。特区的经济是在社会主义经济领导下，多种经济成分并存，以中外合资和合作经营企业、外商独资经营企业为主的综合体。这不同于内地以社会主义国营经济为主。（2）特区内的经济活动，以市场调节为主。这与内地有所不同。（3）对于来特区投资的外商，在税收等方面给以特殊的优惠和方便。这也是与内地不同的。（4）经济特区内实行不同于内地的管理体制，和现行体制有很大的差别。再如，我国新成立的海南省，将采取一些更为灵活的特殊政策。

三是限于特定方面的政策。例如，为了促进乡镇企业的发展，制定了新办企业减免税若干年的政策；为了扶持“老、少、边、穷”

地区的经济发展，在资金、技术等方面的投入上给予优惠，并规定在一定时期内可以不同程度地减免农业税；为了鼓励科技人员到山区、边疆去，在工资、住房、子女就业等方面给予特殊照顾。有时候，还从实际出发，可以对某个企业、某项产品，或者某个人、某个具体问题，采取比较特殊的政策。例如，1984年，国务院决定把天津港下放地方管理，并同意对该港实行“以港养港”特殊政策，即用港口自己所获的利润来进行港口建设和技术改造，发展生产，一定三年不变。天津港实行这项政策的三年中，港口建设速度明显加快，三年等于过去的八年，近半数老设备得到更新改造，企业活力大为增强，国务院同意“以港养港”特殊政策再延长四年。①

特殊政策虽然有别于一般政策，但二者又有联系，有着一致的地方。这主要表现在三个方面：

第一，两者在制定上，都必须坚持实事求是的思想路线，一切从实际出发。特殊政策之所以有别于一般政策，就是从特定的时间、空间的条件出发的，不能普遍实行，却适应了当时当地的需要，因而是符合实际的，是必需而又可行的。

第二，两者在实行中，都必须坚持四项基本原则。四项基本原则是我们搞一切工作必须遵循的基本原则。特殊政策不管多么特殊，与一般政策一样，在具体执行中，都要坚持党的领导，坚持社会主义道路，坚持马列主义、毛泽东思想，坚持人民民主专政，而不能有丝毫的违反、偏离。例如前边说的经济特区实行特殊政策，这是必要的，但这种特殊政策并不是无法无天、无边无际的，在执行中应该注意，不论是合作、合资企业，补偿贸易，来料加工，还是让外商独资经营，都不允许损害我国主权；外商的一切活动都必须完全在我国各级政府的监督和管理下进行，不得违反我国各级政府的有关法律、法令；重要产品的生产和销售，不能受外商的控制和垄断；进行谈判和

① 见1987年8月19日《人民日报》第1版。

签订合同要按照平等互利的原则进行；对资产阶级思想和某些腐朽的生活作风的影响必须严肃批判和自觉抵制；对违反党纪国法的党员、干部要坚决严惩。

第三，两者在目标上，都是为了有利于社会主义现代化建设。社会主义现代化建设是一项复杂而巨大的社会系统工程，按照实际需要，采取一些特殊的政策，是完全必要的。有时候，某些特殊经济政策可能带来一些弊端，但从根本上、从长远看，却是大大有利于社会主义经济的发展，有利于迅速增强无产阶级专政的基础，就应该坚决执行。实践证明，如果只满足于普遍适用的一般政策，而没有从特殊矛盾出发制定的特殊政策，就难免犯“一刀切”的错误，或者抓不住重点，达不到目的。

因此，我们既要看到一般政策与特殊政策的区别，在执行中不能把它们混淆起来；又要看到二者的联系，不能把它们完全对立起来。

第三节　政策与法律

我们的国家是由共产党领导的国家，党首先通过制定政策对国家实行领导。社会主义法律也是在党的领导下制定和实施的。这就必然产生政策与法律的关系问题。正确认识党的政策与社会主义法律的关系，对于我们加深对政策与法律的本质和作用的认识，在实践中增强政策观念，加强社会主义法制，都有着重要的意义。

党的政策和社会主义法律具有一致性。这是因为：它们都由社会主义经济基础所决定，都是社会主义上层建筑的重要组成部分；它们有着共同的阶级本质，都是工人阶级领导下的广大人民意志的体现，为全体人民的利益服务；它们都是以马列主义、毛泽东思想作为指导思想；它们的历史使命也都相同，即都是为了消灭剥削，消灭阶级和阶级差别，建设社会主义，实现共产主义。党的政策与社会主义法律虽然有一致性，但决不能把二者等同起来，认为政策就是法律，或者以党的政策代替法律。它们既有联系，又有区别。其区别主要表现在以下四点：

第一，社会主义法律具有国家的属性，是由国家制定或认可的，转化为国家意志的整个统治阶级的意志，而不是统治阶级某个人、某个集团的意志。党的政策是由党的组织制定的，是工人阶级先锋队意志的体现。党的政策在没有通过国家机关制定或认可为法律之前，不具有国家意志的属性，它的执行主要是靠宣传群众，号召群众，积极引导群众，而不是强迫群众。正如列宁指出的："在党的代表大会上是不能制定法律的。"[①]要把党的政策提升为国家意志，必须经过一定立法程序，使它变成国家的法律。

第二，社会主义法律具有国家强制性的属性，是由国家强制力保证执行的，任何公民都必须守法，否则便强制执行。党的政策对党的各级组织和全体党员有约束力，是必须执行的，这是党的纪律。但它并不具有国家强制性的属性。党和群众的关系不能建立在强制的基础上，不能靠强迫命令推行自己的政策，而只能通过自己政策的正确并通过说服教育的方法使群众乐于接受。

第三，社会主义法律具有规范性，是一种特殊的社会规范。它以宪法、法律、法规、条例等规范性文件来表现，权利和义务规定得明确具体。规定人们在一定社会关系中，应当做什么，可以做什么，不能做什么，禁止做什么，以及对违反者的制裁等等。党的政策则往往比较原则，它是通过党组织的决议、指示、纲领、宣言、声明、社论等形式来表现，一般属于方向性的规定和号召。权利和义务的关系不是那么明确和具体，不具有法律规范所具有的那种"假定、处理、制裁"的必然逻辑结构。

第四，社会主义法律具有相对的稳定性。法律是历史经验的总

① 《列宁全集》第32卷，第216页。

结，是比较成熟的政策的条文化、具体化、定型化，因而它比党的政策更具有相对的稳定性。一般说来，政策总是根据实际情况的变化而变化的，它来得快，比较灵活；而政策体现为法律，则必须是成熟的，要反复实践，因而还要有一定的过程和时间。

那么，党的政策与社会主义法律之间是什么关系呢？这需要从两方面来理解：

其一，党的政策对法律起着指导作用。

任何国家的法律，都同该国执政党的政策直接有关。在我国，共产党是执政党，是社会主义国家的领导力量，党的政策是党和国家活动的依据。制定法律必须以党的政策为指导，以党的相应政策为依据。例如，1949年全国人民政治协商会议通过的起临时宪法作用的《中国人民政治协商会议共同纲领》，就是依据党的七届二中全会确定的方针、政策所制定的。我国1954年第一部社会主义宪法，是根据1953年党提出的过渡时期的总路线、总政策制定的。五届人大五次会议通过的新宪法，是党的十二次代表大会所确定的纲领、路线、政策的条文化、具体化、定型化。在我国的司法实践上，即执行和贯彻法律的时候，也不能脱离党的总政策和其他有关的具体政策的指导。只有正确地理解党的各项政策，才能更好地执行法律，也才能适应形势的变化。例如在法律规定的范围内，在量刑时考虑从宽、从严和从轻、从重等问题，把适用法律和执行政策有机地结合起来。当然，这是在服从法律的范围内执行政策，而不是不顾法律规定，更不能用政策去改变法律。

其二，社会主义法律是实现党的政策的一种重要手段。

社会主义法律是党的政策定型化、条文化、规范化。例如，我国《刑法》就是党的关于惩办与宽大相结合，坦白从宽，抗拒从严，立功赎罪，立大功受奖等刑事政策的具体化、条文化。《婚姻法》是党的关于婚姻、家庭政策的具体化、条文化。《中外合资经营企业法》是党的关于对外开放，吸收外资，促进社会主义建设的有关方针政策的具体化、条文化。党的政策法律化后，就使它具有法律的属性。这时，党的政策已转化为一种国家意志，一种由国家强制力保证其实施并具有普遍约束力，规定了人们之间权利与义务关系的行为规则。这样就能够使党的政策通过法律的形式得到贯彻实施。从实质上说，适用法律和执行政策是一致的。我们说社会主义法律是实现党的政策的一种重要手段，但并非党的一切政策都需要通过法律来实现。

可见，党的政策与社会主义法律是既密切联系又有区别的两个社会现象。它们之间是一致的，相辅相成，相互作用，相互制约，既不能把两者对立起来或者割裂开来，也不能把两者简单地等同起来。弄清楚这个关系十分重要。我国封建社会持续了两千多年，缺少法治传统。长期以来，我国的法制不健全。至今党内有些人对政策和法律的关系还存在着错误的理解，往往把两者对立起来，不懂得运用政策和法律相结合手段的重要意义。他们自觉不自觉地从本质上割裂政策和法律的关系，只讲政策，不讲法律；片面强调法律要服从政策，甚至错误地认为政策可以代替法律，政策可以冲击法律。结果不但破坏了社会主义法制，也破坏了党的政策。正反两方面的经验教训使我们认识到了加强法制的极端重要性。彭真说过："在革命战争时期，党也好，军队也好，群众也好，注意的是党的政策。那时，只能靠政策，当然，我们根据地的政权也有一些法，但有限，也很简单。新中国成立以后，我们有了全国性的政权，情况不同了，不讲法制怎么行？要从依靠政策办事，逐步过渡到不仅靠政策，还要建立、健全法制，依法办事。"[①]随着改革的不断深入，经济生活越来越活跃，越来越多的新问题摆在我们面前，需要用法律手段来管理、组织和领导；改革的新成果，要用立法的形式予以保护；新的经济活动和经济关系，要用法律形式固定下来；实践证明是正确的政策，要逐步法律化。例如要深化农村改革，就要把党和国家制定的一系列正确的农村政策以及亿

① 见1984年4月8日《人民日报》第1版。

万群众在改革中创造的成功经验用法律的形式固定下来，即制定一系列农业法规，包括农业法（责任制、农业投资、购销合同、价格政策等）、林业法、土地法、草原法、渔业法、水土保持法等等。从1979年以来的八年多，我国经济立法取得了显著的成就。全国人大及其常委会共制定了30多个经济方面的法律。与此同时，国务院制定了3300多个经济方面的行政法规。各省、自治区、直辖市人大及其常委会制定了400多个经济方面的地方性法规[①]。这些法律、法规对于保障、促进经济体制改革，对外开放和社会主义“四化”建设的顺利进行，发挥着日益重要的作用。当然，强调法律的作用，并不是就可以忽视政策的作用了。如前所述，政策与法律都是统治阶级手中的工具，两者都是不可缺少的，必须学会并善于把法律和政策结合起来，才能有效地进行“四化”建设，使国家长治久安。

第四节　现行政策与共产主义理想

党的政策是党在一定历史时期为实现一定的任务而规定的行动依据和准则，以保证党的纲领路线的实现。理想作为一种同奋斗目标相联系的有实现可能性的想象，它是一个民族前进的旗帜，是战胜困难、开拓进取的精神力量。我们的社会理想是实现共产主义，为共产主义的崇高目标而努力奋斗。弄清楚执行党的现行政策与坚持共产主义理想的关系，具有重大的现实意义。

党的现行政策与共产主义理想是紧密联系的。理想是政策的依据，政策是理想的反映。换言之，共产党制定政策是以实现共产主义远大理想为出发点的。正如列宁所指出的：“只有永远记住‘最终目的’，只有从总的革命斗争的观点来评价每一个‘前进’步骤和每

① 见1987年9月5日《人民日报》第1版。

一项各别的改革，才能够保证在前进的路上不致失足和不犯可耻的错误。”[①]也正如邓小平指出的：“我们是坚持社会主义和共产主义的，我们采取的各方面的政策，都是为了发展社会主义，为了将来实现共产主义。”[②]这是因为，共产主义理想是和社会发展的客观规律完全统一的，是和社会发展方向完全一致的。马克思和恩格斯运用辩证唯物主义和历史唯物主义，分析资本主义社会的发展规律，创立了科学共产主义理论。按照这个理论，经过无产阶级革命斗争的胜利，资产阶级专政必然为无产阶级专政所代替，资本主义社会必然被改造为生产资料公有、消灭剥削、各尽所能、按劳分配的社会主义社会；社会主义社会经过生产力的巨大发展和思想、政治、文化的巨大进步，最后必然发展为各尽所能、按需分配的共产主义社会。我们党的最终目标，是实现共产主义的社会制度。共产主义作为一种社会制度，当然要在将来才能实现。但是，共产主义作为一个思想体系，一个实际运动，它存在于活跃于现实生活之中。共产主义的运动，就是共产主义思想体系指导下的运动。我们从事的共产主义运动，从我们党成立之日起就有组织、有纲领地在中国开始了。毛泽东说过：“中国自有科学的共产主义以来，人们的眼界是提高了，中国革命也改变了面目。中国的民主革命，没有共产主义去指导是决不能成功的，更不必说革命的后一阶段了。”[③]同样，社会主义的改革和建设也都必须以共产主义思想体系作指导，坚持四项基本原则，才能建成社会主义，朝着共产主义目标前进。因此，我们必须坚持在共产主义思想体系的指导下，制定和实行适应历史发展阶段的革命纲领，制定和实行适应各种不同情况而又同共产主义目标相联系的方针、政策。

现行政策的制定要以共产主义理想为理论依据，同样，现行政

---

①《列宁全集》第 5 卷，第 57 页。

②《建设有中国特色的社会主义》（增订本），第 101 页。

③《毛泽东选集》第 647 页。

策的正确实行，也要以坚持共产主义理想作为思想上的保障。党的各项政策及其实践，是以共产主义思想体系为指导的，是共产主义在今天的实践。由于这些政策符合当前中国的实际，代表了全国各族各阶层的根本利益和当前利益，所以得到绝大多数人民的衷心拥护。然而任何一项社会政策，都不可能指望所有群众都从共产主义思想的高度去理解和执行。事实上，广大群众拥护某项政策，按照政策允许的范围去活动，往往是从他们各自的利益和愿望出发，而不易看到国家的整体利益和长远利益。还会有少数人只从个人的眼前的利益去理解和行动，不顾国家的长远利益，有的甚至会歪曲地利用政策，从中钻空子，乘机捞一把。因此，我们在制定、实行各项政策的同时，必须大力开展共产主义理想教育，建设以共产主义理想为核心的社会主义精神文明，才能使越来越多的人正确认识个人利益与国家、集体利益的关系，当前利益与长远利益的关系，并在实践中把它们正确结合起来，才能保证我国社会主义社会的正确发展方向。

党的现行政策和共产主义理想，既有联系，又有区别。政策是实现理想的阶梯，理想是执行政策的保证。共产主义作为一种运动，在不同的阶段需要执行不同的政策，认真执行这些政策是为实现党在现阶段的总任务创造条件，也是为实现共产主义理想必不可少的步骤，是达到明天的必经阶段。正确认识和把握现行政策与共产主义理想的这种关系，最重要的是注意把共产主义理想与当前的革命实践区别开来。

建立各尽所能、按需分配的共产主义社会，是人类社会历史发展的必然归宿。为实现共产主义而坚持不懈地奋斗，无论过去、现在和将来，都是我们共产党人和一切先进分子的坚定信念和崇高理想。我们必须积极地宣传共产主义思想，在共产主义思想体系指导下进行革命和建设，一刻也不能动摇这个根本前提。但是，无论在过去民主革命时期，或在当前的社会主义现代化建设时期，都要把对共产主义思想和共产主义社会制度的宣传，同这些革命阶段的具体行动纲领和革命实践区别开来，同这些历史时期实际执行的各项政策区别开来；不能把共产主义思想和共产主义社会制度的宣传，同党在各个不同历史条件下实际执行的政策混为一谈。毛泽东在《新民主主义论》中曾说过，“在现时，毫无疑义，应该扩大共产主义思想的宣传，加强马克思列宁主义的学习，没有这种宣传和学习，不但不能引导中国革命到将来的社会主义阶段上去，而且也不能指导现时的民主革命达到胜利。但是我们既应把对于共产主义的思想体系和社会制度的宣传，同对于新民主主义的行动纲领的实践区别开来；又应把作为观察问题、研究学问、处理工作、训练干部的共产主义的理论和方法，同作为整个国民文化的新民主主义的方针区别开来。把二者混为一谈，无疑是很不适当的。”毛泽东的这段话，是我们党在各个历史条件下进行工作的一个根本的指导思想。

我们党从成立以来，就一直是积极地在向人民群众进行共产主义理想的宣传教育的，同时又一直是坚持把共产主义理想的宣传教育和当时历史条件下的政策实践加以区别的。例如，民主革命时期，我们党就重视对自己的党员和广大劳动人民进行共产主义思想体系的宣传教育，开始清除资产阶级思想的影响。但是由于当时的革命还是资产阶级性质的民主主义革命，我们党在整个民主革命时期的路线、方针和政策，都没有越出资产阶级民主革命的范围，没有提出消灭资产阶级进行社会主义革命的任务。相反，我们党对资本主义经济采取了保护的政策，允许民族工商业在一定程度和一定范围内的发展。对民族资产阶级，采取了又团结又斗争的政策。实践证明，这些政策是从当时的实际出发的，是正确的。当然，我们在这个问题上也有不清醒的时候。在“大跃进”期间，我们曾付出过“跑步进入共产主义”的巨大代价，有过“穷过渡”的沉痛教训。这些企图超越历史发展阶段的“左”倾幼稚病，非但没有“跑步进入”，实现“过渡”，反而拉大了与共产主义的距离。因此，我们必须把对共产主义思想体系的宣传，同当时的具体的行动纲领，同适用于一定历史阶段的政策实践区别开来。特别在处理具体问题时，不能以笼统的思想教育代替党的政策。办事时要认真划清在现阶段哪些事许可做，哪些事不许可做的界限，许可做的坚决做好，不许可做的坚决不做。

正确处理现行政策与共产主义理想的关系，对我们今天来说，就要把为现阶段共同理想奋斗和为最高理想奋斗有机地结合起来。现阶段我国各族人民的共同理想，就是建设有中国特色的社会主义，把我国建设成为高度文明、高度民主的社会主义现代化国家。实现共产主义是我们的最高理想，但共产主义理想不是短时期内能够实现的，而是要经过若干历史发展阶段。实现现阶段共同理想，即建设有中国特色的社会主义，这是实现共产主义最高理想的必经阶段。“共产党人为工人阶级的最近的目的和利益而斗争，但是他们在当前的运动中同时代表运动的未来。”[①]要建设有中国特色的社会主义，就必须进一步地宣传共产主义思想，进一步地提高全体党员和劳动人民的共产主义觉悟，一切工作都必须在共产主义的思想体系指导下进行。但是，我国现在仍然是社会主义，而且处在社会主义初级阶段，党的各项政策都必须从社会主义初级阶段的实际出发来制定，而不能超越这个实际。这就是说，在现阶段，我们仍然要把坚持共产主义理想同当前社会主义初级阶段的纲领和现行政策的实践区别开来，不能混为一谈。例如宣传共产主义思想，不能限制和批判按劳分配政策。在社会主义时期实行“各尽所能，按劳分配”的原则，这本身就是共产主义思想体系的一部分。现行的其他政策，例如允许个体经济存在，允许种自留地和集市贸易，允许同外国资本家合资办企业等等，表面看来，似乎离共产主义理想很远，但实际上，现阶段实行这样的政策才更有利于社会主义和最后达到共产主义。因此，一方面，我们要坚持共产主义思想体系的指导，不能因为实行某种社会政策而有丝毫动摇，不能因为我们目前实行社会主义原则就不敢宣传共产主义精神，不敢提倡

①《马克思恩格斯选集》第 1 卷，第 284 页。

共产主义风格，不敢讲共产主义的远大理想；另一方面，要在共产主义思想体系指导下，根据当前实际情况制定政策，不能因为坚持共产主义思想体系就立即实行共产主义高级阶段的制度。

正确处理现行政策与共产主义理想的关系，还需要进行具体的分析。例如，我们今天实行对外开放、对内搞活的政策，都是围绕着发展社会主义经济做文章。但是，有些人总觉得这些政策和共产主义理想不一致，一个主要原因，是长期受“一大二公”的影响，脑子里形成了一个框框，不问国情如何，条件怎样，总觉得公有化程度越高越好，分配上越平均越好，仍然用旧的、“左”的眼光来看待党的现行政策，自然就会觉得和共产主义理想不一致了。另外一个原因，就是在贯彻现行政策过程中，确实出现了一些偏离社会主义方向、违法乱纪、“一切向钱看”的现象，一些人便误认为是现行政策造成的。应当看到，对外开放，难免会带来一些资本主义的消极影响；对内搞活，调动了各方面的积极性，但也难免在一定时期、在某些环节上，给一些投机分子以可乘之机。但是，这些消极现象的出现，并不是现行政策本身造成的。这些消极、腐朽的现象，恰恰是违反现行政策的，是我们要大力克服的东西。

总之，我们必须弄懂执行现行政策与坚持共产主义理想的辩证关系，搞清两者是既有联系又有区别的。那种没有划清界限，把两者混为一谈，或者是把它们机械地分隔开来的偏向，对我们当前的和将来的革命和建设事业都是不利的，因此都要注意防止。

第五节 政策规定与党性原则

党的政策，是党在一定历史时期为实现一定的任务而规定的行动依据和准则，体现了工人阶级和最广大人民群众的根本利益，必须认真地贯彻执行。但是，作为一个共产党员，要正确地理解和执行党的政策，坚持党性原则，还要弄清党的政策与党性原则的关系。

党的政策与党性是紧密联系的，具体来说，党性决定党的政策，党的政策是党性的表现。所谓党性，是阶级性最高而集中的表现。我们共产党人的党性，则是工人阶级的阶级性的最高而集中的表现。就其基本点而言，是指工人阶级高度的政治觉悟，具有为共产主义事业奋斗终生的伟大理想，为维护党和人民的最高利益而勇于献身的精神。所有这些，都具体地反映和体现于党的纲领、路线、方针、政策和作风之中，表现于党组织的活动和党员的言行之中。共产党员、党的干部坚持党性原则，站在党性的立场上，也就是同党中央和党的路线、方针、政策相一致的立场上。因为我们的党是为人民服务的党，党的路线、方针、政策是在集中群众智慧的基础上产生的，是代表人民利益的，站在党性原则的立场上，也就是站在广大人民群众的立场上。因此，党组织和共产党员坚定地、正确地贯彻执行和维护党的政策，就是为了实现党的利益、人民的利益，这正是有党性或党性强的表现。

但是，党的政策与党性原则毕竟不是一回事，它们的区别主要表现在以下两点：

第一，党的政策规定允许范围内的事情，共产党员不一定都可以干。党的政策，有总政策和具体政策之分。总政策规定了全国人民在一定历史时期应该做什么事情，不应该做什么事情，该怎样做，不该怎样做，以保证党的纲领路线的实现，因而它是适用于全国规模和全体人民的。党的具体政策，则是服从于和服务于总政策的，都是用来调整特定的社会关系的，因而都有其一定的对象和一定的适用范围。因此，虽然是政策规定允许范围内的事情，有些是非党群众可以干的，共产党员不一定可以干。

例如，我们党对宗教的基本政策是宗教信仰自由政策。所谓信仰自由，就是说，每个公民既有信仰宗教的自由，也有不信仰宗教的自由；有信仰这种宗教的自由，也有信仰那种宗教的自由；在同一宗教里有信仰这个教派的自由，也有信仰那个教派的自由；有过去不信教而现在信教的自由，也有过去信教而现在不信教的自由。坚持不懈地宣传无神论，帮助人民群众从宗教的束缚中解放出来，为宗教的最终消亡创造物质条件，这是共产党员的一项重要任务。但是，对于党的宗教政策，我们党组织和共产党员，也应该坚决贯彻执行并加以维护。我们不能用行政命令去消灭宗教，不能强制人们不信教。因为宗教作为一种社会现象，是在一定历史条件下的产物，有其发生、发展和消亡的客观规律。宗教产生和存在的根源，在于人们对自然力量和社会力量的压迫的无能为力。只有消灭了这个根源，宗教才会消亡。在没有足够的条件促使信仰者自觉放弃宗教信仰的时候，采取强迫的办法是不能奏效的。我们实行宗教信仰自由政策，就是尊重宗教产生、发展和消亡的客观规律，同时，也是从我国实现社会主义现代化的基本任务，需要调动一切积极因素，包括信教群众的积极性，来创造自己的幸福生活考虑的。至于作为工人阶级先锋队的成员——共产党员，则应该是用辩证唯物主义和历史唯物主义武装起来的坚定的无神论者，必须始终坚持无产阶级的世界观，因此不应该也不允许信仰宗教。可见，是否执行和维护党的宗教政策是一回事，共产党员本身不能信教是又一回事，两者不可混淆。当然，作为一个共产党员，为团结广大群众，既要在思想上同宗教信仰划清界限，又要尊重民族的风俗习惯以不脱离群众。这就要求共产党员，在全民族基本上都信教的少数民族中，把宗教活动同含有宗教色彩、宗教传统，但实质上已经成为民族的风俗习惯区别开来。

第二，共产党员在放宽政策，从事政策许可的经济活动的时候，也要坚持党性原则，保持共产党员党性的纯洁性。即使说许多政策规定也适用于共产党员，作为共产党员，也不能满足于自己的行为符合现行的政策规定。这是因为，党的各项政策，都是只适用于特定历史阶段的，而我们党在革命运动的各个历史时期和各个发展阶段，始终要坚持运动的共产主义方向。因此，共产党员必须时刻牢记大目标，站在党性原则立场上，不能降低自己的水平。

例如，党的允许和鼓励一部分人先富起来的政策，是总结了多年的实践经验，从实际情况出发提出来的，符合事物由量变到质变的发展规律，是走向共同富裕的必经之路。党的这一富民政策的正确性，已为几年来农村改革的实践所证明。应该明确，实行这一政策的目的，是要实现共同富裕，这是我们在政策上应当坚持的方向。共产党员执行党的富民政策，说到底就是要按照党的全心全意为人民服务的根本宗旨行事，不仅要坚持勤劳致富，而且要坚持把群众利益摆在首位，坚持走共同富裕的道路。

因此，对于共产党员来说，既坚决贯彻和维护党的政策，又加强党性修养，把执行政策规定与坚持党性原则很好地结合起来，有着极其重要的意义。

第五章
制定政策的指导原则

政策作为观念形态的东西，是主观认识对于客观现实的反映，只有正确地反映了客观现实的政策，才是有效的、可行的政策。因此，制定政策是一项严肃的工作，不能轻率决定，而要有明确的指导原则；不能随心所欲，而要有坚实的客观依据。无产阶级政党制定政策，必须从实际出发，以客观存在的事实为依据。对于一个国家来说，这个实际就是国情，最基本的国情则是一个国家的社会现在所处的历史阶段，还要进行形势的分析，注重社会心理研究，发挥政策的整体效应，以四项基本原则为基础等。这一切，就是我们制定政策的指导原则。集中到一点，就是要遵循和坚持马克思主义的实事求是的思想路线。

第一节　制定政策要以客观存在的事实为依据

为什么制定政策必须从实际出发，必须以客观存在的事实为依据？这是因为，实际情况，客观存在的事实是第一性的，而政策以及路线、方针、计划、措施等等，对于实际来说则是第二性的；第一性的东西决定第二性的东西，而第二性的东西只有符合或正确地反映第一性的东西，才是正确的，才能指导人们把工作做好。

坚持从客观存在的事实出发，还是从主观愿望出发，反映了两种根本对立的认识路线。一切唯心主义者都从精神第一性、物质第二性这个前提出发，否定从客观事物出发的实事求是的唯物主义路线。不管是客观唯心主义者还是主观唯心主义者，在他们看来，世界在本质上是精神的，精神产生物质。因此，干事情、想问题，无须从客观实际出发，只要凭自己的主观想象就可奏效。在辩证唯物主义者看来，物质第一性，精神第二性，物质决定精神。客观实际，即除去人们头脑意识以外的一切客观存在的事物，你承认它也罢，否认它也罢，它总是存在的，并且按照其固有的规律运动、变化和发展着。

我们的任务是认识世界和改造世界。所谓认识世界，就是认识事物的规律性；所谓改造世界，就是以对事物的规律性的认识作指导去变革事物。自由是对必然的认识和对客观世界的改造。人们对客观规律的认识愈正确，愈深刻，就愈有自由。我们的一切工作能否顺利进行并取得成功，从根本上说，就在于我们的思想和行动是否符合客观事物的规律性。事物的这种规律性，只能是从实际出发，即从事物本身的发展中去寻找，而不能夹杂丝毫的主观臆造。制定政策也是如此。这里就有一个思想路线问题。实事求是，一切从实际出发，理论和实际相结合，在实践中检验和发展真理，这是马克思主义认识论的根本原则和根本出发点，亦即我们常说的辩证唯物主义的思想路线。历史和现实所提供的经验都反复证明，思想路线正确与否，对于我们能否制定和贯彻正确的路线、方针、政策，具有决定性的意义。正确的思想路线，是我们在革命和建设事业中进行科学决策的基础。

正是从辩证唯物主义的思想路线出发，革命导师明确指出，马克思主义者只能以确切的事实作为自己制定政策的前提和基础。“马克思在1844—1845年就阐明了旧唯物主义的一个基本缺点，在于不能了解革命实际活动的条件和评价革命实际活动的意义，他毕生除了从事理论写作外，还毫不松懈地注意着无产阶级阶级斗争的策略问题。……马克思是严格根据他的辩证唯物主义世界观的一切前提确定无产阶级策略的基本任务的。”[①]恩格斯在帮助欧美国家党的建设的过程中，总是谆谆告诫各国党的领导人，在制定自己的纲领、策略时，一定要依据各国政治经济发展的具体情况和工人运动的实际水平。他认为，最好的策略，是“对每一个国家说来，能最快、最有把握地实现目标的策略”[②]。而这种策略的制定，必须因地制宜，而且必须由处于事变中心的人来决定。因为运动是发展的，党本身也是发展的，各国的情况又千差万别，所以，对一个国家来说是最好的做法，对另一个国家可能是绝对行不通甚至是有害的。恩格斯这一思想，充分体现在他为马克思的《法兰西阶级斗争》的再版所写的导言及其他书信中。

列宁十分强调事实对于政策的重要性，强调从种种事实的科学分析中去制定政策。1917年8月19日的《全俄农民代表苏维埃消息报》，刊登了根据出席彼得格勒第一次全俄农民代表大会各地代表带来的委托书编写的示范委托书。列宁认为这是一篇非常值得注意的文章，并且万分希望农民代表苏维埃把有关这些委托书的尽可能详细的材料公布出来。例如，把提出委托书的省、县、镇全部开列出来，对委托书的各项基本要求做一分析，以便看出各地区在各个问题上的差别大不大。譬如说，农户占有土地的地区和村社占有土地的地区、俄罗斯族地区和其他民族地区、中央地区和边区地区、没有农奴制的地区等等，在取消农民土地所有权、定期重分土地、禁止雇佣劳动、没收地主的农具和牲畜等等问题的提法上，有什么差别。列宁认为，如果没有这些详细的材料，就不可能对农民委托书中非常宝贵的材料进行科学研究，因为“事实是我们政策的基础，我们马克思主义者是应该竭尽全力对种种事实进行科学研究的”[③]。在《政论家札记》中，列宁再一次指明了客观事实与党的政策的关系，他说：“马克思主义要

---

① 《列宁选集》第2卷，第602页。

② 《马克思恩格斯全集》第39卷，第47页。

③ 《列宁全集》第25卷，第266—267页。

求我们在确定任何重大政策的时候，必须以经得起精确的客观检验的事实作为政策的基础和依据。”[①]正是从政策只能以确切的事实为依据出发，列宁提出必须正视严峻的现实，不管现实多么令人不愉快，也不能回避，不能掩饰：“用善良的词句来掩饰不愉快的现实，对无产阶级的事业来说，对劳动群众的事业来说，是最有害最危险的事情。不管现实如何令人痛心，必须正视现实。不符合这一条件的政策是自取灭亡的政策。”[②]列宁还批判了那些认为制定政策可以不以事实为唯一依据，而提出了其他种种根据的错误认识。对于那种以为承认可能性便可以改变政策的认识，列宁指出：“马克思主义是以事实，而不是以可能性为依据的。”“马克思主义者只能以确切的、有凭有据的事实作为自己的政策的前提。”[③]“马克思主义者应当把评价革命的客观进程作为谈论策略的基础。”[④]同样，政策也不能凭着良好的愿望、凭着一时的热情去制定。有人提出英国共产党必须根据科学原则来行动，列宁认为这是一种完全正确的意见。他说：“而科学首先要求估计到其他国家的经验，特别是其他也是资本主义的国家正在经历或不久前曾经经历过的那种非常类似的经验；其次，它要求估计到本国内部活动着的一切力量、集团、政党、阶级和群众，决不能仅仅根据一个集团或一个政党的愿望和见解、觉悟程度和斗争决心来确定政策。”[⑤]总而言之，“问题不在于愿望，不在于动机，也不在于言论，而在于不依这些东西为转移的客观环境。正是它决定着某一党派的口号、策略和总方针的命运和意义。”[⑥]

毛泽东在领导中国革命斗争的长期实践中，坚持把马克思列宁主

① 《列宁全集》第 25 卷，第 283 页。
② 《列宁全集》第 24 卷，第 309 页。
③ 《列宁全集》第 35 卷，第 230 页。
④ 《列宁全集》第 11 卷，第 324 页。
⑤ 《列宁选集》第 4 卷，第 235 页。
⑥ 《列宁全集》第 19 卷，第 256 页。

义的普遍真理同中国革命具体实践结合起来。他以极大的革命毅力和理论勇气，反对把马克思列宁主义教条化，反对把外国经验神圣化。他坚持实事求是，理论联系实际，从中国的实际情况出发，创造性地运用马克思列宁主义的立场、观点和方法，正确地解决了中国革命中一系列的重大问题，为中国革命指明了胜利前进的道路。从实际出发，按照实际情况决定工作方针，是毛泽东反复倡导的最基本的工作方法。他指出："我们是马克思主义者，马克思主义叫我们看问题不要从抽象的定义出发，而要从客观存在的事实出发，从分析这些事实中找出方针、政策、办法来。"[①]他还指出，实际政策的决定，一定要根据具体情况，坐在房子里面想象的东西，和粗枝大叶的书面报告上写着的东西，绝不是具体的情况，倘若根据"想当然"或不合实际的报告来决定政策，那是很危险的。他反复告诫说："按照实际情况决定工作方针，这是一切共产党员所必须牢牢记住的最基本的工作方法。我们所犯的错误，研究其发生的原因，都是由于我们离开了当时当地的实际情况，主观地决定自己的工作方针。这一点，应当引为全体同志的教训。"[②]

总之，要正确地制定政策，就必须着眼于客观实际，坚持辩证唯物主义的思想路线，反对一切主观唯心主义，也就是要坚持陈云归纳的九个字："不唯上，不唯书，要唯实。"

第二节　制定政策要从基本的国情出发

上面谈到，制定政策不能凭主观愿望，而必须坚持实事求是，一切从客观实际出发。这里说的实际，不仅是指各地区、各部门、各单

① 《毛泽东选集》第810页。

② 《毛泽东选集》第1203页。

位的实际，更重要的是要着眼于整个国家的实际。

那么，什么是一个国家的实际呢？这就是通常所说的国情。毛泽东说："只有认清中国社会的性质，才能认清中国革命的对象、中国革命的任务、中国革命的动力、中国革命的性质、中国革命的前途和转变。所以，认清中国社会的性质，就是说，认清中国的国情，乃是认清一切革命问题的基本的根据。"[①]所谓国情，指的是各个国家借以区分的最基本的根据，亦即不同的历史传统，不同的文化背景，不同的政治、经济、人口条件，不同的社会性质和外部环境，以及由此决定的不同的发展机制、发展速度和发展方向，等等。所谓一切从实际出发，最根本的就是一切从国情出发；所谓实事求是，就是准确地把握国情，从中引出其固有的而不是臆造的规律性，作为我们想问题、干事情、制定政策的依据。

国情问题千头万绪，十分复杂，要正确地认识它，单靠罗列一些现象是不够的，需要借助于理论抽象。在这里，最重要的是要弄清当前社会的性质及其所处的发展阶段，并形成相应的科学概念。弄清了这一点，就抓住了国情问题的实质。列宁指出这个问题对于制定政策关系极大，他说："只有客观地考虑某个社会中一切阶级相互关系的全部总和，因而也考虑该社会发展的客观阶段，考虑该社会和其他社会之间的相互关系，才能成为先进阶级制定正确策略的客观依据。"[②]

我们是立足在中国这块土地上来建设这个国家、改造这个社会的。那么，我国社会现在处在一个什么样的发展阶段，或者说我国的基本国情是什么？对此，我们今天已经有了明确的认识，这就是我国处在社会主义初级阶段。这个科学结论，是党的十一届三中全会以来贯彻实事求是、一切从实际出发这个马克思主义思想路线的重大成果。1981年6月，党中央在《关于新中国成立以来党的若干历史问题

① 《毛泽东选集》第 596 页。

② 《列宁选集》第 2 卷，第 602 页。

的决议》中初次提出“我们的社会主义制度还是处于初级阶段”；1982年9月，党的十二大政治报告重申了这一观点；1986年9月，党的十二届六中全会通过的《中共中央关于社会主义精神文明建设指导方针的决议》，对社会主义初级阶段问题做了进一步的阐述；1987年10月党的十三大报告，对这个问题作了全面、深刻、系统的论述，着重指出：“正确认识我国社会现在所处的历史阶段，是建设有中国特色的社会主义的首要问题，是我们必须采取现在这样的路线、政策而不能采取别样的路线、政策的根本依据。”

社会主义初级阶段理论的提出，表明我们党对我国国情和社会主义发展规律认识的深化。我们说的社会主义初级阶段，不是泛指任何国家进入社会主义都会经历的起始阶段，而是特指我国在落后经济基础上建设社会主义必然要经历的特定历史阶段。这是因为，我们这个社会主义国家和其他许多社会主义国家不同，不是脱胎于资本主义，而是脱胎于半殖民地半封建社会。新中国成立以来，我们的社会主义建设已经取得了很大成绩，但是生产力水平仍然很低，人口多，底子薄，人均国民生产总值仍然居于世界后列。生产力的落后，决定了在生产关系方面，建立公有制所依据的生产社会化程度还很低，商品经济和国内市场很不发达，自然经济和半自然经济占相当比重；在上层建筑方面，发展社会主义民主政治所必需的一系列经济、社会、文化条件还不充分，封建思想和资本主义思想还经常侵袭党的干部和国家公务员的队伍，并在社会上有广泛影响。这种状况，说明我们的社会主义还不发达、不成熟、不完善，说明我们今天仍远远没有超出初级阶段。社会主义初级阶段的科学论断告诉我们，我国社会已进入社会主义社会，我们必须坚持社会主义，而不能离开社会主义去搞资本主义；同时它又告诉我们，我国的社会主义还是初级阶段的社会主义，我们的一切工作、一切政策，都必须从“初级阶段”这个实际出发，而不能干“超越阶段”之类的蠢事。

历史和现实告诉我们，是否真正认清国情，弄清我国社会现在所处的发展阶段，对于我们正确地制定各项政策，有着极其重大的意义。大家知道，从20世纪50年代中期到党的十一届三中全会以前，我们在政治上、经济上、文化上都曾采取了许多“左”的政策，造成了严重后果，这固然有多方面原因，但最主要的是我们当时对于我国处于社会主义的什么阶段，思想上并不是很明确的，而简单地搬用马克思主义经典作家当年所设想的社会主义发展进程的一些论述来解释我国的现实，忽视了中国的特殊国情、具体情况。相当多的同志把革命看得过于简单，以为无产阶级夺取政权后，经过社会主义改造进入社会主义社会，即可通过不断革命，变革生产关系，很快建成社会主义，进入共产主义社会。1958年甚至喊出了“跑步进入共产主义”的口号。一些地方在生产资料上实行单一的全民所有制，在分配形式上实行供给制，并实行组织军事化、行动战斗化、生产集体化等，不仅使生产力遭到严重破坏，而且助长了不少人的平均主义、“大锅饭”等错误观念。当时我们党的正式文件中曾明确地写道：“看来，共产主义在我国的实现，已经不是什么遥远将来的事情了，我们应该积极地运用人民公社的形式，摸索出一条过渡到共产主义的具体途径。”为什么会产生这个错误呢？中共中央《关于新中国成立以来党的若干历史问题的决议》对此作了中肯的分析，指出：这是“由于对社会主义建设经验不足，对经济发展规律和中国经济基本情况认识不足，更由于毛泽东同志、中央和地方不少领导同志在胜利面前滋长了骄傲自满，急于求成，夸大了主观意志和主观努力的作用”。这里，最根本的原因就是对我国处于社会主义初级阶段这一基本国情缺乏正确的了解，从而导致一系列错误的理论和盲目的实践。

党的十一届三中全会以来，人们经常议论党中央的政策“合民心”“顺民意”，交口称赞党中央发布的有关农业的文件以及《中共中央关于经济体制改革的决定》《中共中央关于社会主义精神文明建设指导方针的决议》等文件“好”“讲得实在可行”，究其原因，因为这些方针、政策都是从中国实际出发制定的，同社会主义初级阶段的实际和需要相适应的。可以说，党的十一届三中全会以来的路线以及改革、开放、搞活的总方针、总政策，就是党在社会主义初级阶段的路线、方针的具体体现。因此，社会主义初级阶段是党的现行路线、方针、政策的基本出发点。

第三节　制定政策要科学地分析形势

什么是形势？我们通常说的形势，是指社会经济、政治发展的现状和趋势，是社会各领域发展势态的综合反映。正确地估量和分析形势，是革命政党确定前进方向和任务，制定方针、政策的前提。或者说，要正确地制定党的方针、政策，在很大程度上要取决于对形势的科学分析。列宁说过："实际的政治形势就是如此，我们首先应该力求尽量客观、准确地判明这一形势，以便把马克思主义的策略建立在它应当依据的唯一稳固的基础上，即建立在事实基础上。"①中共中央《关于若干历史问题的决议》（1945年4月20日）也指出："正确的策略指导，必须如斯大林同志所指出的，需要正确的形势分析（正确地估计阶级力量的对比，判断运动的来潮和退潮），需要由此而来的正确的斗争形式和组织形式。"

我们常说的"审时度势"，就是指办事要审察当前状况，客观地估量形势。旧时代的政治家也懂得这个道理。《三国志·蜀志·诸葛亮传》中的"隆中对"，就是从对形势的分析中确定方针、政策的范例。公元207年，刘备三顾茅庐，向隐居在隆中的诸葛亮问计。诸葛亮对当时的天下形势，从政治、经济、地理、人事各方面进行深刻的分析，为刘备规划了一个从三家分立到统一全国的政治方案，提出了夺取荆、益二州作为基地，联合东吴，抵抗曹操，北伐中原，复兴汉室

① 《列宁选集》第3卷，第8—9页。

的行动方针。自公元207年隆中对策，诸葛亮出山辅佐刘备后，蜀汉政权基本上是按照这一方针建立、巩固、发展起来的。成都武侯祠有一副为人称道的对联："能攻心则反侧自消，从古知兵非好战；不审势即宽严皆误，后来治蜀要深思。"这后一联即是说，不审时度势，政策或宽或严，都会出差错。

分析形势，还要特别重视历史转折时期的形势分析。列宁指出："马克思主义要求我们对每个历史关头的阶级对比关系和具体特点，做出经得起客观检验的最确切的分析。我们布尔什维克总是努力执行这个要求，因为要对政策作科学的论证，这个要求是绝对必需的。"① 回顾我们党的历史，凡是正确的方针、政策，无不建立在科学分析形势的基础之上。在新民主主义革命时期，我党在几次历史转折关头，能够适应变化了的情况，及时调整政策和策略，领导中国革命不断走向胜利，就是以对形势的科学分析为依据的。例如，1935年在"一二·九"运动的推动下，全国抗日民族解放运动广泛开展，中国革命又走向了新的高潮。这就迫切要求我们党对国内形势做出正确的分析，制定党在新形势下的政治路线，更好地领导和组织全国抗日民主运动。当时中央红军刚结束长征，到陕北不久，自遵义会议以来还没有来得及彻底清算的王明"左"倾冒险主义在政治策略上的错误，是党在新形势下制定方针政策的严重障碍。1935年12月，党中央在陕北瓦窑堡召开了政治局会议，批判了"左"倾关门主义，决定了建立抗日民族统一战线的策略方针。会议通过的《中央关于目前政治形势与党的任务决议》，对于当时国内外的形势、阶级关系的变化和党的政策，作了完整的分析和决定。决议指出："目前的形势告诉我们，日本帝国主义并吞中国的行动，震动了全中国与全世界。中国政治生活中的各个阶级、阶层、政党以及武装势力，重新改变了与正在改变着它们之间的相互关系。""因此，党的策略路线，是在于发动、团

① 《列宁选集》第3卷，第24页。

结与组织全中国全民族一切革命力量去反对当前主要的敌人——日本帝国主义与卖国贼头子蒋介石。”毛泽东在党的活动分子会议上，又作了《论反对日本帝国主义的策略》的报告，其中第一个问题就是“目前政治形势的特点”，在分析形势、总结经验的基础上，对党的抗日民族统一战线策略，进行了系统的马克思主义的分析，从政治上批判了“左”的错误。我们党就是通过科学分析形势，提出了抗日民族统一战线的完整理论和政策，并且武装了全党，给中国人民反对日本帝国主义的斗争指明了前进的方向。

在观察和估量形势问题上，我们党有成功的经验，也有失败的教训。毛泽东向来是以善于观察形势著称的，但他晚年的严重失误，根本原因之一，也在于对形势做了错误的判断。例如，《一九五七年夏季的形势》这篇文章，虽然也提出了不少正确的意见，如说要造就工人阶级的宏大的知识分子队伍等，但很多是不对的，带来了相当深远的消极影响。1962年党的北戴河会议和八届十中全会，毛泽东专门就“形势、矛盾、阶级”问题讲了话，使“左”倾的东西进一步系统化了。到“文化大革命”，不但说党里面有“走资派”，而且说“资产阶级就在党内”，也是对形势判断的错误。路线、政策为什么错误呢？对形势分析估计的错误，显然是一个主要原因。

分析观察形势，是马克思主义的一门大学问，是马克思主义理论和策略上的一个大问题，也是革命者的一项基本功。但是，科学地分析形势，并不是一件容易的事。每一时期的形势都有其复杂性，再加上人们常常是从自己的经验出发观察问题的，受到所处的环境、知识水平、方法、角度，以及对形势的掌握状况不同等因素的影响，往往会产生片面性。因此，要对形势做出正确的估量，是要下功夫的，特别应注意以下三点：

第一，克服主观主义，坚持客观分析。

毛泽东早在1929年就指出：“主观主义，在某些党员中浓厚地存在，这对分析政治形势和指导工作，都非常不利。因为对于政治形势的主观主义的分析和对于工作的主观主义的指导，其必然的结果，不是机会主义，就是盲动主义。”[①]克服主观主义，坚持客观分析，最根本的是坚持实事求是的思想路线，从实际出发。新中国成立以来，我们党对形势的估量和分析，有两次重大的失误。一次是1958年对“大跃进”形势的估计，另一次是“文化大革命”期间对形势的估计。这两次对形势估计的严重失误，各有其历史背景和具体原因，但从认识路线上来检查，都是违背了实事求是、一切从实际出发的原则，把不好的形势说成是形势大好；据此制定的许多政策，当然也就背离了实际。坚持客观分析，就要讲辩证法，既看到有利的一面，又看到不利的一面；既看到成绩，又看到存在问题。那种认为好就是绝对的好，一点毛病找不出；坏就是绝对的坏，一团漆黑，而且坏就不能在一定的条件下转化为好的思想方法，是形而上学，应该克服。进行客观的全面的分析，就可以在不利形势面前，不丧失信心，而是看到其中包含的光明面，鼓起克服困难的勇气；也就可以在有利的、大好形势面前，保持清醒的头脑。这样制定出来的政策，才是实事求是的，经得起实践的检验。

第二，从整体出发，看大局，看发展。

邓小平在《坚持四项基本原则》的报告中讲到思想理论工作时指出：“不能设想：离开政治的大局，不研究政治的大局，不估计革命斗争的实际发展，能成为一个马克思主义的思想家、理论家。”[②]这段话对我们观察研究形势，也具有方法论的指导意义。就是说，观察分析形势，要看政治大局，要看革命和建设事业的实际发展。在革命战争年代，阶级斗争是主要的政治，在那时观察形势，主要是看阶级斗争的大局，估计敌我力量的对比。今天，社会主义现代化建设是我们国家最大的政治，观察形势，就是要看现代化建设事业的大局。看

① 《毛泽东选集》第89页。

② 《邓小平文选》第165页。

大局、看发展，还要看经济发展和政治发展的基本趋势，在造成当前形势的诸多因素中，抓住那些具有基本的决定意义的东西。要从发展上看，不仅看现在，而且看过去，看未来变化的趋势。从整体出发观察形势，对做地方工作、部门工作的同志来说尤为重要。由于各地情况不同，各地区、各部门的领导同志在分析形势时，必须观察局部形势和整个形势的联系，即把自己地区、部门的形势同全国的、总的形势联系起来。这是因为，懂得了全局性的东西，就更会使用局部性的东西。事实证明，把握全局的形势，就会更科学地分析各个局部的形势，制定适合全局要求又符合本地区实际的正确的方针和政策。

第三，要看实质，分清本质和现象。

形势是以各种社会现象的综合体姿态出现在我们面前的。对于这些繁复纷杂的现象，必须进行分析，认真地思索，连贯起来想一想，不要把一些现象凑在一起就下结论。马克思主义教导我们，看事情必须看它的本质，而把它的现象只作为入门的向导。观察形势也要看实质，不被表面现象所迷惑。抓住了实质，才能得出正确的判断和结论。

第四，制定政策要重视研究社会心理。

社会心理，特别是社会政治心理，也是我们制定政策的一个重要的基本的依据。

所谓社会心理，是指特定历史时期一定阶级、阶层群众的精神状况，即他们的理想、意图、情感、动机、风俗习惯（包括道德风尚）、社会思潮、审美情趣等，它包括民族心理、阶级心理、阶层心理和其他群体心理。社会心理是自发形成的，是人们在现实生活中对经济关系及其他社会环境的直接的、经验的反映。它是一种没有系统化、理论化的社会意识，因此只是社会意识的低级形态，但它仍在社会发展中有着不可忽视的作用。社会心理在经济基础、政治制度和社会意识形态之间起中介作用，是说明社会存在怎样转变到社会意识的重要环节。社会心理通常会形成一种时代精神、民族精神，在推动历史前进的合力中具有重要作用。

普列汉诺夫论述社会心理在整个社会结构中的地位和作用时指出，社会心理是“一部分由经济直接所决定的，一部分由生长在经济上的全部社会政治制度所决定的”①，它与社会经济状况、政治制度有着密切的关系。“在生产力发展上的每一新步骤把人们在其日常生活的实践中置于新的相互关系中，这个新的关系是和旧的过时的生产关系不相适合的。这个新的从未有过的情况反映于人们的心理上，有力地变化着它。向哪一个方向呢？社会的一些成员坚持旧制度，这是停滞的人们。另一些人——旧制度对他们不利的人们，赞成前进的运动；他们的心理变向随着时间的到来将会代替旧的、过时的经济关系的生产关系的方面去了。”而当经济关系的变革完成之后，就建立了社会心理与经济之间的完全的适合，“这时候在新的经济基础上，新的理想怒放起来”②。

制定政策必须重视社会心理，这是因为，社会心理作为人们对所处社会环境的直接感受，作为对社会存在的自发反应形式，虽然它的内容多属感性的东西，但由于它直接与社会实践相联系，对社会现实生活中的政治和经济事件反应快，就成了我们透视社会的窗口。透过这个窗口，可以发现和掌握社会发展的趋势。我们常说的“得民心者得天下，失民心者失天下”，指的就是社会心理对社会生活、历史发展所发生的直接作用。我们党和国家的政策，都直接与广大人民群众有关，而社会历史中的人，全是有意识、有目的、能动地进行活动的人，他们的心理状态，必然影响他们对政策的态度及行为。如果没有必要的社会心理作预备、作基础，任何正确的思想、理论、政策，都不会产生应有的效果。实践证明，凡是符合人民群众心理的政策，就会得到人民群众的拥护、支持，就会贯彻、落实得好。党的十一届三

---

①《普列汉诺夫哲学著作选集》第 3 卷，第 195 页。

②《普列汉诺夫哲学著作选集》第 1 卷，第 719 页、720 页。

中全会以来，我们在农村实行、推广联产承包责任制等一系列改革的方针、政策，被赞誉为“顺民心”“合民意”。这里的“民心”“民意”，就是社会心理。由于党的这些方针、政策体现了人民群众要求改革阻碍生产力发展的上层建筑和生产关系中的弊端的社会心理，因而受到人民群众的热烈拥护。

重视社会心理，特别要注重社会政治心理。社会政治心理，是指阶级社会中的一定阶级、阶层或社会集团对社会政治关系或政治生活的一种不系统的、不定型的、自发的反应形式。在阶级社会里，基于人们最根本的物质利益而产生的社会政治活动，集中表现为不同阶级之间的矛盾和斗争，其焦点是国家政权。人们围绕着国家政权形成一定的政治关系及其活动，并同时产生了与此有关的态度、兴趣、情绪等心理活动。所谓阶级心理、被压迫民族反抗压迫民族的民族心理以及对某一重大政治事件人们强烈的敌视或极大的支持等等，都是社会政治心理的表现。社会心理与社会政治心理既有联系又不能等同。制定政策必须依据社会政治心理因素，是因为一定的社会政治心理状况是一定社会政治形势的晴雨表。占主导地位的社会政治心理，诸如社会情绪、社会思潮、公众舆论等等，是某种社会变革，或革命形势，或政治危机的反映。这种反映显示出社会上一定阶级或集团的政治积极性、觉悟的高潮或低落，而这些都是制定政策的重要依据之一。在现代资本主义国家，资产阶级及其政党很重视对社会政治心理的分析，特别是出现了民意测验之后，更是广泛地运用于政治领域。资产阶级政治学者认为，制定政策即政治决策的过程非常明显地可以看作三个基本方面：其一，是政府各部门提供专业知识并保证行政上的连续性；其二，通过决策程序和在国会中多数票作最后裁决；其三，广大公众的意愿。这最后一点表明，在资产阶级进行阶级统治的经验中，已经认识到了社会政治心理的作用。当然，资产阶级竭力宣称重视民意，实际上只不过是他们为维护和巩固其阶级统治在策略上有所改变而已[①]。只有以历史唯物主义为指导的共产党人，才能代表人民、相信人民、依靠人民；才能批判地吸取以往治国安邦的历史经验，科学地认识社会政治心理，真正做到体察民情，顺乎民心，把社会政治心理趋向看作是制定正确政策的重要依据之一。在社会主义社会，人民当家做主，他们的政治觉悟、文化水平有了很大的提高，乐于反映自己的意见、愿望，表明自己的政治态度、观点和立场。我们通过对社会政治心理的分析，把人民群众的意见、愿望集中起来，就能为党和国家制定政策提供客观的依据。

研究社会心理，不仅领导同志要坚持深入群众，听取他们的反映，研究他们的心态，更重要的是要有专门的机构和队伍，建立起调查网络，定期对民意进行调查研究。民意调查法的最大优点在于被调查者可以在不受任何干扰和压力的情况下，充分自由地发表自己的真实见解，使调查结果具有较大的可靠性。现在我国已有了这么一个机构，它就是经国家体改委批准，于1987年成立的中国社会调查系统。这个全国性的民意调查机构，是社会心理的“观察哨”，它严格按照科学的抽样方法，建立起该系统的农村调查网和第一、二批城市调查网，组成了一支调查队伍。它的任务是定期进行民意测验，及时、准确、全面地把握群众的思想情绪，反映群众对各项改革措施的承受能力，研究不同阶层的不同要求和利益分配格局的变化，为改革决策服务。通过这个机构，就可以从社会心理的意向中得到关于经济政策和其他各方面政策的反馈信息，了解群众欢迎什么，反对什么，担心什么，以便及时调整政策，或多作宣传和解释，使群众解除顾虑，取得谅解。

1987年9月，《经济日报》研究所与沈阳市统计局就改革问题联合在沈阳市各阶层市民中进行问卷调查，了解和把握改革第九个年头城市社会心理动向。这次调查共提出19个问题104项，通过：“你

---

① 参阅吴开平《试论社会政治心理》，《政治学研究》1985 年第 2 期。

拥护改革最主要的原因是什么？”“改革使你的思想发生了什么变化？”“你对改革形势如何评价？”“你对政治体制改革最迫切的要求是什么？”等问题回答的归纳分析，发现群众对改革的认识，基本上还停留在感性认识阶段，这主要反映在大多数人是从自己身边看得见、摸得着的，尤其是和他利益相关的事情来认识和判断改革的。由于对改革的认识停留在感性认识阶段，就不能深刻地理解社会主义初级阶段基本路线和一系列方针政策；对许多事情，常常发生了姓“社”还是姓“资”的分歧看法。如果不解决这个问题，对许多做法，很容易产生群众性的摇摆现象。通过这次调查，结论是必须加强思想政治工作，加强理论上的研究和宣传，对广大人民群众进行改革的基本路线的教育，使广大人民群众人人具有强烈的改革意识，并且形成坚定的信念，促使改革在阻力最小、保持社会最稳定的状态下顺利进行①。

在制定政策中研究社会心理，要十分重视研究心理承受力问题。我们制定某项政策，不仅要求正确，要求符合人民群众的根本利益，而且要考虑人民群众对政策的认识程度，考虑实行的步子是否适度，人民群众能否接受。这就是心理承受能力的问题。所谓心理承受能力，指人民群众对政策的认识接受能力，也就是某项政策对群众造成的心理震荡幅度，群众对政策的理解、支持程度。例如，我们在改革中打破了分配制度上的平均主义，拉开了档次，这当然是正确的，但如果把档次拉到群众心理难以承受的程度，就会引起群众的不满，不仅不能有效地调动群众的积极性，反而会挫伤群众的积极性。又如，改革干部人事制度，干部队伍实现“四化”，大批中青年干部走上领导岗位，这是我国长治久安的大计，但是一概强调五十岁以上的干部不得进入领导班子，或频繁调整干部，也会引起人心浮动，造成人际

---

① 见《经济日报》1987年10月24日《第九个年头的民情民意》、10月26日《不可缺少的飞跃》。

关系紧张，从而影响各项工作的正常进行。因此，我们制定政策，既要源于社会心理要求，又要高于社会心理状况，但不能超过社会心理承受能力的最大限度。回顾一下戊戌维新失败的教训，对我们今天也是不无教益的。

戊戌维新是在资产阶级维新派领导下的一场爱国救亡和思想启蒙运动，对中国社会的发展曾起过很大的促进作用。甲午海战后，中华民族到了生死存亡的关头。1898年6月11日，光绪帝采纳康有为、梁启超等人的变法主张，发布《明定国是》，并颁发了数十道维新法令，在政治、经济、军事、文教等方面都提出了许多改革措施和新的政策。这场运动失败的原因，主要是新旧力量对比过于悬殊，以及中国民族资产阶级自身发展的某些因素。此外，也与维新派在改革措施的制定上，不重视人们的心理反应和社会承受力有关。戊戌维新是一场涉及社会各个领域的改革运动。一个在一定历史条件下的社会，它对新旧冲突所产生的社会压力和承受能力是有限的，超过了这种压力，就会产生不良后果，甚至会断送整个改革事业。因此，戊戌维新的决策者应该注意社会心理，考虑到社会有多大的承受力，并以此作为依据之一，制定出正确的政策和策略，保持运动系统的合理性，尽可能赢得社会大多数人的支持。但在这个问题上，维新派始终未能予以应有的重视。例如，在裁汰冗员和闲散人员方面，应有相应的措施，妥善安置被裁汰官员，不然则会遭到他们的反对，引起一定的社会混乱。本来，康有为以日本明治维新为鉴，建议朝廷“勿去旧衙门，而唯增置新衙门，勿黜革旧大臣，而唯渐擢小臣”。而光绪帝急于求成，下诏把詹事府、通政司、光禄寺、鸿胪寺、太仆寺、太常寺、大理寺及湖北、广东、云南巡抚，河东总督并各省部分盐粮道衙门和官吏，尽行裁撤。仅京师一地被裁衙门就达十余处，被裁官员“将及万人”。这些官员联合起来，成为一股很强的对抗势力。又如废除八股取士，给数以百万计与八股性命相依的士人造成了很大的心理压力；改淫祠为学校，触动了人们的宗教信仰；准八旗人丁出京自谋生计，引起广大旗民的强烈反应，等等。这些不注意社会承受力的做法，便造成了某些社会混乱，给戊戌维新带来不应有的阻力和损失。应该说，这是维新运动给人们提供的一个经验教训。

我们强调制定政策要重视群众的心理承受力，并不是说政策只能消极地去适应。其实，心理承受力是个变量，随着社会的进步，人们的感觉阈限和心理适应性将有所提高，社会承受力也随之增强。心理承受力的优化，取决于我们的社会心理结构、价值观体系的改变，涉及思维方式的革新，新的道德观念、价值观念和行为准则的形成，以及属于现代文化范畴的时间观念、效率观念、消费观念、法律观念、开放观念、科学观念、新审美观等等的形成。多年以来，在我国由于小农经济思想和“左”的指导思想的影响，分配中的平均主义和“大锅饭”影响甚广，形成了普遍的心理。当党中央提出让一部分人先富裕起来的政策后，开始许多人并不理解，还有疑虑，但是经过多年来的贯彻实行，人们的观念已发生了明显变化，这项政策已为多数人所接受，成为群众努力生产的动力。因此，在有些问题上，也要通过政策的实行来提高人们的心理承受能力。

第四节　制定政策要着眼于发挥政策的整体效应

我们在第三章说过，政策的特征之一是它的系统性。构成系统的各要素虽然具有不同的性质，但它们是根据逻辑统一性的要求而构成的整体。作为整体，系统是由部分组成的，没有部分就无所谓整体，离开了整体也难成其为部分。但整体不是部分的简单总和，而是互相联系、互相作用着的各个部分的有机统一体。马克思说过：“一个骑兵连的进攻力量或一个步兵团的抵抗力量，与单个骑兵分散展开的抵抗力量的总和或单个步兵分散展开的抵抗力量的总和有本质的差别。”[①]系统性的政策具有同样的特点，它可以使各项政策成为一个有机的整体，互相协调与支持，从而产生整体效应。

所谓政策的整体效应，指的是政策作为一个整体所发挥的作用不同于某项单个政策所发挥的作用的总和。政策的作用，取决于它的整体效应。政策的整体效应越好，它所发挥的作用也就越好。反之亦然。因此我们在制定某项政策时，必须对该项政策所处的地位作系统分析，着眼于政策的整体效应的发挥，即追求系统总体功能的最优化，这样制定的政策才可能是正确而有效的。

政策的整体效应有正向和负向之分。根据辩证法和系统论的整体性原理，整体和部分之间存在着两种关系：一是加和关系，整体是构成它的部分的算术和；二是非加和关系，整体的作用不同于部分的算术和，或大于部分之和，或小于部分之和。我们把政策的整体作用大于其各项具体政策作用之和的状况称之为正向效应，把政策的整体作用小于其各项具体政策作用之和的状况称之为负向效应。我们这里所说的发挥政策的整体效应，指的就是发挥和强化它的正向效应，消除和避免负向效应。

发挥政策的总体效应，领导者就必须有全局系统的观念，从战略高度去进行决策。即使是决策一个局部问题，如果没有全局的把握，不了解它在全局中的地位，上下左右的联系，以及各方面的交叉效应，它是不可能达到科学的要求的。具体说来，决策的依据必须充分考虑到大系统、相关系统以及以往决策的系统，彼此要协调适应。要充分了解决策的后果将要波及哪些系统，从而要引起哪些系统进行相应的变革和对策。

发挥政策的整体效应，要十分重视政策的配套。我们在制定一项政策的时候，业已有大量的政策存在，还可能同时有许多政策也在制定，就需要考虑这些政策之间是否协调，是否还要制定些什么相

① 《马克思恩格斯全集》第23卷，第362页。

应的政策，才能使其相互配合、相互补充、相互完善，更有效地发挥政策的调节、指导作用。这就是政策的配套。配套后的政策应当是一个纵横交错、有机统一、不断更新又有一定稳定性的综合系统。在这方面，我们是深有体会的。有些好的政策之所以贯彻不下去，收不到好的效果，就往往与没有配套政策有关。例如，鼓励科技人员下乡办企业，中央已有了明确的规定，这对加强科技与生产相结合，促进农村科学技术现代化，将带来巨大的作用。但是这项政策在不少地方实行得并不理想，科技人员还有许多顾虑，如：科技人员领办或创办企业的经营权不明，企业所获利益分成比例无规定，通过下乡办企业得到的经济收入和其他权益没有专门的法规保护，在户口迁移、粮油供应、子女上学等方面存在后顾之忧，等等。这说明，仅有了允许科技人员下乡办企业这项政策还不够，这项政策所涉及的人事、财政、经济、司法、公安、粮食、教育等部门，也应制定出与之相适应的部门政策，配起套来，一路“绿灯”，才能保证科技人员顺利下乡。

政策不配套的另一个表现是你定你的，我定我的，或者是不考虑政策的连续性，结果政策互相抵牾，从而引起“政策打架”，使人们无所适从，甚至引起混乱。1987年秋，皖南蚕乡绩溪县发生了一场“蚕茧争购大战”。绩溪县缫丝厂是安徽同行业最大企业，年加工蚕茧5万担，约有一半要从外县调入。该厂担负全省生丝出口任务一半以上，产品远销日本及欧美10个国家，每年为国家创汇1000万美元左右。国家和省外贸部门下达给该县的生丝出口任务是指令性的，收购、调拨的价格也是指令性的。但是按国务院文件规定，蚕茧又属于收购价格放开的农副产品，允许多渠道经营。这样，主渠道“统”的政策与多渠道“放”的政策同时下到基层，互相打起架来，就引发出收购中的“大战”：在蚕茧产区，外地、本地的商贩和供销社收购站争相抬价抢购，各方的价格牌把蚕农吸引得奔来奔去；在边界，地方政府设关卡堵截蚕茧外流，引起商贩和蚕农的强烈不满。可见，政策不配套，互相打架，带来的后果是相当严重的。

政策的配套，包括横向配套和纵向配套两个方面：

横向配套，就是要考虑到相同级别、系统间横的关系，把政策有机地统一起来。例如，我们制定了经济上“开放、搞活”的政策，又要制定相应的打击经济领域犯罪的政策；制定了允许一部分人通过辛勤劳动先富起来的政策，又要制定防止个人收入过高、进行适当调节的政策；制定了农业政策，又要考虑工业、教育、科技等政策；制定了经济战线的政策，又要制定政治战线、思想文化战线的政策。这是同一层次的政策配套。还有同一政策内部的不同层次、同一层次的不同方面的配套。这个道理，在我国中医“辨证处方”中表现得十分明显。中药复方一般由“君臣佐使”四部分组成，互相配合、互相补充、协调一致，以达到治病的目的。

纵向配套有两层意思：

一是注意政策的连续性。任何政策都不是孤立的，总是与过去同一系统的各项政策有着密切的关系。后一政策总是前一政策某种形式的继续。在制定新的政策时，对过去的政策需要有一个深入的系统的分析。如果它是对过去政策的补充和发展，就不应与过去政策相违背，而应该重申过去政策的有效性，防止造成新老政策打架；如果是为了纠正过去政策的失误，就要明确宣布过去政策全部或者局部失效。

二是将不同层次的政策系统地配套起来，即将中央与地方的、全局与系统的、部门的，以及中央、地方、系统部门中的不同层次的政策乃至同一政策内部的不同层次，都配套起来。这样纵横配套，各项具体政策都为完成大系统总政策中的总目标服务，政策才能组成一个有机整体，形成强大的合力。

发挥政策的整体效应，还要求制定政策时，必须着眼于政策全局，讲究整体性。在现代大生产的情况下，部门好，单位好，并不等于整体就好。一项政策的制定，往往是从小系统角度出发的，制定出来之后，还没有在大系统中经受检验，往往在小系统看来很合理的政策，到了大系统却发生整体的负向效应，这时候政策就会出现被迫萎缩的情况。因此，制定政策要研究系统的合理结构，寻求系统的整体优化效应。例如，前些年，我们在工厂普遍实行过顶替政策，这从局部来看是可行的，因为它解决了部分职工子女的就业问题，对于促进社会安定，降低犯罪率，是一件好事，受到了广大职工的欢迎。但是实行后又带来一些新的问题，突出的是职工队伍素质下降。以上海为例，上海老工人的技术水平在全国来说是比较高的，是它的一个优势。后来，122万老工人被顶替，换上来的年轻工人文化水平普遍低，也缺乏技术，给企业的发展、产品质量提高带来很大的负面影响。这项政策从安置待业青年来看是好的，在整体看来却是弊大于利，后来就停止实行了。因此我们不能以偏概全，一定要立足于全局，充分考虑到事物发展的全部联系和“中介”，从而正确地制定政策。

第五节　制定政策要以四项基本原则为基础

我们上面谈了制定政策的若干指导原则，都是很重要的，必须认真坚持。最后，还要着重讲讲在制定政策中坚持四项基本原则的问题。

在1985年9月党的全国代表会议上，邓小平谈到党的政策的连续性时，指明了我们的内外政策同四项基本原则的关系。他说：“究竟什么是我们党的政策的连续性呢？这里当然包括独立自主、民主法制、对外开放、对内搞活等内外政策，这些政策我们是不会改变的。而所有这些政策的基础，就是四项基本原则，对此我们是不会改变，不会动摇的。”[①]这就明确指出，四项基本原则是我们党的各项政策的基础。

① 《建设有中国特色的社会主义》（增订本），第126页。

坚持社会主义道路，坚持人民民主专政，坚持共产党的领导，坚持马克思列宁主义、毛泽东思想，这四项基本原则是统一完整不可分割的、决定我们国家性质和前途的原则。四项基本原则是国际共产主义运动和中国革命、建设经验的结晶，是马克思主义普遍真理同中国具体实践相结合的体现。坚持四项基本原则，是我国的立国治国之本，是团结全党和全国各族人民的政治基础。我们党制定和执行各项政策，是以四项基本原则为指导、为前提的。十一届三中全会以来，党中央始终坚持以四项基本原则为基础来制定、丰富和发展各项内外政策，从而保证了党的政策的统一性和连续性，保证了社会主义现代化建设的顺利进行。

坚持社会主义道路，是我们制定和执行各项政策所遵循的基本方向。坚持社会主义道路，建设有中国特色的社会主义，最终实现共产主义，这是我国历史发展的总趋势，是全国人民共同的根本利益所在。中国人民选择社会主义道路，经历了两个历史阶段的实践的检验，证明是唯一正确的抉择。前一个历史阶段，就是民主革命时期，在马克思主义的共产主义学说传入中国之前，不少志士仁人曾力图向西方资本主义世界寻求救中国的真理，但结果总是行不通。1949年新民主主义革命的胜利，证明资产阶级共和国的方案的彻底破产，证明中国只能走社会主义道路。第二个历史阶段，就是新中国成立以来的三十多年，尽管我们经历了不少曲折，甚至发生了“文化大革命”那样的动乱，但谁也不能否认：国家的强盛和社会的安定，国民经济的发展，人民生活的改善，中国国际地位的改善，都离不开社会主义制度，离不开中国共产党的领导。“只有社会主义才能救中国”，这是中国人民从五四运动到现在的切身体验中得出的历史结论。我们的一切政策，都要坚持社会主义方向，而不能有任何的偏离或违背。坚持社会主义道路，必须坚持改革、开放。实行改革、开放，是我们经过几十年的摸索找到的完善与发展社会主义制度、实现四个现代化、促进生产力迅速发展的正确方法。我们要实现到20世纪末的目标，并进一步实现下一个世纪的奋斗目标，必须继续实行改革开放的政策。因此，我们的现行政策，特别是改革开放政策决不会改变，而只会越来越丰富和充实。当然，在这个过程中不可避免会有资本主义腐朽思想和作风的侵入，我们对此要保持清醒的头脑和高度的警惕。

坚持人民民主专政，是我们各项政策得以制定和贯彻执行的保证。我国是工人阶级领导的、以工农联盟为基础的人民民主专政的社会主义国家。人民民主专政是无产阶级专政学说在中国条件下的运用。人民民主专政的政治制度，是社会主义性质的民主政治制度。我们坚持党的领导，坚持社会主义道路，坚持马列主义、毛泽东思想，都要靠人民民主专政来维护和保证。人民民主专政，是社会主义制度优越性的本质体现，它使人民群众得到真正的民主，享受到当家做主人的自由。同时，广大人民的民主，必须靠对少数破坏我国社会主义制度的敌对势力和敌对分子的专政、靠对违宪违法行为的制裁来保护。人民民主专政要进一步发扬民主、健全法制。我们犯过阶级斗争严重扩大化的错误，在民主的实践方面，也存在不少问题。经过拨乱反正，已经从理论和实践上纠正了或者正在纠正这些错误，社会主义民主正在发展。

我们制定和执行各项政策都不能离开共产党的领导。中国共产党是全国人民进行社会主义物质文明和精神文明建设的坚强领导核心。党的这种核心地位，是由我们党的性质和中国的历史条件所决定的，是在长期革命斗争中形成的。在中国，从五四运动以来除了中国共产党，根本不存在另一个联系广大劳动群众、能领导中国前进的政党。有了中国共产党的领导，中国革命才有了希望，才排除万难，取得了伟大的胜利。历史已经证明，没有共产党就没有新中国。历史正在证明，没有共产党就没有中国的社会主义现代化。十一届三中全会以来，我们党坚决纠正了过去的错误，重新确立了马克思主义和中国实际相结合的思想路线、政治路线和组织路线，制定了一系列正确的方针政策，领导全面改革，在各个方面都进行了卓有成效的工作，使我国出现了欣欣向荣的局面。没有党的领导，这一切都是不可想象的。坚持党的领导包括改善党的领导。我们要继续反对官僚主义，继续纠正不正之风，坚持和发扬党的优良传统。改善党的领导已经得到和正在得到广大干部和群众的坚决支持。

马列主义、毛泽东思想是我们制定和执行各项政策的指南。马列主义、毛泽东思想，是四项基本原则中其他三项原则的理论基础和指导思想：中国共产党是用马列主义、毛泽东思想武装起来的；人民民主专政的理论依据是马列主义的国家学说；我们所要建设的具有中国特色的社会主义，是马列主义所阐明的科学共产主义。因此，党的十二届六中全会通过的《关于社会主义精神文明建设指导方针的决议》指出："坚持以马列主义、毛泽东思想为指导，是我国社会主义现代化事业的根本。"这个论断深刻地反映了中国革命和建设的基本经验。马列主义、毛泽东思想的理论基础是辩证唯物论和历史唯物论，也就是实事求是，把马克思主义同中国的实际相结合的原则。我们在农村的改革，以城市为重点的改革，对外开放、对内搞活经济的政策，"一国两制"的构想，等等，都是根据这样的原则提出的。就是说，我们不是拘泥于马克思主义著作中的个别词句和个别结论，而是坚持马克思主义的精神实质，完整地准确地运用马克思主义的基本原则和基本方法去研究和解决实践中变化着的新问题，在实践中把社会主义、共产主义事业推向前进，同时不断丰富和发展马克思主义本身。

总之，我们制定和执行政策一定要以四项基本原则为基础、为指导，这是不能动摇的。当然，随着实践的发展，客观情况的变化，需要我们不断研究新情况，总结新经验，解决新问题。具体说来，一方面，在制定和贯彻执行某项政策的时候，要把坚持四项基本原则同一定领域中一定时期实际存在的问题和解决这些问题的实践经验结合起来，使我们的各项事业沿着正确的方向继续前进；另一方面，在实践中检验以及补充、修正各项政策，从而使四项基本原则的内容不断得到丰富和发展。

第六章

调查研究是制定政策的前提和基础

“系统的周密的社会调查是制定政策的基础。”[①]一切正确的政策都是从实际出发的，都是主观认识对于客观现实的正确反映。而要做到从实际出发，就必须坚持调查研究。调查研究是马克思主义认识论在实际工作中的运用，是使主观和客观相符合的重要桥梁，是把决策建立在科学的基础上的中心环节。陈云曾精辟地论述过调查研究与制定政策之间的这种关系，他说：“我们做工作，要用90％以上的时间研究情况，用不到10％的时间决定政策。所有正确的政策，都是根据对实际情况的科学分析而来的。有的同志却反过来，天天忙于决定这个，决定那个，很少调查研究实际情况。这种工作方法必须改变。要看到，片面性总是来自忙于主观地决定政策而不研究实际情况。”[②]

第一节　调查研究是主观与客观相符合的中间环节

如前所述，确切的事实是制定政策的依据，因为客观事物是第一性的，而政策是第二性的，是人的主观意识对客观事物本来面目的反

① 《中共中央关于调查研究的决定》（1941 年 8 月 1 日）。

② 《陈云文稿选编（1956—1962 年）》第 26 页。

映。我们要想制定正确的政策，必须从客观实际出发，使主观符合客观，思想符合实际。主观符合客观，才会有正确的政策，才能按照客观世界本身的规律，因势利导地去夺取胜利。否则，主观和客观相分裂，制定出来的政策就失去了基础和依据，用它指导工作，不仅不能发挥主观认识的能动作用，还会受到客观规律的惩罚，使工作遭受挫折和失败。主观和客观之间的矛盾，是认识运动的基本矛盾。

那么，怎样才能解决主观和客观之间的矛盾，使二者相符合呢？马克思主义认识论告诉我们，认识是客观世界在人们头脑中的反映。客观世界是认识的对象，但这不是说客观世界本身可以产生认识，它只有在人们的社会实践中，才可能实际成为认识的对象，并被人们所认识。就是说，主观认识和客观存在之间的矛盾，只有在实践的基础上才能得到统一和解决。我们的头脑是主观的东西，周围世界是客观的东西，而实践则是“主观见之于客观”的东西，起着沟通主观和客观的作用。客观事物通过实践反映在主观之中，形成对客观事物的真理性认识，又通过实践改造客观世界，丰富和发展主观认识。这是一个矛盾不断发生又不断解决的过程，毛泽东把它科学地概括为“实践、认识、再实践、再认识”的公式，为我们解决主观和客观之间相符合的问题指出了正确的道路。但是，在社会生活领域里，具体运用这个认识论的公式，还需要一个桥梁、一个方法，这就是调查研究。

分析一下人们认识客观事物的过程，可以看出，这其实也是调查研究的过程。我们为了制定正确的方针、政策，到实际中去，广泛地了解情况，掌握各方面的材料，然后在马克思主义一般原理指导下，分析综合，改造制作，在此基础上构成判断，做出决策。这是认识客观情况的过程。在这个过程中，调查研究是我们深入实际、了解情况必经的道路。制定出了方针、政策，也并不意味着认识过程的终结。当执行某一方针、政策的时候，我们就开始了一个新的认识情况的过程，也是改造世界的过程，即实践的过程。在这个过程中，还要继续调查研究，检查所制定的方针、政策是否符合实际情况，不符合或不完全符合的，就必须按照新的认识，做出新的决策，或者进行补充、修正，使之适合于变化了的新的情况。由此看来，调查研究贯串于“实践、认识、实践”过程的始终。因此，我们要使主观和客观之间相符合，从而制定出正确的方针、政策，就不能不经过调查研究这个重要桥梁，这个中间环节。

以辩证唯物论和历史唯物论为基础的马克思主义，它的根本观点和根本方法就是实事求是，尊重客观事物固有的规律，这就必然要求重视调查研究，坚持一切从实际出发。马克思、恩格斯为构筑科学共产主义思想体系的大厦，进行了大量科学调查研究这种一砖一瓦的基础工作。他们对人类社会几千年的历史，对当时西欧发达国家的政治、经济、科学、文化等各个领域的情况，特别是西欧各国工人运动的实践，进行了系统而深入的调查研究，可以说，他们“努力终生，作了许多调查研究工作，才完成了科学的共产主义”[①]。列宁也非常重视调查研究，他从辩证唯物主义的认识路线出发，强调在大量可靠的事实基础上制定党的政策、策略的重要意义，把不断地到实际中去调查研究，反对官僚主义，努力解决具体问题，作为对领导者的一个基本要求。他坚决反对那种轻率地确定重大政策的错误做法，批评说：“既不收集材料，也不根据文件和数字来斟酌一下赞成和反对，就在一朝一夕解决极其重要的贸易政策问题，这哪里还有一点正确对待问题的影子呢？”[②]十月革命后，列宁曾经把调查研究规定为首要任务之一，多次强调调查研究对于新的苏维埃政权的迫切性，明确指出“现在实际精神和求实精神正是当前主要的口号”[③]。他也身体力行，带头作调查研究。苏联在1920年粉碎国内外反革命武装干涉以后，战时共产主义所实行的余粮收集制已引起了农民的普遍不满，他们强烈要

①《毛泽东农村调查文集》第21页。

②《列宁全集》第33卷，第338—339页。

③《列宁全集》第27卷，第196员。

求废除无偿地征收他们粮食的政策。在这转变时刻，列宁除了认真研究农民的来信和其他材料外，还多次到农村了解农民的情绪，找农民谈话，认真考察在农民中间发生的各种情况。1920年12月，列宁召集了出席全俄苏维埃第八次代表大会的非党农民代表进行座谈，聆听他们的发言，并亲自做记录。然后，把记录送给全体中央委员和人民委员，使他们对农民的意见有所了解。通过调查，列宁掌握了农民的真实情况，认为必须立即废除战时共产主义政策，并很快起草了以粮食税代替余粮收集制的提纲。1921年3月，在党的第十次代表会上通过了这个提纲。这样，苏联就实现了由战时共产主义政策向新经济政策的转变。

毛泽东是中共党内最早认识调查研究重大意义的领导人，是党内从事社会实际调查研究的开创者。从参加共产主义运动、缔造我们党的最初年代开始，他就一直提倡和实行对于社会客观情况的调查研究，强调以对中国情况的全面、深刻的理解和清醒、准确的分析作为制定正确的路线、方针、政策的基础，就一直同理论脱离实际，一切只从主观愿望和本本出发的错误倾向作坚决的斗争。他指出："共产党的正确而不动摇的斗争策略，绝不是少数人坐在房子里能够产生的，它是要在群众的斗争过程中才能产生的，这就是说要在实际经验中才能产生。因此，我们需要时时了解社会情况，我们需要时时进行社会调查。"[①]他的《湖南农民运动考察报告》，提出了解决中国民主革命的中心问题——农民问题的重要理论和政策；他的寻邬调查、兴国调查等一系列农村调查，成为确定土地革命政策和策略的基础。他提出"不做调查没有发言权""不做正确的调查同样没有发言权"的著名口号，指出纠正对于政治形势的主观主义的分析和对于工作的主观主义的指导的一个重要方法，就是"使党员注意社会经济的调查和研究，由此来决定斗争的策略和工作方法，使同志们知道离开了实

① 《毛泽东农村调查文集》第8页。

际情况的调查，就要堕入空想和盲动的深坑”[①]。调查研究，这是长期革命实践中所形成的有着中国共产党人特色的马克思主义的工作作风。

实践证明，坚持调查研究，一切从实际出发，我们的方针、政策就正确，我们的事业就顺利发展。反之，政策与客观实际不相符合，就要产生唯心主义的工作指导，就要受挫折，走弯路。我们在这方面有着大量的深刻的历史教训。拿新中国成立以后来说，正是由于了解下情，从我国的实际出发，我们的社会主义改造具有中国特色，取得了伟大的胜利。1958年轻率地发动了“大跃进”和人民公社化运动，使“左”倾错误严重地泛滥起来，一个重要原因，就是违背了实事求是的思想路线，没有进行认真的调查研究。1961年3月，党中央在《关于认真进行调查研究问题给中央局，各省、市、自治区党委的一封信》中，对此进行了初步的分析，指出：“这些缺点错误之所以发生，根本上是由于许多领导人员放松了在抗日战争期间和解放战争期间进行得很有成效的调查研究工作，满足于看纸上的报告，听口头的汇报，下去的时候也是走马看花，不求甚解，并且在一段时间内，根据一些不符合实际的或者片面性的材料做出一些判断和决定。在这段时间内，夸夸其谈，以感想代政策的恶劣作风，又有了抬头。这是一个主要的教训，全党各级领导同志，决不可忽略和忘记这个付出了代价的教训。”党中央在纠正这一错误的时候，首先抓了思想路线的转变，在全党大兴调查研究之风。信中规定：“中央要求从现在起，县级以上党委的领导人员，首先是第一书记，认真学习毛泽东同志的思想方法和工作方法，把深入基层（包括农村和城市），蹲下来，亲身进行有系统的典型调查，每年一定要有几次，当作领导工作的首要任务，并且定出制度，造成风气。”党的八届九中全会以后，毛泽东亲自组织和领导几个调查组，到浙江、湖南、广东等省农村进行调

① 《毛泽东选集》第90页。

查。通过调查，他发现了人民公社中存在的许多迫切需要解决的问题，包括体制问题，规模问题，分配问题，食堂问题，而归结起来就是生产队和生产队之间、社员和社员之间的平均主义问题。在此基础上，毛泽东主持制定了《农村人民公社工作条例（草案）》（“六十条”）。按照党中央关于调查研究的要求，刘少奇、周恩来、朱德、邓小平等都深入到县、社、队进行重点调查。调查研究之风在全党蔚然兴起。它使全党同志，特别是各级领导干部，重新认识和掌握了调查研究、实事求是、一切从实际出发这些思想原则和工作方法，也使我们党在弄清情况的基础上逐步纠正了一些被实践检验是错误的判断和决定，稳定了农村形势，为整个国民经济好转创造了条件。

应当看到，对于调查研究与制定政策之间的关系，有些同志至今还缺乏正确的深刻的认识，他们不是按照陈云所讲的，用90%的时间搞调查研究，然后再用不到10%的时间去作决定，而是打了个颠倒，很少到实际中去，关在屋子里定政策。有些人也很忙，但主要忙在“文山”“会海”之中，没有时间下去走走；有的照搬照抄上级指示，搞“一刀切”；有的凭感想当政策，拍脑袋决定问题；等等。党中央批评过的那种“粗枝大叶，不求甚解，自以为是，形式主义”的作风，毛泽东指出过的那种“瞎子摸鱼”“闭塞眼睛捉麻雀”的做法，还不同程度地在一些人身上存在着。我们一定要牢记毛泽东的殷切教导，吸取经验教训，任何时候都要坚持党的实事求是的思想路线，把调查研究当作我们制定政策的前提和基础，真正做到从实际出发。

第二节 在调查中获得感性材料

调查研究包括调查和研究这样两个互相联系的阶段。我们知道，“一切比较完全的知识都是由两个阶段构成的：第一阶段是感性知识，第二阶段是理性知识，理性知识是感性知识的高级发展阶段”[①]。调查，是广泛收集材料、观察了解客观存在的事实的阶段，属于认识的第一阶段，在充分调查的基础上，就进入到第二阶段的工作：科学的分析和研究。通过调查获得大量的第一手材料，经过大脑这个加工厂的加工制作，从感性认识上升到理性认识，得出比较正确的结论，制定出比较正确的理论、路线、方针、政策和方法，用以指导实践，并在实践中检验这些认识——这就是调查研究的过程，也是调查和研究的统一。

感性认识和理性认识是有区别的，又是不可分割的：感性认识需要上升到理性认识，理性认识必须依赖于感性认识。这反映在调查研究中，就是调查是研究的前提和基础，研究又是调查的继续和升华，需要把二者很好地结合起来。感性认识和理性认识的辩证统一关系，还体现在它们总是相互交织、相互渗透的，这体现在调查研究之中，就是调查和研究这两个环节只是大略的区分，不能截然分开。一般来说，“先调查，后研究”，但在实际工作中，调查一开始，实际上研究工作也在进行了，而研究工作每深入一步，还须进一步调查，调查和研究交错进行。

这里，我们分别谈谈调查和研究两个阶段的特点和要求。先说如何搞好调查。

搞调查，首先要获得关于实际情况的正确反映，保证调查材料的真实性和准确性。因为，“只有感觉的材料十分丰富（不是零碎不全）和合于实际（不是错觉），才能根据这样的材料造出正确的概念和论理来”[②]。要获得这样的材料，就必须坚持从客观存在的事实出发，尊重客观实际。一切从事调查研究的同志，都应该面向下层，把眼光转向实际，实际情况是怎么个样子，就怎么去反映它，一是一，

① 《毛泽东选集》第 774 页。

② 《毛泽东选集》第 267 页。

二是二，不夸大，不缩小，实实在在，不附加任何主观成分。既要广泛收集诸如个别的和一般的、正面的和反面的、过去的和现在的、这种人反映的和那种人反映的情况等，又要围绕调查目的有所选择，区别主次，抓住重点。既要重视获取直接的第一手材料，也要认真对待和吸取间接的第二、三手材料，看书面材料、统计数字，听口头汇报。这是唯物主义者真正严肃的态度。要做到这一点，必须坚持以社会实践为特征的能动的革命的反映论，做艰苦的努力，既不是凭主观想象那样的容易，也不是如照相那样的简单。毛泽东的许多调查材料之所以在中国革命斗争中起了重要的指导作用，之所以至今仍然不仅在认识论、方法论方面有着重要的意义，而且从历史学、社会学角度看也是弥足珍贵的资料，就是因为他在调查中始终坚持一切从实际出发，以客观事实为依据，从而保证了调查结论的科学性。他在《寻邬调查》中写到农民卖儿子的悲惨情况时说："所有我的调查都很谨慎，都没有过分的话。我就是历来疑心别人的记载上面写着'卖妻鬻子'的话未必确实的，所以我这回特别下细问了寻邬的农民，看到底有这种事情没有？"毛泽东调查得很详细，连当时的"卖身契"是怎么个写法也都记下了。这种严肃认真的科学态度，对他正确地认识、分析中国农村的阶级压迫、阶级斗争以及中国社会各个阶级的状况，明确革命的道路、方向，起了十分重要的作用。

调查中做到从实际出发，还要坚持观察的客观性。列宁在谈到观察的客观性时指出："不是实例，不是枝节之论，而是自在之物本身。"[①]就是说，认识问题、分析问题的基本出发点，只能是"自在之物本身"，即毛泽东说的"客观存在的一切事物"，而不是个别的孤立的实例，不是那些不能够反映事物本质的材料。客观事物是复杂的，但无论多么复杂的事物，它在其自身发展过程中，总要以多种多样的个别情况反映出来，并呈现在人们面前。事物的个别情况，我

① 《列宁选集》第2卷，第607页。

们在分析和认识问题时往往称之为“实例”。我们进行调查，首先接触的就是事物的个别情况即实例，然后从大量的实例中做出综合的分析，得出某个结论。因此，这里就有个正确对待、运用实例的问题。我们不难见到这样的情形，有的人为了证明某种明明不符合客观实际的看法或结论，也振振有词地摆出个别事实和实例，这怎么解释呢？这是因为，任何事物在其发展过程中，都有许多个别事实，也都有它的个别情况，因此胡乱地拼凑一些个别事实和实例，以证明某种看法或政策，是毫不费劲的。但是，事物的个别情况并不是事物的全貌，而只是一个方面、一时的表现或某种特殊形态，要用它来说明事物本质，就会歪曲客观事物的本来面目。比如，关于阶级斗争问题，本来，在生产资料私有制的社会主义改造基本完成以后，我国地主和资产阶级作为阶级已经被消灭了，但社会上阶级斗争还存在。然而，在相当长一段时间里，我们却以在某些地区、某些单位阶级斗争仍然尖锐复杂的事例为根据，做出在社会主义历史阶段始终存在着阶级和阶级斗争的结论，坚持“以阶级斗争为纲”，并认为仍然需要进行“一个阶级推翻另一个阶级”的革命。现在，这种不能正确地运用实例，甚至以一两个实例为依据，歪曲事实，否定党的某项方针、政策的情况，在一些人中仍然存在，例如，有的人就以我们党对内搞活经济，对外实行开放政策以来出现的经济犯罪的事实，对这一正确政策表示怀疑。我们反对玩弄实例，但不是说在调查中不能引证实例、运用实例，关键是要以正确的态度对待实例。按照唯物辩证法的观点，任何实例都不是孤立存在的，它总是以其多方面的规定性，与同一事物的其他方面，或通过某种形式与另一类事物相互联系着，唯其如此，实例才是活生生的、才成为客观世界普遍联系之网的一个环节。因此，我们在调查研究中，必须坚持从事物的全部总和中，从事实的联系中去掌握实例，只有这样，实例才是有说服力的，事实才是胜于雄辩的。

应该看到，在今天科学技术飞速发展、社会化大生产日新月异的情况下，调查研究出现了两个显著的特点：一是调查研究社会化，二是调查研究科学化。所谓调查研究科学化，就是调查研究不仅要求真实性，还要求概率性。这两项合在一起，才能够成为科学性。调查研究中应用概率论，是防止主观性、片面性和表面性的重要方法。概率论是一种数学方法，概率是用来表示自然界或社会中随机事件发生可能大小的一个量，事件概率愈大，它实现的可能性就愈大，愈具有必然性。如果我们的调查工作缺少概率思想，不去研究掌握随机事件和现象的概率，就有可能把“一个指头”当成“九个指头”，将偶然性当成必然性，把个别当成一般，从而做出错误的判断。

领导者要做到“心中有数”，实行科学决策，还要高度重视统计工作。要有专业的统计队伍、严格的统计组织系统和科学的统计方法。要发展电子计算机，建立数据库和进行统计处理。在这方面，天津的城市抽样调查就很有成效。天津市把市统计局、市社会科学院、南开大学社会学系的力量扭在一起，进行大规模的城市居民抽样调查，到千家万户算账，掌握原始数据。城市抽样调查队80多位队员，每人每年平均入户调查660次，记载12万组原始数据。1985年全年住户调查600万组数据，物价调查48万组数据。那里蕴藏着最真实的经济轨迹和社会百态。市社会科学院和南开大学社会学系据此又对许多重大社会问题，诸如城市居民生活方式、婚姻问题、老龄问题、青少年犯罪问题等进行了研究，天津市委、市政府的许多重大决策就是参照他们提出的数据做出的。如他们系统地积累和研究了居民消费结构，市政府据以制定了物价改革方案和补贴标准。在物价改革出台前后，调查员们天天下点收集情况，汇总信息，连续写出9篇分析报告，如《国营菜店竞争力差》《肉蛋价格放开后市场动态》等，市政府据以因势利导，保证了天津市这次物价改革的顺利进行①。

① 见《为了科学的决策——记天津市抽样调查》，1986年3月1日《人民日报》第3版。

第三节 在研究中求得理性认识

在一些同志看来，搞调查研究，似乎只要把事实弄清楚，把情况反映出来就行了。这种看法是片面的。对有些简单的事情，有时这样办是可以的，但对于比较复杂的问题来说，这就不够了，有点简单化了。把事实弄清楚，仅仅是调查研究的第一步工作，还有第二步，就是进行科学的分析和综合的研究，即加工制作阶段。应该明确，即使有了大量的丰富的材料，如果缺乏认真的研究或者研究的方法不对，仍然不能得出正确的结论，甚至产生认识上的失误。

进行科学分析和综合研究，要重视掌握好两个方法，一是系统分析方法，二是矛盾分析方法。

在唯物辩证法看来，系统就是由事物内部互相联系着的各个要素、部分组成的有机整体。系统分析，就是系统地研究和处理有关对象的整体联系的一般科学方法论。在调查研究中运用系统分析方法，就是按照系统论的原则研究获得的调查材料，以便从调查材料的整体以及各种材料的相互联系中，把握事物的规律性。坚持系统分析方法，最主要的是坚持整体性、相关性原则，从普遍联系中认识事物。系统是有机整体。系统同构成系统的要素的关系，就是整体和部分的关系。作为整体，系统是由各个部分组成的，没有部分就无所谓整体；而作为部分、要素，则是构成整体的有机部分，离开了整体也不成其为部分。但整体不是部分的简单总和，而是互相联系、互相作用着的各个部分的有机统一体。整体和部分相比总是主要的，事物的整体决定着事物的性质和方向。在调查研究中坚持这个方法，就是要把调查材料当作互相联系的有机整体来研究，而不能东抽一点、西抽一点，不能把事物内部联系着的各种因素、各个方面割裂开来，孤立地强调某一方面而忽视相互制约的另一些方面，防止以偏概全，把部分当作全局，把局部规律当作全局规律。这就要遵照列宁的教导："要真正地认识事物，就必须把握、研究它的一切方面、一切联系和'中介'。"[①]系统是一个有机统一体，但它不是孤立自在的，它同周围环境，即其他系统处于互相联系、互相作用之中。也就是说，一切系统都离不开它们赖以存在的环境。环境特性的变化往往会引起系统特性的变化，而由于系统之作用的不同，也会引起环境的变化。两者相互作用的结果，就有可能引起系统改变或失去原有的功能。例如我们调查研究粮食问题，就不仅要弄清粮食和种植业的关系，种植业和大农业的关系，而且要弄清农业同自然环境、同整个国民经济的关系。这是因为，农业作为一个系统，是农、林、牧、副、渔等要素之间以及它们同自然环境、同整个国民经济之间的一种能量转化、物质循环或互相依存的关系。过去，我们有些同志对这一点重视不够，不注意农业内部各种要素及其同环境的内在联系，片面强调"以粮为纲"，盲目地毁林开荒、滥垦牧场、围湖造田，结果破坏了自然界的生态平衡，给国民经济和人民生活带来严重后果。因此，在调查研究中，不但要研究调查材料之间的内在联系，而且要研究与其相关的客观环境，从研究事物的内部、外部联系中得出正确的结论。

任何事物都存在着矛盾，对立统一规律是自然界、社会和人的思维的普遍规律。因此，我们要正确地认识客观事物，就必须对调查得来的材料进行矛盾分析。矛盾分析就是运用矛盾的观点即对立统一的观点去观察、分析和处理问题。矛盾分析法是由辩证法而形成的一系列思想方法和工作方法的核心。马克思主义的一切方法，如联系观点、经济分析、群众分析、历史分析和阶级分析等，都贯穿着矛盾分析的原则，都围绕着矛盾分析的原则展开，都是运用对立统一观点以不同的方式，从不同的角度观察问题、分析问题和处理问题的。毛泽东说："这个辩证法的宇宙观，主要地就是教育人们要善于去观察

① 《列宁选集》第 4 卷，第 453 页。

和分析各种事物的矛盾的运动，并根据这种分析，指出解决矛盾的方法。”[①]革命导师在运用矛盾分析这一科学思维方法上为我们树立了典范。马克思在分析资本主义社会的矛盾时，从人们所共知的资本主义社会中最简单、最普遍、最常见、最平凡的商品入手，运用矛盾分析方法，首先揭示了商品价值二重性，即使用价值和价值；接着又揭示了生产商品劳动的二重性，即具体劳动和抽象劳动；然后进一步揭示了私人劳动和社会劳动的矛盾。这样一步一步地分析，一层一层地深入，从而暴露了资本主义社会的“一切矛盾（或一切矛盾的胚芽）”[②]。

运用矛盾分析方法，不仅要从统一中把握对立，从对立中把握统一，要坚持两点论和重点论，还特别要注意坚持矛盾的普遍性和矛盾的特殊性相结合的原理。大家知道，这个原理是关于事物矛盾问题的精髓，是马克思主义普遍真理同本国革命具体实践相结合这一原则的哲学基础。矛盾是普遍存在的，但不同事物的矛盾又各有其特殊性，特殊性的矛盾必须用特殊的方法去解决。分析矛盾的特殊性是认识事物的基础。所以，我们不能仅仅一般地知道任何事物都有矛盾，而要具体地分析每一事物矛盾的特殊性。我们通常讲的具体问题具体分析，指的就是具体地分析各种事物矛盾的特殊性。毛泽东在《矛盾论》中，对矛盾的普遍性和矛盾的特殊性相结合的道理讲得非常透彻，提出了一套分析矛盾特殊性的科学方法，制定了分析现实的复杂矛盾的逻辑体系。我们在调查研究中坚持矛盾的普遍性与矛盾的特殊性的辩证统一，就要善于从特殊性中发现普遍性，在普遍性指导下研究特殊性。由于认识特殊性是认识事物的基础，所以研究特殊性尤为重要。这就是说，我们要在马列主义、毛泽东思想和党中央的路线、方针、政策的指导下，从实际出发，分析具体情况，区别矛盾的不同

---

① 《毛泽东选集》第279页。

② 《列宁选集》第2卷，第713页。

性质和特点，采取不同的解决方法。只有这样，才能把党的路线、方针、政策同本地区、本部门的实际结合起来，创造性地贯彻执行，避免一般化和“一刀切”；才能从特殊性中发现普遍性，总结点上的经验，指导面上的工作；也才能不断地研究新情况，解决新问题，使认识得到丰富和发展，推动我们的事业顺利前进。

陈云在《怎样使我们的认识更全面些》一文中提出的“全面”“比较”“反复”六个字，是唯物辩证的认识方法的具体化，对于我们进行科学分析和综合研究，取得正确的认识，更好地制定政策，有着重要的指导意义。

“全面”，就是要全面地看问题，防止片面性。弄清情况的一个重要方法，就是找有各种不同看法的人交换意见。这样做，本来是片面的看法，就可以逐渐全面起来；本来不太清楚的事物，就可以逐渐明白起来；本来意见有分歧的问题，就可以逐步一致起来。即使没有反对意见，也可以做点假设，从反面和各个侧面来考虑问题，并且研究各种条件和可能性，这就可以使我们的认识更全面些。

“比较”，就是鉴别。比较是从联系中产生的。只有通过比较，才能鉴别，才能发现此长彼短，从而达到比较全面、正确的认识。进行比较时，首先要看有无可比性。同时，要看到事物的联系是多方面的，比较也要从多方面进行，既从纵的方面比，又从横的方面比；有的事物还需要经过多次反复，才能对错综复杂的现象的相互关系和因果关系认识得更全面、更深刻。

“反复”，就是要在实践基础上使认识不断深化。作了比较之后，不要马上决定问题，还要进行反复考虑。对于有些问题的决定，当时看来是正确的，但是过了一个时期就可能发现不正确，或者不完全正确。因此，决定问题不要太匆忙，要留一个反复考虑的时间，最好过一段时间再看看，然后再做出决定。[①]

---

①《陈云同志文稿选编（1956—1962年）》第155页。

陈云在主持财经工作期间，对于社会主义建设的许多重要问题所以能够提出正确的意见和主张，就与他坚持进行认真的、周密的调查研究，坚持“全面”“反复”“比较”的方法分不开。比如，在20世纪50年代末到60年代初，他所做的关于落实钢铁指标问题的调查，关于发展氮肥工业的调查，关于煤炭工业的调查，以及关于母猪应由农民私养、种双季稻不如种蚕豆和单季稻、按照中央规定留足自留地等三篇青浦农村调查，这些调查结论都被历史证明是正确的。我们应该学习陈云的这种科学态度和求实精神。

第四节　调查研究的科学方法

任何一项成功的调查，都是与采用正确的调查方法分不开的。调查的方法和形式很多。对于不同的人、不同的事、不同的单位，应该采用不同的方法和形式。从调查的方法类型看，有普遍调查、重点调查、专题调查、典型调查、统计调查、抽样调查等。从调查的形式看，有开调查会、采访调查、登记调查、跑面调查、蹲点调查等。所有这些调查方法都不是彼此孤立的，在实际应用中，常常因事、因环境条件而变换，并且常常是几种调查方法综合地发挥作用的。这里，我们着重介绍几种常用的科学调查方法。

一、开调查会

“开调查会，是简单易行又可靠的方法。”[1]要开好调查会，首先要有充分准备。根据调查目的，拟出调查纲目，并且在会前告诉到会的人，让他们心中有数，做好准备。调查纲目中，要把所调查的项目按一定逻辑次序一一列出来，每项下面需要了解的具体情况、数据

①《毛泽东选集》第748页。

和问题，既要全面、明确、有条理，又不能过于烦琐，框得过死。其次，选好参加调查会的人员，每次人不宜多，一般说来，三五个七八个人即够，人太多，就可能使到会的人不能充分发表意见，甚至有的人没有发言机会。但是到会的应该是真正了解情况、有一定实践经验的干部、群众。这些人又要有代表性，为人正派，敢于讲实话。一方面，这些人之间互相没有隔阂，彼此不存戒心，可以坐在一起讨论问题；另一方面，所调查的情况在他们之间没有保密的必要，并且不直接影响他们的切身利益。再次，主持好调查会。会议主持者要善于采取启发引导式，让大家各抒己见，造成讨论问题的气氛，不要搞成你问我答的问答式。讨论包括这么几种：一是对于有些事实，到会人说得不清楚，或者由于见闻所限，众口不一，主持调查会的人便及时提问，展开讨论，使问题和情况搞得更准确、更实在；二是通过充分讨论，对情况和问题，多数人能够取得比较一致的认识，做出符合实际的结论；三是通过讨论，集中多数人的经验和智慧，商量出一些切实可行的办法，为解决问题、搞好工作打下良好的基础。这种讨论，对于开阔领导者的视野，启发、帮助他们做出正确的判断和决策，有着重要的意义。

开调查会的方法，在过去长期的革命实践中被证明是行之有效的。毛泽东在第一次国内革命战争时期进行的农村调查，陈云在新中国成立后进行的工农业生产问题的调查，就是经常通过召开这样的调查会，或者利用其他各种会议的机会，同干部和群众一起反复细致地分析情况，研究问题，提出符合实际情况的工作意见。我们今天在社会主义现代化建设中，仍然要大力提倡和运用这个方法。

二、典型调查

典型调查又叫解剖麻雀、蹲点调查，它是通过对具有代表性的局部现象进行调查研究，从中得出一般性结论的方法。典型调查的方法论基础，是唯物辩证法关于矛盾的普遍性和特殊性的原理。俗话说，

“麻雀虽小，五脏俱全”。我们要了解麻雀的情况，不必也不可能把天下的麻雀都一一解剖，认真解剖几只就够了；同样，要弄清某个问题，也不必跑遍所有地区和单位，选几个有代表性的地区和单位就行了。典型调查符合人的认识事物的过程，是一种经过实践证明的科学的调查方法。毛泽东强调指出：“对于担负指导工作的人来说，有计划地抓住几个城市、几个乡村，用马克思主义的基本观点，即阶级分析的方法，作几次周密的调查，乃是了解情况的最基本的方法。只有这样，才能使我们具有对中国社会问题的最基础的知识。”①

进行典型调查，首先要选择好调查点，即点要有很强的针对性。这种选择，必须建立在对事物总体分析的基础上。如果研究对象的总体所包含的各单位差异不大，可以选择一个或几个单位进行调查；如果总体所包含的各单位差异大，就要用划类选点法，将总体各单位划分为几种不同类型，再从各种类型中各选不同的典型进行调查。对于典型，可以集中时间，集中力量，作系统深入的调查，比较全面深刻地认识问题；也可以用较少的人力物力，在较短的时间里，围绕某个重点问题进行考察，解决当前需要解决的某个问题。在一定条件下，即在总体各单位差异较小的情况下，还可以用典型资料推断总体资料。

典型调查，还要把点和面结合起来，即把蹲点调查和跑面调查结合起来。跑面调查又叫走马看花、普遍调查，它是对有关范围内的对象进行广泛调查的一种方法。这种调查具有普遍性，能够掌握面上的情况。应该看到，通过典型调查所取得的典型经验，固然能反映带普遍性的问题，但由于同类事物之间总是存在着不同程度的差异，仍带有一定的局限性，如果把点上情况同面上了解的情况结合起来，对问题的认识就会更深刻，取得的经验就会更丰富、更全面。还要看到，调查就是为了解决问题，把点和面结合起来，把点上的经验拿到面上

①《毛泽东农村调查文集》第15页。

去指导，还可以检验、修正、发展点上的经验，以便更好地指导面上工作。

三、抽样调查

抽样调查，是在需要调查的客观事物总体中，按照随机原则抽取一部分单位进行调查，掌握一部分数据，用以推断总体的一种科学方法。抽样调查有两个显著特点：一是按随机原则抽取调查单位，完全排除了人们的主观选择，使事物总体中每个单位被抽取的机会均等，有助于了解掌握真实可靠的情况和资料；二是从数量推算总体，即利用抽样调查的平均数或结构相对数推算总体单位，以求得对总体情况接近准确程度的认识。抽样调查的意义，在于它可以用较少的人力、时间和费用，达到对事物总体较为准确的认识，能够完成许多不可能或不必要进行调查的统计任务。在典型调查或全面调查的同时配合使用抽样调查，还可以检验典型调查的代表性和全面调查的准确性。因此，它是一种简便易行的调查研究方法。1982年、1983年两年，中国农村发展研究中心连续两次组织全国部分高等院校家在农村的学生，利用寒假，对家乡实行农业生产责任制以来的情况进行调查，即所谓的“百村调查”，就采取了抽样调查的方法。我们前边介绍的天津市利用抽样调查为市委、市政府决策服务，也是一例。抽样调查与其他调查在选点方法上的根本区别，就在于样本抽选方法上。这主要有四种：一是随机抽样法。通常用抽签的方式选取所要调查的单位。这种方法从理论上能保证总体中每一个单位都有均等的中选机会。但如果所要调查的总体单位庞大，往往编号难以进行。二是等距抽样法，又叫机械抽样法或系统抽样法。即事先将需要调查的总体各单位，按一定标志，如平均亩产、平均工资、人均国民收入，姓氏笔画等排列起来，然后以固定的顺序和间隔来抽选调查单位。这种方法，抽样手续简便，误差较小，是统计抽样调查中广泛采用的方法。三是分类抽样法，即按照总体的主要标志，将总体划分为若干个类型组，然后在各组中用纯随机抽样或等距抽样方法抽取样本。这种方法适用于总体单位数多，并且差异很大的情况。四是整群抽样法，即整群或整组地抽取调查单位。这个方法比较简便，但往往误差较大。总之，抽样调查有着广泛的适应性，但在使用范围上，在以样本调查结果推算总体上，有其局限性，而且抽样调查更适应于对社会经济现象表象的研究，而要深入揭示其本质特征，必须借助于其他调查方法的配合，借助于建立科学的数学公式，来剔除抽样调查中的误差，才能做到精确化。

在现代社会化的大生产条件下，随着社会的发展和科学技术的进步，与过去相比，调查研究的对象变得越来越复杂了，许多都具有大系统、多因素、多层次、多变量的复杂成分，有越来越大的随机性。例如一些大规模的调查，往往有成千个数据，上万张表格，需要进行运算、统计、分析和研究，而且要求速度快，定量精确，定性深刻。同时，由于交通发达，通信方便，特别是电子计算机的普遍应用，人们认识社会的方法和手段也发生了很大变化。这就不仅要求我们而且完全有可能把传统的调查方法同利用现代信息手段结合起来，以适应现代化建设事业的发展。开座谈会、解剖麻雀等方法，是我们几十年来了解社会情况的主要方法，也是被实践证明了的行之有效的科学的调查方法，我们今天仍然要坚持和发扬。那种把这些传统调查方法看成是“小生产方式”的认识是不正确的。当然，这些传统方法也不是完美无缺的，它调查的面比较狭小，占有的材料不够全面，尤其是数字资料不够充分，对于了解现代复杂的社会生活显然是不够的，这就需要用现代的方法和手段来丰富和完善它。应当看到，各门学科都创造了许多现代的科学方法，如系统论中的功能分析、要素分析、结构分析等方法；信息论中的信息搜集、加工、反馈的方法；决策科学中的目标选择、方案的可行性分析的方法；管理科学中的价值分析、市场预测、专家调查、民意测验的方法等，都会补充和丰富我们调查研究的方法。先进的运输工具，现代的信息传递和数据运算的手段，对于我们搞好调查研究是一个很大的帮助。如果采用这些手段，许多过去难以做到，难以做好的事现在就能够做到、做好；许多原来必须口问、笔录、脑记的烦琐工作，而今就可以部分地以至完全地得到解脱。这些新的信息手段还可以帮助我们更加迅速、准确地搜集、贮存和提供详细的社会经济资料；可以帮助我们在更深更广的领域进行全面的比较分析；还可以帮助我们对复杂庞大的客观事物进行更加准确的判断和验证。这都是以往传统的信息工具所无法比拟的。比如，1982年全国人口普查数据庞大，项目复杂，程序繁多，特别是对其中10％（即1亿人口）抽样调查资料的统计汇总工作，各种数据总量多达40亿个字符，这在手工操作条件下是根本无法想象的。但是由于层层借助电子计算机这一现代化手段，终于在限定时间内顺利完成了各种数据处理工作，达到联合国有关人口普查的特定要求。因此，正确采用新的科学方法，积极采用计算机等新的信息手段，必将大大提高调查研究工作的现代化水平。

第五节　群众路线是我党制定政策的根本方法

我们搞调查研究，是为了获得正确的认识，做到一切从实际出发。而正确的认识来自客观实际，归根到底，是来自群众的社会实践。这因为群众既是实践的主体，又是认识的主体，个人的实践离不开群众的实践。毛泽东多次说过，就制定路线、方针、政策和办法来说，领导机关只是一个加工厂，原料要从广大群众中来。调查研究的实质，就是总结群众的经验，集中群众的正确意见，向群众寻求真理。在调查研究中坚持群众路线，既是立场、观点问题，也是最根本的方法问题。就是说，只有深入群众，依靠群众，虚心向群众求教，才能获得关于客观事物的正确认识，真正做到实事求是。

毛泽东在1943年所写的《关于领导方法的若干问题》一文中，科学地总结了领导工作的经验，完整地阐述了群众路线所包含的内容和实施的步骤。他说：“在我党的一切实际工作中，凡属正确的领导，必须是从群众中来，到群众中去。这就是说，将群众的意见（分散的无系统的意见）集中起来（经过研究，化为集中的系统的意见），又到群众中去做宣传解释，化为群众的意见，使群众坚持下去，见之于行动，并在群众行动中考验这些意见是否正确。然后再从群众中集中起来，再到群众中坚持下去。如此无限循环，一次比一次地更正确、更生动、更丰富。这就是马克思主义的认识论。”这说明，马克思主义的认识论和历史观、实践观点和群众观点、认识路线和群众路线是统一的，互相渗透的。

为什么说群众路线是我党制定政策的根本方法？毛泽东曾指出，“在总路线的指导下，制定一整套的具体的方针、政策和方法，必须通过从群众中来的方法，通过作系统的周密的调查研究的方法，对工作中的成功经验和失败经验，作历史的考察，才能找出客观事物所固有的而不是人们主观臆造的规律，才能制定适合情况的各种条例”①。人的思维过程，即形成概念、做出判断、进行推理的过程，就是“从群众中来”的过程。我们说，人民群众的实践是正确认识的来源，是制定正确路线、方针、政策的基础和出发点，但就群众的每一个成员来说，他们的意见往往是分散的、不系统的、偏于感性的认识。因此，“从群众中来”就不是简单的、直观的反映，不是群众的经验和意见的简单堆积，而要能动地进行科学的抽象，下一番整理、分析、鉴别和概括的功夫，把这些经验和意见加以集中化、系统化，把群众的意见化为领导的正确意见。这样形成的领导意见，可以更深刻地反映客观实际，因而也就能够更有效地对实际工作发挥指导作用。从领导方法来说，这是从个别到一般号召；从认识秩序来说，这是从个别上升到一般。这只是认识的第一个阶段。第二个阶段，从认识秩序来说，是由一般到个别；从领导方法来说，是由一般号召再到个别指导。

① 毛泽东：《在扩大的中央工作会议上的讲话》。

关于认识的第二个阶段，我们在后面还要详细论述。因此，群众路线是我们党制定政策的根本方法，也是我们贯彻执行政策的根本方法。

由于我们党是执政的党，党的方针、政策都是通过各级领导者制定和贯彻的，这就使一些同志产生了一个误解，似乎只有自己才是高明的，到不到群众中去，听不听群众的意见，没有多大关系。有了这种认识，他们在制定或贯彻党的某项政策时，不是先深入群众，了解群众，听取群众的意见，总结群众的经验，而是闭门造车，关在机关里出主意、作决定；有的虽然勉强到群众中间去了，但他们往往预先有了一个框框，搜集那些符合需要的材料来证实自己的主观臆造。靠这样来指导工作，只会贻误我们的事业。

在调查研究中坚持党的群众路线，最主要的是端正对群众的态度，甘当群众的小学生。态度不端正，方法再好，也是搞不好调查的。这就要求我们正确处理个人同群众的关系，树立正确的群众观点，承认群众有智慧、有才能、有创造力，群众中有成千成万的“诸葛亮”，我们要虚心向群众求教，眼睛向下，而不能昂首望天。“没有满腔的热忱，没有眼睛向下的决心，没有求知的渴望，没有放下臭架子，甘当小学生的精神，是一定不能做，也一定做不好的。必须明白：群众是真正的英雄，而我们自己则往往是幼稚可笑的，不了解这一点，就不能得到起码的知识。”①我们看到，有些同志不是没有搞好工作的愿望，但由于他们以领导者自居，总以为自己比群众高明，不愿意向群众学习。他们下去搞调查研究，也是东走走，西看看，摆出一副领导者的架势，居高临下，发号施令，或者认为“群众说情况，自己出主意”“材料在你们手里，办法在我脑子里”等。这种认识和做法当然是错误的。调查者必须平等待人，使群众感到不是“外人”，而是自己人；不是教训人的“先生”，而是带有强烈求知欲的学生；不是要搞什么名堂，而是要了解客观存在的真实情况。为此，

① 《毛泽东农村调查文集》第 16—17 页。

我们应当像毛泽东所说的那样，“恭谨勤劳”，“眼睛向下”。毛泽东在这方面为我们树立了榜样。他一贯重视向群众作调查，把调查研究同向群众学习紧紧连在一起。1961年4月，他在给邓小平的信中，把“反对恩赐观点，坚决走群众路线问题，向群众请教，大兴调查研究之风问题”，列为“农村中的若干关键问题”之一，并指出要“向群众寻求真理”[①]。他提出：“各级党委，不许不做调查研究工作。绝对禁止党委少数人不做调查，不同群众商量，关在房子里，做出害死人的主观主义的所谓政策。”[②]他做调查，从不昂首望天，从不摆领导者的架子。在他的农村调查中，调查对象是相当广泛的，他们当中有中下级干部，有贫苦农民，有穷秀才，有破了产的商会会长，有狱吏、钱师爷等等，他始终虚心向他们请教。每当他谈及在调查中向他提供材料的这些群众时，那种深深的感激之情，溢于言表。他曾充满敬意地说，这些各行各业的人，“就是我的可敬爱的先生，我给他们当学生是必须恭谨勤劳和采取同志态度，否则他们就不理我，知而不言，言而不尽”[③]。

到群众中去调查研究，要注意面对面地直接听取群众意见，让群众真正把心里话说出来。应当看到，我们一些领导干部虽然到了基层，却很少与群众接触，往往习惯于听取下级汇报中反映的群众意见。这是很不够的。要知道，群众意见经过层层汇报、筛选、概括，常常只剩下一些好听的话、正确的话；即便反映了一些群众真实的意见，也是拐弯抹角、藏头缩尾的。不是有心人，没有“听话听音”的真功夫，很可能把这些意见忽略过去。因此，必须到群众中去，直接听取群众的意见和要求。

倾听群众意见，注意群众议论，就要认真分析研究，善于从中

① 《毛泽东书信选集》第578页。

② 《毛泽东书信选集》第582页。

③ 《毛泽东农村调查文集》第16页。

发现政策性问题，并提出解决问题的方法和措施。抗日战争时期，在延安发生过这样一件事：1942年8月的一个大雨天，边区政府小礼堂正开征粮会议，忽然一声雷鸣，礼堂的一根木柱子被劈断了，与会的一位同志不幸触电身亡。这事传出后，有的老百姓竟然说，为什么雷没有劈死主席台上的人？！这当然是完全错误的言论。有的同志很生气，要求把说这种话的人当反革命抓起来。毛泽东却没这样看待。他认为这种言论并不是针对某个人的，而是反映出党和群众的关系出了问题。通过深入群众调查研究，发现产生怨言的原因，是因为边区政府当时征粮征多了，影响了群众的生活。而所以多征了粮，又是由于只考虑到公家的需要，对公与私两个方面兼顾不够。后来毛泽东就提议把征粮任务从20万担减至16万担，又发出了“精兵简政”和“自己动手，丰衣足食”的伟大号召，开展了精简机构和大生产运动，进一步密切了党、政、军同广大群众的联系，形成了坚固的铜墙铁壁，战胜了反动派的层层包围和封锁。邓小平用这件事例教育大家学习毛泽东倡导并身体力行的群众路线作风。他说：“毛泽东同志就是伟大，就是同我们不同，他善于从群众的议论当中，发现问题，提出解决问题的方针和政策。毛泽东同志一向非常注意群众的议论，群众的思想，群众的问题。”①还应注意，对于群众的意见，不管是党内提的还是党外提的，也不管是多数人提的还是少数人提的，都要认真对待，只要提得好，就要采用。大家知道，抗战时期，陕甘宁边区采取了“精兵简政”的政策，这一条好政策，就是党外人士、开明绅士李鼎铭先生提出来的。采用了这一政策，对减轻人民负担、增加生产、克服当时物资匮乏的困难起了很大作用。

在调查中要让群众无所顾忌，敢于讲真话，就要和群众做朋友，在新的历史条件下，还要注意做到生活俭朴，作风平易近人，不搞特殊化。

---

① 《邓小平文选》第43页。

第七章

政策的制定

制定政策是政策运动的首要环节。制定的政策是否正确，是否合乎实际，可行有效，对我们的事业和工作的成败得失，有着极其重要的意义。因此要认真总结我党在制定政策方面的丰富经验，吸收现代科学成果，实现决策的民主化、科学化，力求制定出符合客观实际的正确政策。

要正确地制定政策，需要弄清楚制定政策与一般决策的关系。“决策”（Decision Making）一词，是20世纪50年代首先在美国出现的，原意是“做出决定”，后来有人为了文字精练，把它译成“决策”。近年来，这个词在我国现代化管理中被广泛应用，一门以研究决策原理、决策程序和决策方法为内容的综合性学科——决策科学，也正在我国兴起。制定政策与一般决策既有区别，又有联系。二者的区别是：第一，政策是由党和国家制定的，因此，自从有了国家和政党，才有了政策。而决策作为一项行动的选择，则在人类实践中早已存在。人的行为是受其思想支配的，人在行动之前所进行的思维活动及做出抉择的整个过程都可称之为决策。可见，决策活动是人类的基本活动之一，它与人类的历史一样悠久。第二，一般来说，制定政策是较高层领导的职能，而决策是涉及每一个人的事情，所做的决策有大有小，可以说随处皆是。第三，政策是国家、政党在一定历史时期为实现一定任务而规定的行动准则和依据，它所要解决的一般是带有普遍性、原则性的重要问题。而决策的范围很广，以企业为例，包括日常业务的处理，生产计划的安排，产品质量及生产工效的提高，原材料的供应等，都需要做出决策，但所做的这些决策并不等于政策。制定政策与一般决策又有联系，它们都是行动的选择，遵循的基本原则、科学程序和方法也大体相同，可以说，制定政策就包括在一般决策之中。弄清二者之间的关系，在制定政策时，既要坚持一般决策的原则和方法，又不能完全套用。

国外的政策科学也十分重视政策制定的过程。美国的政策科学家提出了“超政策”的观点。所谓“超政策”，就是指政策制定的过程，他们认为：“政策分析和巨政策（Mega Policy，相当于我们的方针）如果没有超政策的配合，是毫无意义的。”后来又有人据此把超政策的判据划分为六程空间。它们是：

（1）DOC政策制定的文件档案的过程，其范围可以从极明确至极不明确（E→I）。

（2）CRI选择不同政策的考虑方式，其变化范围自愿意接受比较方案至仅接受满足既定成见的方案（M←P）。

（3）ADA制定政策过程的灵活性（从高度的灵活性到僵化）（H→L）。

（4）OBS制定政策的可观察性（从极度公开到极度封闭）（O→C）。

（5）PAR参与政策过程人数的广泛程度（从非常广泛的参与到非常有限人数的参与）（W→N）。

（6）CHO制定政策的最后决定方式（从多数一致至个人独断决定）（C→I）。

根据以上六种判据的不同程度变化，作者把决策过程分为民主决策过程，不可计量的决策过程，纯粹理性的超政策，微增型超政策等。这对我们制定政策也有一定的参考作用[①]。

① 王慧炯：《关于发展软科学的几点看法》，见《软科学的崛起》一书第82—83页。

第一节　实现理性决策

万里在全国软科学研究工作座谈会的讲话中指出，我国过去在决策的制度、方式上存在很大的弊端，只凭个别事例，不做定量分析，就对重大问题做出判断，这是吃过很多苦头的。因此，“应当排除决策的个人色彩、感情色彩，充分实现决策的理性化”。实现决策的理性化，不仅是一种决策方式的改变，而且是一种观念上的深刻变革。为了正确地制定政策，领导者首先要改变旧的落后的决策观念，树立新的理性决策的观念。

传统的决策强调经验。在古代社会，由于生产和技术水平比较低，社会生活的节奏很慢，人们活动的范围比较狭小，社会联系和社会现象还不十分复杂，因此凭借人们的直观和经验便可以对周围世界有所认识，从而在社会活动中便能够有所决断。这些决策都是凭借领导者个人的阅历、知识和智慧进行的。决策成功与否主要取决于领导者阅历是否丰富，知识是否渊博，胆略是否过人，有时也利用智囊人物的协助，但仍是依靠他们个人的阅历、知识和智慧，取决于个人的感情和好恶。这种决策缺乏科学的理论指导，既没有科学的决策方法，也没有严格的科学程序，更谈不上完善的决策制度了。所以，历来包括制定政策在内的决策，从性质上讲，是一种经验性的决策。经验决策是同小生产方式相适应的，一般具有认识的表面性、观察的局限性、分析的非定量性等特点，这是一种低级的决策形式，当然也是最基本的决策形式。

在现代社会，科学技术高度发展，生产规模不断增大，各种信息量急剧增加，在这种情况下决策，虽然领导者个人的智慧、知识和经验仍然十分重要，但是已远远不够了，特别是任何重大政策的制定，都是“一枝动，百枝摇”，产生全局的和深远的连锁反应。领导者要想继续沿袭过去那种习惯决策方式，既亲自分析研究情况，又拍板定案，已经是不可能的了。“眉头一皱，计上心来”，这已经是过去的事了。这就要求领导者必须改变传统的决策观念，把决策的过程从经验上升到理性，使每一项决策理性化，摆脱个人直觉和感情色彩，真正建立在科学基础之上。

理性是比经验更高级的认识阶段，这种认识要求达到事物内部的、本质的、必然的联系，从而能够把握事物的发展规律。我们知道，所谓科学，就是对客观事物及其规律性的系统认识。正是从这个意义上说，决策理性化的实质，就是必须科学地进行决策。因为理性的要求并不只是正确地反映现存事物及其规律，更重要的是应该根据规律性的认识来预测事物发展的方向，从而指导自己有目标地实践。依据科学来指导人们有目标地实践的，是理性的决策。所以它决不能只看现象、就事论事、光顾眼前，直觉判断，而必须排除感情色彩的干扰，不以个人的好恶来判别是非、做出决定。

树立现代决策观念，从经验决策转变到理性决策，对我们来说有着极为重要的意义，也是一项十分迫切的任务。这有以下两方面的原因：

一方面，我国历史上没有经历过商品经济高度发展的阶段，没有经历过西方国家那样深刻持久的资产阶级民主革命，因而我国封建主义的思想意识、价值观念和习惯势力显得特别顽固。封建社会那种等级森严、权力膜拜、人身依附、鄙薄知识的思想，以及封建伦理道德、迷信观念、传统宗法家长制的思想，对我国的领导决策工作，产生了不良的影响。共产国际时期各国党的工作中领导者个人高度集权的决策模式，也对我们党产生了消极影响。这种模式不仅使个人权力过于集中，还会造成个人凌驾于组织之上，以至个人严重破坏社会主义法制。实践证明，无论领导者本人才能多么非凡，智慧多么出众，经验多么丰富，这种个人领导决策模式，不可避免地会产生各种重大失误。党的十一届三中全会以来，我们党纠正了过去指导思想上的

“左”的错误，规定了党内民主生活的准则，实行了集体领导，并且取得了重大的成效，但是在有的部门和地方，少数人凭地位和权力发号施令，压制民主，蔑视科学，独断专行的情况仍然存在，“党委负责制”常常变成书记个人说了算。因此，要正确地制定政策，必须坚持不懈地消除封建主义及其他一切剥削阶级意识形态的影响，坚持不懈地倡导科学和民主精神。

另一方面，从我们干部队伍的现状来说，有大批从战争环境中磨炼出来的老干部，他们有丰富的阅历和领导经验，有很高的智慧和才能，为革命和建设做出过重大贡献。但由于历史条件的限制，他们中不少人，比较缺乏现代科技知识和经营管理知识。还有大批出身科学技术专业的新干部，他们有较高水平的科学技术专长，但其中不少人并不懂得宏观决策，也缺乏组织工作经验和经营管理的经验。就这两部分人而论，他们都生活在中国这个经济文化落后的环境里，都在不同程度上受到过长期封建社会遗留下来的小生产方式的直接或间接影响，他们中不少人对决策科学化和民主化的价值和重要性缺乏深刻的理解，还停留在凭领导者个人经验和意志办事的传统方法和水平上。这就需要提高广大干部的科学文化素质和宏观决策的本领，努力克服可能存在的小生产的狭隘眼光和思想意识。

理性决策就是科学决策。科学决策包括科学化和民主化两个方面。制定政策的科学化和民主化是不可分的，相辅相成的。实现决策科学化，首先就要民主化。没有民主化，不能广开思路，广开言路，就谈不上尊重知识，尊重人才，尊重人民的创造智慧，尊重实践经验，就没有科学化。反过来说，决策民主化必须有科学的含义，有科学的程序和方法，否则只是形式的民主，而不是真正的民主。

实现理性决策，对领导者提出了更高的要求。领导者素质的提高（包括政治素质、思想素质、科学文化素质和身体素质等），是实现理性决策的内在因素。领导者不仅要懂得马克思主义的一般原理，而且要掌握现代的系统论、信息论、控制论、社会学、政治学、心理学等新的知识和新的学科，同时还要有独立的思维能力和判断力，要有创新精神和坚定的信念。例如，适应理性决策的需要，领导者就必须运用科学的思维方式。这是因为，科学决策是人类一项有目的的思维活动，它要求坚决打破经验决策那种主观、封闭的决策思维模式，要求彻底改变人们在决策时由于绝对化和习惯性造成的那种滞后、片面的决策思维特征，从而运用辩证的思维方式。辩证思维要求人们把决策对象放到社会系统中，以整体协调为基础，从多层次、多元的价值观及主体与环境的相关原理等各个角度去考察决策对象，这就大大开拓了人们的思路，能够较好地从整体和全局出发，努力挖掘事物内部的本质，帮助做出比较符合客观实际的决策。因此，领导者就必须在思维方式上来个改变。

第二节　制定政策的程序

制定政策作为一个过程，具有一系列相对固定的程序。我们党一贯实行的“从群众中来，到群众中去”的领导方法，就包含着制定政策的程序。根据马克思主义认识论和人们制定政策的经验，制定政策的程序大体可以概括为发现问题，确立目标；制定政策方案；预测评估，方案选优等三个步骤。制定政策的这一程序，是决策过程一般规律性的反映，符合人们的认识规律，即实践——认识——再实践——再认识——再实践，以至无穷这样一个认识发展的总公式。

一、发现问题，确立目标

发现问题是制定政策的起点，因为有问题要解决才需要决策，有问题也就有了目标。问题就是矛盾。党和国家制定政策，就是为了解决革命和建设中发现的新问题，找到解决问题的原则和办法。没有问题要去解决，制定政策也就失去了意义。在发现问题过程中，应注意这么两点：

一是必须从实际出发发现问题。发现问题是一个主观反映客观、从实践到认识、从外界向头脑输入信息的过程，因此必须遵循马克思主义的认识路线，坚持实事求是、具体分析情况的科学态度，是什么问题就提出什么问题，决不能按照主观意愿去人为地制造问题。

二是要善于抓主要矛盾。领导者面对的问题往往很多。在许许多多的问题中，有的是主要的，有的是次要的；有的是暂时的、眼前的，有的则是长远的；有局部性的，也有全局性的。必须善于在众多问题中首先抓住主要的、长远的、全局性的问题。

发现问题是领导者的重要职责。发现问题并不是一件容易的事，而要下大的功夫。发现问题的根本途径是向实际作调查。发现问题也有许多方法，最根本的方法就是矛盾分析的方法。从分析矛盾入手，研究事物的来龙去脉，就能及时地、准确地发现问题。

问题提出之后，怎么解决，解决到什么程度，达到一个什么标准，都应提出一个明确的要求，这就是决策过程中确立目标的内容，也是科学决策的重要一步。当然，对于发现的问题，还要弄清楚是必须制定某种政策加以解决，还是按常规的办法就可以得到解决的。政策的目标，就是政策所要达到的最终成果。应该明确，任何一项政策，它的目的就是要为实现党和国家提出的总任务、总目标服务，就一项具体政策而言，它还应有自己的具体目标。目标确立必须和主客观条件保持协调关系，也就是把握好目标高低的“度”。目标不能过高，过高了，超过主客观条件提供的可能性，这样的目标就根本无法达到；目标也不能过低，过低了，远远落后于主客观条件的要求，就没有奋斗价值，就不能调动起群众的积极性，决策也就失去了意义。确定的目标还应是明确的，不能模棱两可。如果对目标的含义可以作这样理解，也可以作那样理解，那就无法制定政策。目标的明确性，主要反映在这么几点上：一是确立的目标要有一个量的要求。不仅要有定性分析，而且要有定量分析，把质和量统一起来。二是确立的目标要有时间要求，即一定的目标在什么时间内达到。三是确立的目标要有不同层次的要求，以便分清轻重缓急，逐步实现目标。总之，只有通过周密的调查研究，充分掌握所要解决的问题的性质、特点和现状，明确价值标准，并经过科学的预测和论证，才能够确立正确的目标。

为了使目标准确可靠，需要运用科学预测方法，在若干预期目标中确定。“满意”目标，分析目标的价值（学术价值、经济价值、社会价值），指明实现决策目标的约束条件，并提出一定的主观要求。预测包括政治预测、经济预测、市场需要预测、科学技术预测等，它们对确定决策目标都有着重要作用。预测方法很多，常用的有“特尔斐法”“回归分析法”“趋势外推法”等十多种。其中最常用的一种是特尔斐法。这是一种比较流行的意见征询法。这种方法是对熟悉对象的有关专家的意见，采取背对背的函询调查，收到第一轮意见后加以综合归纳，再返寄给每一个专家。第二轮意见来了之后，再综合归纳，仍返寄这些专家，反复多次，分歧就趋于集中，便于决策参考。

二、拟定政策方案

这是制定政策的关键环节，就是在前面发现问题和确立目标的基础上，找到解决问题、达到目标的途径和措施。

制定政策方案，就是寻找达到目标的有效途径。但是，哪个途径最为有效，这就需要有多种方案供决策者选择。这是因为，实现目标涉及许多条件和内外因素，多因素的组合，可以设想出多种解决问题的政策方案来。我们以往多是由有关部门提出一个方案就做出政策决定，这方面的教训是很多的。没有对立面的方案，没有选择余地，没有比较，没有把握，往往不能进行正确的决策。毛泽东曾说过：“做事情，至少有两种方法：一种，达到目的比较慢一点，比较差一点；一种，达到目的比较快一点，比较好一点。一个是速度问题，一个是质量问题。不要只考虑一种方法，经常要考虑两种方法。比如修铁路，选线路要有几种方案，在几条线路里头选一条。可以有几种方法来比较，至少有两种方法来比较。”[①]这就通过具体的决策工作，生动形象地说明了拟制多种方案或方法对于实现决策目标的必要性和重要性。如果只有一个方案，就没有比较和选择的余地。陈云在《怎样使我们的认识更全面些》一文中也说：“研究问题，制定政策，决定计划，要把各种方案拿来比较。不但要和现行的作比较，和过去的作比较，还要和外国作比较。这样进行多方面的比较，可以把情况弄得更清楚，判断得更准确。多比较，只有好处，没有坏处。”[②]比如，陈云说，毛泽东关于统一战线的政策，就是从历史上和陈独秀与王明作比较；毛泽东关于抗日战争的战略问题，也是从横的方面，和日本帝国主义作比较的。

拟制多种政策方案，一般分为两大步：

第一步为初步设计，即轮廓的设想。就是用系统观点，分析事物中的各种矛盾，把矛盾充分摆出来之后，从实现某一目标的整体出发，以不同的角度和多种途径，勾勒出各种不同的方案。

第二步是精心设计。通过冷静的思考，反复的计算，严密的论证和仔细的推敲，完善方案的细节，提出实施本方案所需的条件，并对可能产生的实施结果作综合估价。这里要注意，任何一项政策必定有它的限制因素，也就是说，这项政策在哪些条件下不能实行，或只能在具备什么条件时才能实行，也就是要考虑边界条件。

拟制多种政策方案，一般是在领导者的组织下，由咨询参谋人员与群众相结合进行。在这个过程中，要广泛地运用智囊技术。国外目前常用的有“头脑风暴法”“对演法”“哥顿法”等。“头脑风暴法”有助于在不怀偏见地倾听中有目的地吸收决策所需要的东西。这种方法在寻找新观念和创造性建议方面十分有效。“对演法”即不同

---

① 《毛泽东选集》第5卷，第472—473页。

② 《陈云同志文稿选编（1956 一 1962年）》第186页。

方案由对立的小组去制定，然后开展辩论，互揭其短，以求充分暴露矛盾；或者预先演习一个方案，故意设置对立面去挑剔。

三、预测评估，方案选优

预测评估、方案选优就是对制定方案阶段所提出的多个预选方案进行综合评价，在比较的基础上进行判断和选择。预测评估和方案选优紧密相连。预测评估是方案选优的前提，方案选优是预测评估的结果。在实际的决策过程中，二者往往是同时进行、不可分割的。这是制定科学决策的最后步骤，即形成政策的步骤。这一阶段通常是领导者的最主要职责，是领导者在决策活动中的“拍板定案”。

各种方案制定之后，领导者到底选用哪一种方案，这就要组织专家对各种方案进行价值分析、效益分析、可行性分析、风险度（可靠性和可信度）分析等，通过这样的分析，判断出诸方案的优劣好坏来。这种分析评估是一种逻辑论证，逻辑论证在一定意义上也是获得正确认识的重要方法。当然逻辑证明之后，还要实践证明。重大政策论证，要有领导者、专家、方案起草人员和有实践经验的实际工作者参加，广泛听取各方面的意见和建议。正确进行评估，首先要有一个评估与选择的标准。这个标准主要是：一要立足全局。无论哪个层次制定政策，都应站在全局的高度来衡量。假如某个方案对局部有利，在局部看来是合理的，而从全局来说则是不利的或不合理的，那么这个方案就不能选用。二是注重经济效益。制定任何政策，都要从经济上进行评估和比较，要有经济观点，讲究经济效益，就是要使得到的利益尽可能大，付出的代价尽可能小。同时也要注重社会效益。三是要使实现决策目标的把握尽可能大，风险尽可能小。四是方案实施后所产生的副作用应尽可能小。在评估预测阶段，依靠“可行性分析”和“决策技术”（包括“树形决策”“矩阵决策”“统计决策”“模糊决策”等），就能使各种方案的利弊得失科学地表达出来，而且能够尽量地相互比较。

在对方案综合评价的基础上，就要进行决断，即由领导者对各种方案进行比较，做出选择，最后拍板。这一行动，叫作领导者的决策行动。在决策行动中，领导者个人的经验、素质起着重要作用。这是因为，领导者的决策行动是一个极其复杂的问题。政策方案选优，不可避免地要遇到利弊得失的问题，只有利没有弊、只有得没有失的十全十美的政策是没有的。一般讲，决断是要选择最低代价、最短时间、最优效果实现既定目标的方案。但在有的情况下，此种方案不一定最完善，还需要考虑其他各种因素的影响及实施时可能发生的各种后果的严重程度，进行综合评价，从总体上权衡利弊，也可能选择不是原来认为最好但比较安全、风险性小的方案。美国管理学家西蒙认为，最佳或最优的概念只有在纯数学中和抽象的概念中存在，而在社会现实生活中是不存在的，现实生活中大量存在的是可行的、满意的或合理的求解。要善于权衡利弊，敢于决断，主要依靠的是领导者的实际经验、政策水平，以及政治理论修养。越是在事变的紧要关头，越是在重大的方针政策问题上，越是要发挥领导者的大智大勇。

政策的决定，通常是职能部门把方案的选择情况和选定的方案，报请决策机关集体讨论决定。有关全国性的重大政策，由党中央和国家决策机关做出决定。地方性的政策，由地方党委和政府决策机关做出决定。政策的决定要贯彻集体决策的原则。这是因为，一方面，方针政策是指导党、国家和人民行动的准则，其指导的范围广，作用时间长，不是就日常某件事可办还是不办的拍板。这样重大的问题，不是哪个领导者个人所能决定得了的，必须靠领导集体来决定。另一方面，现代社会是高度复杂的巨大系统，社会各个方面互相联系，彼此制约，因此决策必须运用系统科学，把握大系统与分系统的关系，即使有微小的失误，也会引起连锁反应。要把握这样一个大系统，尽量避免和减少失误，就必须发挥领导集体的智慧和力量。斯大林曾指出："个人的决定总是或者几乎总是片面的。"他又说，"根据三次革命的经验，我们知道一百个没有经过集体审查和修改的个人决定中，大约有九十个是片面的。”[①]实行集体决策，必须重视领导班子内部的不同意见和民主讨论。有些领导者听不得不同意见，这是很不对的。不同意见对于正确的决策，有着重大意义：不同意见的发表，实质上等于提出了更多的可供选择的方案；不同意见之间互攻他短，各扬己长，就使各方案的利弊得以充分显现，从而可以取长补短；不同意见的争论可以激发人的想象力和创造力，彼此互相启示，开阔视野，深化思路，从而得到最优方案；不同意见的讨论，也是统一决策认识的过程，一旦决策，就应同心同德、上下一致地实施，既减少了阻力，又不易走样，有利于发挥大家的主动性和积极性。因此，必须重视不同意见的争论，认真开展民主讨论。

选择方案的分析方法一般有三种，即经验分析、数学分析和试验，应结合具体情况进行选择。一般结构简单的采用经验评估；稍微复杂一点的尽量采用数学分析；只有一部分无法量化的那些方案，才靠试验解决。

以上几个步骤是前后相继、排列有序的，但在制定政策的实际过程中，不能机械地截然分开，不同内容、不同情况往往有交叉，可以适当合并或跳跃。但是，无论如何，制定政策都必须有严密的科学程序，进行严格的科学分析的，违背了科学程序，就会造成决策失误，给党和人民的事业带来损失。

第三节　借助“外脑”

我们前边说过，随着世界新技术革命的发展和我国改革、开放的深入，使得制定政策的难度和复杂性大大增加了。要正确地制定政策，单凭领导者个人的阅历、知识、才能和经验已远远不能胜任，而

① 《斯大林选集》下卷，第 300 页。

必须借助于“外脑”，即政策咨询研究机构，依靠各类专家，运用现代科学方法和先进技术手段提供决策咨询方案，为制定政策服务。这是实现决策民主化、科学化的一个重要途径和有效措施。

政策咨询研究机构没有决策权力，但却是决策机构和决策者的参谋部、“神经中枢”，它以科学研究的成果帮助领导者掌握信息，洞察形势，出谋划策，为制定政策服务。政策咨询研究机构之所以能发挥如此重大的作用，这是因为：（1）它由各方面的专家、学者组成，科技知识水平高，作为一种团体，由于知识的互补，整体功能好；（2）它用科学的理论和方法进行考察和研究、预测和规划，效能很高；（3）它组织上独立，地位比较超脱，因此观察问题不易囿于本身的局部利益而意见偏颇，认识比较客观；（4）横向联系广，信息渠道多，具有广阔的科学视野，了解情况和反映问题敏锐。因此，充分重视和发挥咨询机构的作用，领导者就能尽量扩大自己的智能基础，就能集思广益，全面权衡利弊得失，对情况做出切合实际的了解、判断和评价，从而有利于制定正确的政策。

近年来，我国从中央到地方，在一些重大的政策制定上，注意依靠专家的宏观决策咨询研究，收到了很好的效果。例如，国家科委、计委、经委从1983年起，组织对十几项重大技术政策的研究，历时两年多，参加的不仅有各个部门的领导干部、实际工作者，而且有几千位我国著名的专家、学者进行咨询研究，最后形成了几个重大领域的技术政策要点。这是新中国成立以来在技术政策研究上最系统、规模最大的一次。国家计委把这些技术政策的重要内容和“七五”计划紧密结合起来，形成了“七五”行业技术政策和技术改造规划，对于技术发展方向，选择什么技术，限制什么技术，淘汰什么技术，都有明确的、有科学论证基础的规定，使“七五”技术改造规划在经济与科技的结合上大大前进了一步。在这个过程中，专家、学者的咨询起了很大的作用。又如，我国的民主党派聚集了许多方面的奇才英杰，本身就是一个智慧集团。近几年来，各民主党派发挥知识分子密集的优势，开展高层次的战略性、政策性咨询，在三峡工程论证、海南岛开发利用、发展中医中药事业、扶持贫困地区脱贫等方面，提出了十分重要的意见和建议，不仅拓宽了参政议政的路子，而且为我国的决策民主化、科学化注入新的活力。

领导者要善用“外脑”，发挥政策咨询研究机构的作用，应注意做到以下四点：

第一，必须尊重知识，尊重人才，坚持向专家、学者求教。

领导者要集思广益，保证制定政策的民主化和科学化，就必须树立尊重知识、尊重人才的观念，坚持向专家、学者求教，与他们交朋友，形成一种融洽的关系。在制定政策中，要与研究人员、有多方面知识的人、有实践经验的人，平等地、民主地交流思想，沟通信息，讨论问题。“每个领导者都应该有自己可以依靠的决策研究班子。包括充分发挥和依靠社会上的或者有关部门的有真知灼见的决策研究力量的作用。每个领导者都应该有几个有胆有识的亲密朋友，特别要有几个敢于提出不同意见、敢于当面直言不讳的诤友，即使在封建时代，少数贤明帝王还能礼贤下士，结交几个谏臣密友，我们共产党员不是应该做得更好些吗？”①

第二，必须保证咨询研究人员研究的独立性。

政策咨询研究应该只尊重客观事实，崇尚真理，不迷信权威，不屈从个别领导人的意志；一切结论不能产生在研究工作之前，只能产生在研究之后，产生在经过实践的检验之后。因此，领导者要支持、鼓励专家发扬实事求是的精神，勇于独立思考，要使他们提出的意见、方案，不为某些部门的利害所影响，不为某些人的好恶所左右。这里需要强调三点：

一是不能把协助领导决策的智囊团等同于秘书班子。现在我们有些部门设立了政策研究室，可惜不少有名无实，只是一个起草文件和

---

① 万里：《决策民主化和科学化是政治体制改革的一个重要课题》。

报告的秘书班子。应该明确，秘书班子的任务是贯彻领导的意图，而咨询研究工作者是以独立的科学研究为领导制定政策服务的，衡量他们工作的好坏，在于能否提出真知灼见。政策咨询研究工作者如果没有独到的见解，不敢直言，那就不是一个好的智囊。

二是必须让专家根据客观事实得出自己的科学结论。有的领导人往往喜欢把他们主管的研究部门，当作为他们的任何决策拼凑“理论根据”的工具，先有了结论，然后要求研究部门论证自己结论的正确性。这种所谓“科学”的决策论证，不仅是搞形式主义，而且具有更大的欺骗性和危险性，比没有论证更坏。只有让研究人员根据事实得出自己的结论，才对决策有科学价值。

三是创造民主、平等、协商的政治环境。政策研究是既涉及学术、又涉及政治的创造性的复杂脑力劳动，只有坚定不移地执行“百花齐放、百家争鸣”的方针，创造高度学术自由的气氛，才能才思泉涌，触类旁通，独立思考，提出真知灼见；也只有在高度政治民主空气中，才能言无禁忌，力排众议，慷慨陈情。领导者可以不同意研究人员的观点，否定他们的结论，不接受他们的建议，但不能强迫研究人员违心地改变观点，修改结论，以迎合自己的需要。

第三，要把向专家咨询与向有实践经验的人学习结合起来。

要有内部专家咨询，这是十分重要的，但由于他们处在部门的直接领导之下，不可避免地要受到领导者信息和心理的影响，甚至出现干预。因此，必须同时请外部专家咨询。外部专家咨询不仅比较公正客观，而且能够较好地反映社会各方面的意见和需求，有综合思考的优势。还应注意，既要尊重专家，又要向有实践经验的人学习，向基层干部学习，这两方面是一致的，应当结合起来。在我们的各级咨询研究机构中，应当吸收一些优秀的有真才实学的专家，也要充实一些有丰富实践经验的干部，并通过他们联系更多的人才，集中各方面的智慧，使他们能够真正发挥智囊、研究、咨询的作用。

第四，必须正确对待政策咨询研究工作者的意见。

政策咨询研究是探索未知的工作，带有一定的风险性，有时出现某些差错是难以避免的。领导者必须估计到这种情况，做出正确的鉴别和取舍。咨询研究人员只是参与决策，不能代替领导者决策；领导者要不为咨询研究人员所左右，不能忘记自己作为领导者的职责。如果决策出了问题，这首先是领导者的责任，而不能把责任一股脑推到研究人员身上。必须认识到，咨询研究人员的任何意见都是有参考价值的。一个高明的领导人，甚至能从错误的决策建议中受到启发，得出有积极意义的结论。有时，某项咨询研究的成果虽然没有被采用，也没有什么眼前利益，但它作为警告、预防或考虑问题的因素，往往有极大的价值，起到“兼听则明”的作用。

第八章 政策的实施

政策制定了，就要组织实施，通过组织实施，把政策化为实际行动，以达到预期的目的。政策实施是政策过程的最后一个步骤，也是极其重要的一个环节。制定政策和实施政策是紧密联系的两个阶段。如果说制定政策的过程属于能动地认识世界的过程，那么政策实施过程则属于能动地改造世界的过程。制定是实施的前提和基础，实施是制定的目的，是制定阶段的检验，这一过程体现了实践——认识——实践的辩证唯物主义认识路线。这是因为，不管怎样正确的政策，都还只是人们主观方面的东西，是纸上的东西，它能变成现实，但决不会自动地变成现实，要使它得到实现，必须组织对它的执行，即交付实践，也就是组织实施。如果没有踏踏实实的组织实施工作，任何正确的政策也不可能实现，只能流为空谈。从这个意义上说，正确地制定政策固然重要，而组织实施尤其重要。

第一节　掌握政策实质划清政策界限

党的政策常常以文件的形式下达，具有严格的内在逻辑和抽象的特征。领导者组织实施政策，首先要认真学习、研究政策，吃透政策精神，掌握政策实质，划清政策界限。这是正确地贯彻执行政策的基础和前提。“以其昏昏，使人昭昭”，是不行的。实践证明，在没有吃透政策精神、政策界限不清的情况下，急急忙忙去贯彻，往往容易出偏差，欲速则不达。

掌握政策实质，主要应注意这么三点：

一是弄清政策的基本精神。所谓弄清政策的基本精神，就是要弄清制定政策的指导思想和所要达到的目标。比如，提出让一部分地区、一部分人先富起来的政策，目的是为了打破和克服地区之间、劳动者之间“吃大锅饭”的现象，真正实行多劳多得，更好地贯彻按劳分配的社会主义原则，并且通过一部分地区、一部分人在多劳多得的基础上先富起来，形成强大的社会示范力量，带动其他地区、其他单位的人们向他们学习，从而使整个国民经济不断地波浪式地向前发展，使全国各族人民都能比较快地富裕起来。我们有些地方在执行这一政策时不够理直气壮，总是怕这怕那，就是没有弄清政策的指导思想，没有认识到这是一个“能够影响和带动整个国民经济的政策”[①]。也有的地方和个人在执行这一政策中，认为只要能赚到钱、能富起来，不管采取什么手段都行。产生这种错误认识的主要原因也是没有掌握这一政策的基本精神。这一政策的基本精神主要有两条：一是勤劳致富，二是倡导人们把本单位利益、个人的利益同国家和社会的利益正确结合起来。

二是全面领会政策。一项政策，往往包括一些具体的条文规定，这些具体的内容是一个有机的整体，不仅互相联系，而且常常互相制约，决不能把它们割裂开来，片面理解，各取所需。比如，党中央提出干部革命化、年轻化、知识化和专业化，即干部“四化”方针，是对干部的政治素质、业务素质和年龄结构提出的具体要求。它是一个完整的统一体，不能割裂，也不能偏废，更不能因某种需要而随心所欲地突出这一条，或放弃另一条，而必须同时在一个领导班子中或在

①《邓小平文选》第 142 页。

一个干部身上得到完整全面的体现。有的地方在贯彻这一方针中，出现了“年龄是金牌，文凭是银牌，能力是铜牌”的说法，就是没有把“四化”当作一个完整的统一体看待，片面理解，以偏概全。

三是准确领会政策。就是说，对于政策规定，要准确地理解它的含义，不能望文生义，不能随意引申，更不能歪曲。这有两种情况。其一是对那些过去比较熟悉的概念，也要仔细研究，弄清它的特定含义，不可凭经验去理解。例如，干部“四化”之一是革命化，几十年来我们一直强调干部的革命化，应该说对革命化是懂得的。但是革命化不是一个抽象的概念，在不同历史时期有不同的衡量标准。我国现在处在社会主义初级阶段，根本任务是建设有中国特色的社会主义，发展社会主义生产力。因此，今天衡量一个干部是不是革命化的根本标准，就是看他的言行是否有利于建设有中国特色的社会主义，是否有利于促进生产力的发展。如果今天还用过去对于革命化的理解来要求干部，显然是不行的。其二是对新提出的一些概念，更要认真琢磨，准确地把握。再拿干部“四化”中的知识化来说，有的地方和单位由于理解上的片面性和简单化，把知识化等同于学历、文凭，片面强调学历、文凭，这样做的结果，既影响了对一些虽无文凭确有真才实学的干部的使用，也出现了误用虽有文凭但缺乏真才实学的人的情况，同时助长了少数干部单纯追求学历，不注重求得真才实学，甚至不择手段骗取文凭的不良现象。可见，准确地掌握政策，意义是十分重大的。

掌握政策实质，就要在钻研政策上下功夫。有的干部简单地把政策看成是纯经验的东西，认为自己都懂，而不注意从理论特有的全面性、系统性去学习、研究政策。因此，必须克服这种经验主义的态度。同时，还要重视在深入实际，调查研究的基础上加深对政策的理解。例如，十一届三中全会以来我们党制定的路线、方针、政策是正确的，具有普遍的指导意义。要深刻理解这些具有普遍指导意义的路线、方针、政策，就必须对其产生的社会历史条件作全面的了解。

如果对中国的政治、经济、文化发展的现状，对新中国成立后三十多年来社会主义革命和建设正反两方面的经验，对广大人民群众的意愿等，缺乏深入的、具体的、全面的了解，或只知一鳞半爪，甚至全然不知，那么，就不可能对这些路线、方针、政策的本质和所包含的丰富内容，及其对中国历史的深刻影响和现实的指导意义有深切的了解，要自觉执行也只能是一句空话。

掌握政策实质，还必须注意划清和辩证地掌握政策的界限。没有界限，就没有政策。我们党制定的每一项政策，都有其严格的界限。所谓界限，就是事物终止的地方。只有划清了政策界限，我们在贯彻执行政策过程中，才能把自己的行动限制在政策所允许的范围内。政策界限不清楚，就可能左右摇摆，容易走偏方向。

领导者划清和辩证地掌握政策界限，应注意以下三点：

一是要划清正确政策和错误政策的界限。政策有正确与错误之分。检验政策是正确或错误的唯一标准是社会实践，归根到底，看它是束缚生产力的，还是解放生产力的。过去在“左”的指导思想影响下，我们实行了一些“左”的政策，违背了生产力发展的要求，给国民经济带来了很大损失。党的十一届三中全会以来拨乱反正，已分清了这些界限。因此，学习理解党的政策，思想就不能停留在过去的框框套套上，而要界限清楚，区分什么是正确的，什么是错误的。例如在今天，我们就不能把按劳分配和平均主义画等号，不能把农村合作制与过去的“归大堆”看成一个东西，不能把发展商品生产与搞“资本主义”混淆起来，等等。

二是要划清现行政策和过期政策的界限。政策必须适应客观事物发展的要求而加以调整、改变，我们的思想必须适应这个变化，而不能胶柱鼓瑟，抱住过时的政策不变。比如，落实了知识分子政策，把知识分子当作依靠对象、当作工人阶级一部分后，还用以前所谓“团结、教育、改造”的政策对待知识分子，显然是不对的。

三是要划清不同政策的界限。世界上的事物千差万别，这是由事物各自的特殊矛盾所规定的。而不同质的矛盾，要用不同质的方法去解决。我们党的各项政策，就是针对各种不同类的事物而制定的。混淆了政策界限，也就是混淆了解决不同性质的矛盾的方法的界限，在实践中就不可避免地犯错误。例如把禁止迷信活动的政策同公民的宗教信仰自由的政策混同起来，去禁止、取缔正常的宗教活动；把允许农民的长途贩运的政策同打击投机倒把的政策混淆起来，而把长途贩运当作投机倒把来打击，那就会造成政策的混乱。

那么，怎样才能划清和把握具体的政策界限呢？从制定的政策本身来说，当然必须问题清楚，观点明确，文字表达清晰准确，并对观点的解释是唯一的，同时讲清政策适用的范围和条件，必须可以具体考核其实际效果。从领导者来说，也有许多值得注意的地方。毛泽东曾指出："其所以未能明确分清界限，是由于领导者对于所要做的事缺乏充分经验（自己没有执行过某种政策的充分经验），或者对于他人的经验不重视，或者由于不应有的疏忽以致未能分清政策的界限。其次，是由于领导者虽然知道划分政策的界限，但只作了简单的说明，没有作系统的说明。根据经验，任何政策，如果只作简单的说明，而不作系统的说明，即不能动员党与群众，从事正确的路线。"①这就是说，领导者要有执行政策的充分经验，如果自己没有执行过某项政策的经验，就应向有经验的人学习，重视他人的经验，而决不能在政策界限问题上马马虎虎，甚至于产生"不应有的疏忽"。特别是要将许多可做的事和不许可做的事讲清楚。同时，要"就各项政策，努力研究，展开说明"，而且只作简单的说明还不行，还必须作系统的说明，并通过各种方式进行宣传，使广大人民群众都知道。

领导者划清和把握政策界限，还要重视划清不同的客观事物的界限，以此从根本上划清各种具体的政策界限。任何一项政策都是为了解决某一类问题而制定的，而客观事物的性质，决定了我们对其采取

① 《毛泽东书信选集》第295—296页。

的政策性质。因此首先认清和划清客观事物的界限，看它是否属于某项政策的适用范围，就可以由此划清不同的政策界限。超过了政策的适用范围，正确的政策就会变成错误的政策。同时，要用辩证的观点来认识政策界限。既要看到事物本质的相对稳定性和政策的相对稳定性，又要看到客观事物的不断运动、变化、发展，适时调整政策，始终既灵活又牢固地掌握政策的界限。划清政策界限，还必须把握住决定政策性质的数量界限。任何事物都有保持其质量的数量界限，超过这个界限，就会发生质变。要使一项正确的政策保持其自身的性质不变，就必须使它的数量变化保持在其界限以内，如果超出了界限，就会变成错误的政策。

第二节　安排部署检查督促

周恩来说过："一个原则、真理、政策在实际中实施，是要费很大的力量，做许多的具体工作的。"[①]安排部署、检查督促，就是实施政策过程中两项十分重要的具体工作。

安排部署，就是准备并创造实施政策的各种必要条件，主要包括：

一是拟定实施计划。任何一项政策规定，只是提出了确定目标和实现目标的基本途径，而不能代替具体的实施计划。在政策实施中，必须编制出具体的实施计划，确定实施步骤，安排进度。实施决策的计划一般可分为总体性计划、阶段性计划和局部性计划。总体性计划实际上是贯穿实施政策方案全过程的整体计划。但是，政策的实施需要一个过程，因此要根据实施政策本身的阶段性，编制每一阶段的分期执行计划，即阶段性计划。同时，政策是一个由多种要素有机组成

① 《周恩来选集》上卷，第 336 页。

的系统，实施时还需要编制每一要素的具体执行计划，这就是局部性计划。在编制计划时，要对实施中可能发生的问题作充分估计，留有余地，以便在执行过程中对偏离目标的情况实行有效的控制。

二是做好组织落实工作。为了保证一项政策的顺利贯彻，必须做好组织落实工作。一方面是机构问题。原有的体制和机构如果基本上是适应的，那么只做相应的调整就可以了。如果不完全适应，那就或增或减，使之成为一个符合要求的体制和组织。为了保证有些重大方针政策的贯彻，需要设立专门的新机构，例如为了集中力量落实知识分子政策，根据中央指示，各级党委、政府及有关部门、单位，都曾成立过“落实知识分子政策办公室”，促进了这项工作。当然，在一般情况下不需要成立新的机构，以免叠床架屋，反而效率不高，影响政策的迅速落实。另一方面是干部问题，就是要慎选人才，负责政策的执行。“领导者的责任，归结起来，主要是出主意、用干部两件事。一切计划、决议、命令、指示等等，都属于‘出主意’一类。使这一切主意之实行，必须团结干部，推动他们去做，属于‘用干部’一类。”①要知人善任，把得力的干部安排在关键性的领导岗位上。这一点十分重要。“没有这一点。一切命令和决议只不过是些肮脏的废纸而已。”②只要关键岗位上的干部得力了，他们就能根据情况的变化灵活机动地贯彻政策，就能团结和调动下属和群众主动地贯彻政策。三是落实力量，协调关系。实施政策要有一定的物质保证，这就要把所需的财力、物力和人力相对集中使用。在任务很多的情况下，还要抓住重点，学会“弹钢琴”。正如列宁所说的：“管理和政策的全部艺术在于，适时地估计并了解应该把主要力量和注意力集中在什么地方。”③一项比较重大的政策，往往仅靠某个部门难以实行，还需要把

① 《毛泽东选集》第493页。

② 《列宁全集》第35卷，第542页。

③ 《列宁文稿》第3卷，第200页。

有关方面的力量都组织到实施政策上来，协调好各方面的关系，互相配合，共同完成。如统战政策，涉及面广，任务艰巨，专靠统战部门的努力是不够的，必须全党动手，做到“党委决定，政府出面，政协监督，各方去办”。又如加强农业的基础地位、增强农业后劲，也不是农业一个部门所能解决的，而要各行各业的支持和帮助。领导者协调的目的，就在于把各个局部职能联结在一起，形成新的“合力”。因此，一个领导者在精心组织政策实施过程中，不仅要使所属各部门、各单位、各成员都能忠于职守，防止失职现象发生，而且还要使所属各部门、各单位、各成员之间，能分工合作，相互配合，避免顾此失彼和互相扯皮的问题出现。

检查督促也是政策实施过程中不可缺少的重要内容。列宁说过：“审查工作人员和检查实际执行情况——现在全部工作、全部政策的关键就在于此。”[①]检查督促的目的，就在于使信息反馈回路畅通，及时掌握执行进度，发现偏离目标的现象，并根据实施中所发生的不同性质的矛盾，做出相应的处置，以保证政策的正确实施。

检查督促工作，主要包括这么两项内容：

其一是对于政策贯彻执行情况的检查。即检查对党和政府的政策，是在执行呢，还是被官僚主义者束之高阁了；是认真执行呢，还是被敷衍塞责，应付了事了；是正确地执行呢，还是被歪曲了。此外，还要检查在执行政策过程中，采用了什么手段和方法，及其是否正当、遵守纪律，有无违法乱纪现象，以及执行政策过程中出现了什么问题，遇到了什么困难，等等。应当看到，即使是完全正确的政策，常常有的地区或单位也不执行。他们对党的政策采取极不认真、极不严肃的态度，有的是工作马马虎虎，拖拖拉拉，落而不实；有的是阳奉阴违，软磨硬推；有的甚至顶着不办，拒不执行。通过检查督促，对那些不认真贯彻执行政策的地方或单位，以及工作不得力的干

---

① 《列宁全集》第 33 卷，第 197 页。

部，可以起到推动、促进的作用。我们还记得，党的十一届三中全会后，在全国范围内纠正冤、假、错案，落实政策中，有些人的案情很清楚，也有明确的政策，应该予以解决，但是有的地方和单位就是顶着不办，踢皮球一样，推来推去，长期得不到解决。党中央为此多次提出批评，要求各级党组织认真检查落实政策工作，督促进一步落实。还要看到，执行政策是一项复杂的工作，由于多种原因，在执行中会出现这样或那样的问题，影响或阻碍工作的顺利进行。通过检查督促，对于那些认真贯彻执行政策，但工作中确有困难，或者在执行中出现偏差的单位，可以帮助发现、弄清问题的性质和症结，给以指导，及时解决。

其二是对政策本身的检查。任何政策都是主观对客观的反映，是领导者思想加工厂的产品，由于主观认识和客观条件的限制，往往只能是基本正确和接近实际，某些政策在实践中行不通或不能解决实际问题，也是常有的。所谓对政策本身的检查，即检查领导机关制定的政策是否符合具体实际情况，究竟可行还是不可行，以及可行的范围和程度怎么样；运动、变化、发展的实践，对执行中的政策提出了一些什么样的新问题，哪些需要修改、补充、完善，是需要全部修改还是部分修改，等等。检查督促的过程，就是把政策放到实践活动中检验，从中发现主客观不一致的地方，然后纠正其不一致，使之达到主客观相一致的过程。

检查督促政策的贯彻执行情况，应注意以下几点：

一是要在实践中检查。就是说，检查者检查政策贯彻情况，不能光听口头上讲，不能只看纸上的计划，也不能看表面形式，而要看工作的实际情况和实际结果。有的地方或单位，尽管表现得决心大，口号喊得响，指标提得高，实施方案也订得好，但往往并没有落实，或落实得不好，如果仅仅把领导者的设想、实施方案作为检查根据，就容易被不负责任的官僚主义者钻空子。因此，检查者就不能满足于听听汇报，而必须到贯彻政策的实际中去，到群众中去，认真听取群众的反映，具体考察政策执行情况。这里，尤其要注意防止搞花架子、做表面文章的现象，不为假象所迷惑，善于发现执行政策中存在的各种问题。

二是检查督促工作要及时进行，不要等到问题成了堆，闹出了许多乱子，才去开总结会，算总账，进行纠正。要注意经常和下面的工作保持密切联系，随时掌握整个工作进程。这种检查也不是偶尔的一次了事，不能时断时续，而要建立一定的制度，有系统地经常地进行。

三是检查督促工作必须有领导者亲自参加。斯大林说过：“在党组织、苏维埃组织、经济组织各个环节中领导对执行情况的检查必须不是一些无关紧要的人，而是一些有充分威信的人，即各组织的领导者自己。”[①]领导者在作一般性了解、掌握面上情况的同时，还要深入检查一些单位或地方，抓住一两个典型，总结经验，教育和带动其他。领导者还要注意把检查与指导服务结合起来，即不仅要指出下面执行政策中存在的问题，而且要加强具体指导，帮助下面研究解决问题的措施，或提供有关的必要条件等等。一个领导者只有善于把检查与指导服务结合起来，既当指挥员，又当服务员，既动口，又动手，切实为基层解决实际问题，才能保证政策的顺利实施。

四是需要建立健全检查监督机构，如纪律检查委员会、监察机关、审计部门等。监督机构的人员要党性强、作风正、讲原则，无私无畏，刚正不阿。由具有这种品格的人组成党、政机关和企事业单位的监督机构，才能保证领导系统有令必行，有禁必止，准确地贯彻各项政策。

第三节 政策的试验与推广

我们常有这样的体会，经过调查研究，提出了某项重大的政策、计划，如果急于全面推行，效果并不理想，有时会出现许多问题，欲

① 《斯大林选集》下卷，第 348 页。

速则不达。解决这个问题，就要坚持“一切经过试验”的原则。一切经过试验，待取得经验后再全面铺开，这是在贯彻执行政策中坚持马克思主义的实践第一观点，提高自觉性，克服盲目性，把事情办好的重要方法。

我们所说的试验，也叫实验。一切经过试验其所以是科学的方法，可以从这么两个方面来认识。

一方面，它符合马克思主义的认识论。人们认识事物，总是从个别到一般，再由一般到个别。一般和个别之间既有联系，又有区别。认识事物的一般本质是重要的，看不到这一点，就看不到各个不同事物之间的共性。但是在用一般指导个别的时候，又必须看到个别所具有的特殊性，将一般和个别相结合。经过试验，逐步推广，就是一般和个别相结合的过程，就是完成这种结合的方法。

另一方面，还要看到，科学实验在人们改造客观世界的活动中具有特殊的作用。人们通过社会实践对客观事物有了一定的认识，在此基础上制定了某项政策，力图付诸实践，达到预期的目的。这时就可以选择较小的范围或者场所，在较短的时间里，通过反复试验，完成从感性认识到理性认识，再从理性认识到实践这么一个完整的认识过程，检验政策的正确与否，予以修改、补充、完善，取得经验，为全面推行总结出一套正确的理论和办法。

一切经过试验在贯彻执行政策中的重要意义，主要表现在以下三个方面：

第一，能够进行实际检验，避免不必要的损失。

制定的某项政策是否正确，它的适用范围有多大，通过个别试验就可以心中有数。如果在个别试验中发现它不符合客观实际，也就是说不正确，就能及时纠正，防止了在更大范围内贯彻推行所可能造成的损失；如果发现它不够完善，还有某些误差或错误，就能够进行修正；如果在试验中被证明并不适用于所有的地区、部门和单位，而只适用于某些地区、部门和单位，那么我们就能够从中把握这些政策的适用范围，避免了那种闻风而动、一哄而起的做法。实践证明，凡事一哄而起，难免一哄而散。这方面的教训太多了，我们应该引以为戒。

第二，能够起到示范作用，统一人们的认识。

百闻不如一见。要让干部和群众拥护我们的某项政策，消除他们的疑虑，不能仅靠一般号召，需要我们搞好试点，让他们在试验的实际结果中去评判，从而决定取舍。广大干部和群众从领导机关进行的个别试验中看到党的政策的正确，就会乐于接受，积极贯彻，使之转化为改造自然、改造社会的强大物质力量。这就是我们常说的“榜样的力量是无穷的”道理。刘少奇有一段话，深刻地论述了这个方法的重要性。他说：“群众，特别是农民群众，总是从亲自看到的、亲自体验到的事情上去理解问题，而不是从我们一般的宣传和口号上去理解问题的。我们必须在工作中突破一点，做出模范，让群众亲自看到、体验到，给群众以典型示范，才能鼓励群众特别是给中间状态与落后状态的群众以理解问题的可能与方便，给他们以信心和勇气，在我们党的口号之下行动起来，成为群众的热潮。”①

第三，能够取得实际经验，更好地指导推动工作。

把一般贯彻到个别中去，需要具体的正确的方法和措施。但是，这种方法和措施，既不能生搬硬套，简单地拿来，也不能由个别领导主观地去想象，而是要通过实践、通过典型试验去摸索、去创造。毛泽东说过：“任何领导人员，凡不从下级个别单位的个别人员，个别事件取得经验者，必不能向一切单位作普遍的指导。”②因此，在普遍贯彻某项政策之前，先进行试点，通过典型试验，把政策进一步具体化，就可以发现在执行过程中可能出现什么样的问题，应该采取怎样的对策；在一种情况下应怎么办，在另一种情况下又应怎么办；施

① 《刘少奇选集》上卷，第 375 页。

② 《毛泽东选集》第 853 页。

行的步骤如何部署，应着重采取什么样的工作方法，应注意或防止出现什么情况，等等。在这一系列问题上有了具体经验，全面推行时才会做出比较详细的安排意见，提出必要的落实措施，促使政策的顺利贯彻。

运用一切经过试验的方法，应着重在“试验”和“推广”上下功夫。搞好试验，还有这么三点需要注意：

一是要选好点。点既要有代表性，又要多样化。有代表性，就是试点的内部状况、外部条件应与同类事物大体相近，这样试点经验才会有普遍意义，也便于全面推广。试点又要多样化，就是说，不仅要有不同方面的试点，就是同一方面也需要不同类型的试点，要有先进的、中间的和落后状况不同情况的试点。当然，试点也不是越多越好，而是要少而精，抓紧抓好。

二是试点中必须坚持实事求是的态度。试点需要投入必要的人力、物力和财力，但不能开“偏灶”、搞照顾。因为这样的试点经验在面上根本推不开，强制推行，只会带来更大损失。那种为了证实自己的观点和主张，在试点中采取一些特殊措施，并且人为地拔高，这就从根本上背离了马克思主义的思想路线。

三是允许失败。科学实验和一般实践的一个重要区别，就在于一般实践活动的主要目的是实现认识，是成功，而科学实验的主要目的是检验认识，成功与失败都能达到目的。试验的过程，也就是探索的过程。既然是探索，就难免走弯路、犯错误，失败的事也是常有的。还要看到，正确的结论往往需要经过多次反复地试验才能获得。因此，不要在初次试验失败以后就轻易采取否定的态度，在许多情况下，要进行反复的多次的试验，才能得出正确的结论。

试验之后的推广，也要注意这么两点：

一是对试点经验要有一个科学的态度。任何典型都有自己的局限性，不可能为其他事物提供完全适用的经验。试点经验也是共性与个性结合在一起的。属共性的东西，可以在面上推广；属个性的东西，就有局限性。即使属于共性的东西，也不能照搬照抄，在推广中，也要结合非试点单位的实际情况。

二是即使经过了试点，在推广中也不能一下子铺开，而要按照不同的情况，分期分批，一步一步地进行，边推广，边总结，通过创造性的工作，使经验不断地丰富，使工作积极而又稳妥地进行。还要注意，在一种新的政策推广之后，最好稳定一段时间，逐步加以完善，当它们的优越性还没有发挥完、大多数群众还没有要求改变的时候，不要轻率变化。即使发现已经推广的政策不那么适用和正确，也要因势利导，妥善改变，不要硬批硬纠，不要把弯子转得太急。

党的十一届三中全会以来，在城乡经济体制改革中，党中央一再强调要加强试点工作。我们的一些重大改革政策的实施，也是通过试点引路，不断取得经验，扎扎实实地逐步推向前进的。例如，农村改革试验区就起了这方面的作用。按照党中央、国务院部署，我国已在10个省、自治区建起14个规模不等、项目不同的农村改革试验区，目的是由领导和群众相结合，通过社会实践，取得信息，作为科学决策的依据，制定相应的试行章程和法规，使党和政府的政策具体化、完善化、制度化，并在实践中研究深化改革所遇到的各种矛盾，选择易于突破的环节，拓展改革成果，从而提高认识水平和农村工作的指导水平，积累推进改革的经验，而后向更大范围推广。从各试验区的内容看，有的是进行综合性的试验，有的进行的是某一方面的专项试验，涉及乡镇企业制度建设、农产品流通体制改革、金融体制改革、土地规模经营与现代化建设、乡村合作经济组织的完善、土地承包管理制度建设、国有农场和林业局体制改革等许多方面，既注意了改革成果的巩固，又注意到了对下一步改革的探索，收到了显著的成效。

第四节 创造性地贯彻政策

党的十二届三中全会通过的《中共中央关于经济体制改革的决定》指出："要解放思想，实事求是，一切从实际出发，把党的方针政策同各地区、各部门、各单位的实际密切结合起来，创造性地贯彻执行。"坚持从实际出发，创造性地贯彻执行政策，这是正确实施政策的基本原则，也是最根本的工作方法。

我们强调从实际出发，创造性地贯彻执行政策，这是由认识的特点所决定的。人类认识运动的基本途径，是从个别到一般，又从一般到个别。从个别到一般，这是认识的第一个环节。在实践中，人们总是同一个个的具体事物打交道，首先认识到的是各种事物的特殊本质，然后才有可能进行抽象的概括，上升到一般，认识诸种事物的共同本质。这是因为，一般并不是孤立存在的东西，它寓于个别之中，没有个别就没有一般，不认识个别就无从发现一般。因此，我们看问题不要从一般的定义出发，而应当从客观存在着的事实出发，从分析这些事实中找出一般性的方针、政策、办法来。从个别上升到一般以后，人们的认识并没有最后完成，还必须继续进行第二个认识环节，即再由一般到个别，也就是把已制定的方针、政策、办法，再回到个别和特殊中去。以一般性的认识为指导，对尚未认识或尚未完全认识的个别事物再进行调查研究，从而去检验，丰富和发展一般性的认识，修订、完善和发展我们的方针、政策、办法，以达到改造个别的目的。显然，解决好认识过程的第二个环节更加重要。因为一般来自个别，又不等于个别，也不能完全地包含个别，个别比一般丰富得多，复杂得多。每个个别事物中有共性，又都有自己的特性。以为只要掌握了一般规律，就能解决一切问题，那是不对的。列宁说过："任何一个一般的历史的理由，如果用在个别场合而不对该一场合的条件作特殊的分析，都会变成空话。”[①]就是说，在认识了一般以后，还必须回到个别和特殊中去，把一般与个别、特殊结合起来，从而找到解决各种问题的具体道路和方法。

列宁说过：“同样一个纲领性条文在不同的地区，由于生活条件、文化和社会力量对比的不同，运用的办法也不同。针对同样一个纲领性要求而进行的鼓动工作，也要适应所有这些差别而采取不同的方式和说法。……整个党、党的中央机关制定的是纲领和策略的共同的基本原则；至于实际贯彻和宣传这些原则的各种方式，则由隶属于中央的各党组织根据地区、种族、民族、文化等差别而自行规定。”[②]《中共中央关于各级领导干部要亲自动手起草重要文件，不要一切由秘书代劳的指示》（1981年5月7日）指出：“一般说来，中央的指示是面向全国的，是带有普遍意义的。其中，有的属于原则性的指示，只有和各地区、各部门、各单位的具体实际相结合，使之具体化，才能真正解决那里的问题；有的属于对某项工作的具体的指示、规定，也要由各地区、各部门、各单位提出实施的具体办法，才能有效地贯彻执行。因此，各级领导干部的重要职责，就是要善于把中央或上级的指示和本地区、本部门、本单位的实际结合起来，提出贯彻执行这些指示的具体意见和办法，并组织实施。他们的报告、讲话以及其他文件，都应当体现这种结合。今后，在中央做出原则性的指示以后，中央或国家机关的主管部门，应对负责执行的单位做出准确的解释，并提出相应的实施意见和办法。各地区在接到中央或上级部门的这些指示以后，要从当时当地的实际情况出发，提出本地区执行这些指示的意见和办法。只有这样，而不是照抄照转，我们党和国家的机器的各个环节才能正常地协调地运转起来，充分发挥各自的应有的作

① 《列宁全集》第 27 卷，第 34 页。

② 《列宁全集》第 7 卷，第 78—79 页。

用。”[1]革命导师的论述、我们党中央的指示，都极其深刻而又具体地指出了从实际出发，创造性地贯彻执行政策的重要意义。

坚持从实际出发，创造性地贯彻执行政策，应该做到以下几点：

第一，不当“收发室”，把原则领导和具体指导结合起来。

从一般到个别，应该是把党的方针政策同自己的实际情况很好地结合起来，根据实际情况把它具体化。不从实际出发，机械地照抄照转，满足于一般号召，以为文件发过了，原则话说过了，也就万事大吉了。这种认识是不对的。只作“收发室”“传声筒”，只讲套话，是不能解决任何问题的，政策的贯彻也就难免一般化，缺乏创造性。毛泽东早在五十多年前就尖锐地批评了这种现象。他指出，对待上级领导机关的指示，要根据实际情况进行讨论和审查，“盲目地表面上完全无异议地执行上级的指示，这不是真正在执行上级的指示，这是反对上级指示或者对上级指示怠工的最妙方法。”[2]邓小平也反复强调，“我们领导干部的责任，就是要把中央的指示、上级的指示同本单位的实际情况结合起来，分析问题，解决问题，不能当‘收发室’，简单地照抄照转。”[3]

要把党的方针政策落到实处，就必须把原则领导和具体指导很好地结合起来。这里所说的原则领导，绝不是指上边说过的那种照抄照转上级的文件，不研究实际情况，轻率地下指令、做决定的领导，而是指领导者认真对待党的方针政策，经过周密的调查、思考和讨论，提出切实可行的主张和办法，发动大家去干。这里所说的具体指导，也不是指领导越俎代庖，把什么事情都死死地抓在自己手里，而是指领导者对任何重大政策的贯彻执行，都要搞典型示范，对工作中出现的偏差、困难、阻力，下面的干部和群众提出的问题、要求，都要责

① 《三中全会以来重要文献选编》下册，第 779 页。

② 《毛泽东农村调查文集》第 3 页。

③ 《邓小平文选》第 133 页。

成负责部门或亲自出面及时加以解决。只有这两方面结合好了，党的方针政策才能顺利地贯彻。实践证明，只有原则领导，没有具体指导，就难免当“传声筒”，发生官僚主义；而只有具体指导，没有原则领导，又难免陷入事务主义。

第二，不搞“一刀切”，坚持因地制宜。

用不同的方法去解决不同的矛盾，这是唯物主义者应当遵循的一个基本原则。由于各地方、各部门、各单位的情况千差万别，它们的发展又是千变万化的，因此贯彻党的方针政策，必须从客观实际出发，注意每一具体事物的特殊性，对症下药，个别指导。执行政策中的“一刀切”，则不顾条件、不分差别、强求一律，把复杂的工作简单化，就难免出现瞎指挥。“一刀切”的工作方法曾经给我们的事业造成过巨大的损失。20世纪50年代后期，这种方法就开始流行。一说人民公社化，千万个高级社在几个晚上就“化”为“一大二公”；一说改造城镇个体经济，千万家小商小贩和个体劳动者又在短时间内都进入了全民和集体企业。十年内乱时期，农业生产上推行“一刀切”的政策，更是带来了严重的后果。就是在今天，这种动辄“一刀切”“一哄而起”“一阵风”的工作作风和工作方法，也是屡见不鲜的。例如，中央文件提出，要逐步实行土地适度规模经营，深化农村改革。这是一项重要政策。但是，北京市房山区某村在搞规模经营时，却受到群众的强烈反对。1987年9月初，村上决定，除每人抓阄留五分口粮田外，其余田全部收归集体经营。群众不愿抓阄，队长非叫抓不可，眼看到了种麦时节，闹得人心惶惶，地都无心种了。① 为什么群众反对这样搞呢？这是因为该村缺乏搞土地适度规模经营的条件，脱离耕地的农村劳动力少（仅有10%），村里经济实力薄弱，群众又没有这个要求。可见，如果不因地制宜，搞什么“闻风而动”“一哄而上”，其结果，就会破坏党的政策，造成群众思想混

① 见1987年9月14日《人民日报》第1版。

乱。因此，我们对于党的方针政策，既要有原则的坚定性，不能借口情况特殊而不去执行；又要有因地制宜的灵活性，在具体要求、部署和做法上有自己的特殊性。

第三，吃透“两头”，在“结合”上下功夫。

所谓吃透“两头”，就是“掌握政策，了解情况”，即一方面吃透中央和上级的政策、指示，另一方面吃透本地区、本部门、本单位的实际，并善于把两头结合起来。陈云讲过一段非常深刻的话：“只谈路线，不了解具体情况，是空谈。只知道具体情况，不了解路线，是盲目。”[①]就是说，只有对党的路线、方针、政策有正确的了解，又对实际有切实的掌握，才可能使党的路线、方针、政策得到全面、正确的贯彻。

吃透中央和上级的政策，就是要在科学分析的基础上，分清哪些是具有普遍指导意义的，哪些仅有个别指导意义。当然，这些划分只具有相对的意义，由于事物之间联系的复杂性，即使中央的某个具体指示，也并非同其他单位毫不相干；况且，不论何种类型的指示，作为中央来说，一般都是原则性的指示，都需要地方、部门、单位结合自己的实际，加以具体化，创造性地贯彻执行。吃透中央和上级的政策，还要真正做到融会贯通，准确地掌握，并且划清政策界限。

吃透“两头”是把政策具体化的两个基本环节，这两个环节又是相互渗透、相互影响的。我们知道，调查研究是制定政策的前提和基础。同样，调查研究又是贯彻执行政策的重要条件，是吃透实际一头的基本方法。一般说来，领导者对于所辖范围的实际都会有所了解。但是，要使某项政策具体化，只停留在对客观实际的一般的了解上就很不够了，而需要有对某个或者某些实际问题的更具体、更深入的了解。了解的办法就是调查研究。只有经过深入的调查研究，才能找准个性，了解本地区、本部门、本单位的具体情况，才能发现问题，正

①《陈云文选（1926—1949年）》第153页。

确地运用政策解决问题。这里的调查研究不是一般性的，而是在认真学习中央和上级政策的基础上，根据它所提出的问题，进行有目的、有针对性的调查研究。吃透政策和实际，进行正确的结合，是一项艰苦的工作，必须花气力、下功夫，那种图省事、找捷径的做法，是解决不了问题的。

坚持从实际出发，创造性地贯彻执行政策，还应注意弄清这两个问题：

一是不能把从实际出发同贯彻政策原则对立起来。党的方针政策是从实践中总结出来的，是经验的结晶，具有普遍的指导意义。我们强调一切从实际出发，按实际情况办事，指的是对于方针政策不能简单地照搬，而要仔细地研究自己的实际情况，把具有普遍意义的东西同自己的实际情况结合起来，是为了更好地贯彻方针政策。如果把一切从实际出发、按实际情况办事，当成拒绝方针政策的借口，那是非常错误的。

二是不能把从实际出发贯彻政策与在政治上同中央保持一致对立起来。《中共中央关于整党的决定》（1983年10月11日）中明确指出："在政治上同中央保持一致，就要把中央的路线、方针和政策同本地区、本部门、本单位的具体实际结合起来，充分发挥自己的积极性和创造性，独立负责地进行工作。""这样，才能保证中央的路线、方针和政策的正确执行，也才能不断地用新的实践经验来丰富、发展它们，把党的事业推向前进。"这就是说，从实际出发贯彻政策同中央保持一致是一回事，而绝不是对立的两回事。我们各级领导同志，必须善于创造性地思维，善于在党的总的方针、政策的指导下，结合自己的实际情况，制定一些切实可行的措施和一些必要的补充规定，以增强政策的针对性和适用性。这就是工作的创造精神。只有善于从实际中探索并总结新鲜经验，得出新的结论，增强思维的创造性，才能真正同中央保持一致。

要做到从实际出发，创造性地贯彻执行政策，必然要制定一些具体的办法、措施，但这应与人们常说的"土政策"区别开来。所谓

“土政策”，指的是那些违背政策基本精神的规定。例如，从1982年到1986年，中央连续发了五个“一号文件”，制定了一系列正确的方针政策，指导农村改革的不断深入和商品经济的发展。这些年，每当中央一号文件发出后，一些地方或部门也发出了相应的文件，其中大部分是好的，也有少数地方或部门的文件没有体现改革精神，把那些与农村改革不相适应的条条框框，改换了个形式又拿出来，给全面贯彻中央一号文件的精神增加了难度，因而被农民称作“二号文件”。农民说。“一号文件像太阳，照到哪里哪里亮；二号文件像月亮，初一、十五不一样。”这种“二号文件”，就是“土政策”。创造性地贯彻执行政策，与“土政策”有着明显的区别。

从制定上来说，创造性地贯彻执行政策，要求真正吃透“两头”，因此它的一些办法、措施，是“两头”结合的结果，是实事求是的思想路线的产物；而“土政策”的制定则有很大的随意性，是从局部的、眼前的利益出发的，往往是少数人关在屋子里想出来的。

从内容上来说，创造性地贯彻执行政策，它的一些办法、措施，既符合当地实际，也符合政策的基本精神，因而能受到群众的拥护，有利于政策的实施；而“土政策”则违背了政策精神，或是对政策的歪曲，即使主观上也想促进政策的贯彻，但难免南辕北辙，客观上影响政策的落实。

从执行上来看，创造性地贯彻执行政策，要求有一套好的工作作风和工作方法，注意向群众进行深入细致的思想工作，并且认真研究、解决执行中出现的问题；而“土政策”由于违背了政策精神，违反了群众的意愿，所以得不到群众的拥护，难以贯彻下去，要贯彻，就只得搞强迫命令。因此，“土政策”往往与简单粗暴的工作作风联系在一起。

总之，创造性地贯彻执行政策不是一件容易的事，不是乱搞新套套，需要我们花很大的气力，从实际出发认真落实，并在实践中去充实、丰富党的方针政策。

第五节　政策与方法

要正确地贯彻执行政策，必须十分注意工作方法问题。我们所强调的领导与群众结合、一般与个别结合、关心群众生活等，都是最基本的工作方法，应该认真坚持。由于方法问题的重要性，这里我们再着重谈谈。

毛泽东对于政策与方法的关系有过精辟的论述。他在革命战争年代就指出："领导工作不仅要解决方针政策，还要制定正确的工作方法。有了正确的方针政策，如果在工作方法上疏忽了，还是要发生问题。"①他还曾用过河要有桥或船的形象比喻，生动而又深刻地说明了解决方法问题对于完成任务、贯彻政策的重要性。他说："我们不但要提出任务，而且要解决完成任务的方法问题。我们的任务是过河，但是没有桥或没有船就不能过。不解决桥或船的问题，过河就是一句空话。不解决方法问题，任务也只是瞎说一顿。"②

我们党历来重视工作方法问题。在革命和建设发展的各个历史时期，每当我们党提出新的战斗任务、制定重大方针政策的时候，都要强调工作方法问题。我们在制定重要政策时，往往同时提出贯彻执行政策的主要的工作方法。

从实际的工作情况来看，有没有科学的方法，对于我们能否正确地贯彻执行政策，关系极大。我们有些干部，热情高，干劲足，一心一意想把政策贯彻好，可是由于工作方法不对头，往往是心也操了，劲也费了，结果事与愿违，适得其反。这方面的教训很多，过去有，现在也不少。1981年，国务院发出了关于制止农村建房侵占耕地的

① 《毛泽东选集》第1330页。

② 《毛泽东选集》第125页。

“紧急通知”，阻止侵占耕地建房，要求制订村镇建设规划。这无疑是符合农民利益，得到群众拥护的一项好政策。1984年7月22日《人民日报》第1版，以《百余间住房5天平毁　苦庄村农民怨声载道》为题，刊登了河南封丘县强迫农民拆房，却把好政策办成了损害群众利益的蠢事，对我们是有启发的。

1984年5月13日，工作组进驻封丘县苦庄村，他们不顾农民的实际困难，要求35户农民立即拆除1981年国务院“紧急通知”下达以来未经审批修建的100余间住房，限期3天，如逾期不拆或拆不干净，就强行拆除并罚款。群众慌忙动手拆房。100多间住房在5天内全部平毁。许多农民痛哭着把墙整堵推倒，有的连粗重家什也没顾得全部搬出。房子拆除后，有的暂借房屋居住，有7户在砖瓦堆旁搭小棚栖身，刚收的麦子都无处堆放。接着，工作组又重新划分宅基地，35个拆房户中的30户又得到了新划的宅基地，其中6户竟在平毁房屋的原地没动，4户划在别人刚拆过房的地方。此外，工作组还用极简单的办法制订了一个大拆大动的村镇规划，并立即实施。5月底工作组撤离以前，苦庄已“冲”出四条横平竖直的街道，又拆毁住房14间，刨树300余棵。照规划建设，全村90％的房子都得拆掉重盖。苦庄等地问题发生后，封丘县领导主动承担了责任，及时采取措施，制止住了滥拆房子风，并拨出专款，帮助已拆房屋的群众重建房屋。封丘为什么会发生这样的事呢？主要原因是封丘的一些同志，在工作中不从实际出发，不尊重群众的意见，强迫命令，专横粗暴，瞎指挥。这件事说明，有了好的政策之后，还必须有正确的工作方法。工作方法不对头，好政策被搞歪了也会结出苦果子。

在贯彻执行政策中注意工作方法，就是要坚持辩证唯物主义的思想方法和工作方法。毛泽东把辩证唯物主义和历史唯物主义应用于无产阶级政党的全部工作，在中国革命的长期艰苦斗争中形成了具有中国共产党人特色的立场、观点和方法，丰富和发展了马列主义。这种立场、观点和方法的基本方面就是实事求是、群众路线和独立自主。

《关于党的政治生活的若干准则》指出："我们党一贯倡导的辩证唯物主义的思想方法和工作方法，其根本点就是一切从实际出发，理论联系实际，实事求是。"思想方法是认识世界的方法，是观察、分析和研究问题的基本方法。按照客观世界的本来面目反映世界，对具体情况具体分析，研究问题忌带主观性、片面性和表面性、死板和僵化等，都是对科学的思想方法的概括。工作方法是改造世界的方法，是实践的方法。按照实际情况决定工作方针，坚持一般号召与个别指导相结合，领导与群众相结合，抓点带面，从群众中来到群众中去等，都是对科学工作方法的概括。在哲学方法论中，思想方法和工作方法又是紧密联系、相互渗透的。思想方法决定工作方法，工作方法是思想方法的体现，工作经验又会进一步丰富思想方法的内容。

坚持辩证唯物主义的思想方法和工作方法，必须反对主观主义和形而上学的思想方法和工作方法。主观主义和形而上学的思想方法和工作方法的主要特点，就是主观和客观相分裂，认识和实践相脱离。例如，在贯彻执行政策中，不是从实际出发，而是从主观想象出发，搞"本本主义"；往往不作具体分析，好搞"一刀切"、绝对化、片面性、走极端；脱离群众，强迫命令，蛮横粗暴，等等。这种反科学的思想方法和工作方法，严重地妨碍着正确政策的贯彻执行，对我们的事业危害极大，必须坚决克服。

在贯彻执行政策中注意工作方法，一个重要的问题，是要正确地认识和处理好任务、政策与方法之间的关系。在有些干部看来，政策、方法与任务是对立的，要执行政策、讲究方法，就不能完成任务；要完成任务就无法执行政策，难以讲究方法，往往是任务一紧，就不注意政策，不讲究工作方法。这种认识和做法都是片面的不正确的。政策、方法与任务是紧密联系的，党的政策是为实现党的任务而制定的，同时又是衡量党的任务完成得好坏的主要标志。党的任何一项任务，只有依赖于一定的政策、依赖于正确的工作方法，才能完成。因此，三者是互相联系、完全一致的关系。政策、方法的作用，不是束缚人们的手脚，妨碍任务的完成，相反，它能从根本上调动人们完成任务的积极性和主动性。毛泽东1942年给南汉宸的一封信中说道：“请你写的东西不知着手否？我要的是关于粮草、税收、金融、贸易四部分，每样都要说政策，说工作，是向广大的干部说话，使他们看了懂得政策的方向，懂得工作的作法。”①（着重号原有——引者注）这就指出了任务、政策、方法之间的辩证关系。大量事实证明，哪一项工作任务完成得好，哪一项工作的政策就一定执行得好，同时工作方法也是正确的；哪一项工作完成得不好，或者是没有认真执行有关政策，或者是没有注意工作方法。

正确处理政策、方法与任务的关系，有这么几点需要注意：

其一，确定任务要恰当。如果确定的任务过大，要求过急，超过了实际的可能性，而又一定要强调非完成任务不可，那就容易出现强迫命令一类的粗暴做法，影响政策的正确执行。在这种情况下，就需要我们从实际出发，研究修改已定的任务，然后保证其完成。

其二，要克服单纯任务观点。有时政策是正确的，任务也是恰当的，但由于作具体工作的干部有单纯的任务观点，不懂得依靠群众，发动群众，用政策武装群众，而是强迫命令，包办代替，往往把事情办糟。这就要求我们克服单纯的任务观点，改进思想方法和工作方法，改变工作作风，善于把政策和任务交给群众，切实把思想工作做深做细，在启发群众自觉的基础上完成任务。

其三，要开动脑筋，努力完成任务。在有的情况下，任务是恰当的，政策是明确的，方法也是对头的，但要完成任务，也需要花气力，不是轻而易举就能奏效的，这就必须开动脑筋，从多方面做工作，以保证任务的完成。例如在农村实行计划生育，不少地方难度很大，基层干部普遍感到头痛；如果来硬的，强迫命令，则违反政策；如果光讲道理，等待群众觉悟，则又完不成任务。为什么会出现这种

①《毛泽东书信选集》第209页。

状况呢？主要是这些干部把计划生育工作看得太简单。有些地方计划生育工作搞不上去，固然有“多子多福”“重男轻女”等传统观念的影响，也有不少实际问题。例如，农村实行经营承包责任制后家庭对劳动力的需求；还有的是计划生育手术不过关，留的后遗症多；有的是奖罚政策不兑现，群众有意见；有的是“五保户”问题解决得不好，一些农民有后顾之忧，等等。因此，必须从多方面做工作，既进行细致的思想教育，又切实地解决具体问题，才能真正搞好计划生育工作。

第九章

善于把政策变为群众的行动

我们共产党人所从事的一切事业，都是人民群众的事业，都依赖于和决定于人民群众的自觉与自动，否则就将一事无成。同样，我们的一切方针政策，不论如何正确，要是没有广大群众的直接的拥护和坚决的贯彻，也都是无法实现的。因此，必须“善于把党的政策变为群众的行动，善于使我们的每一个运动，每一个斗争，不但领导干部懂得，而且广大的群众都能懂得，都能掌握，这是一项马克思列宁主义的领导艺术。我们的工作犯不犯错误，其界限也在这里”[①]。

第一节　贯彻政策要走群众路线

前面第七章讲过，群众路线是我党制定政策的根本方法。这只是就制定政策而言，只说了群众路线在制定政策中的地位和作用。应该明确的是，群众路线同时也是我们党贯彻政策的根本方法。

群众路线就是一切为了群众，一切依靠群众，从群众中来，到群众中去。这是把马克思主义关于人民群众创造历史的科学原理系统地运用于党的全部活动中，完成党的一切工作任务的基本路线和基本方

① 《毛泽东选集》第 1214—1215 页。

法。制定政策的过程，就是“从群众中来”的过程，它是认识的第一阶段。但是，认识的过程还没有完结，还要经过第二个阶段，即“到群众中去”。所谓“到群众中去”，就是把从群众中集中起来的方针、政策、计划、方法等，再回到群众中去，让群众照着去办，变为实际行动，使它得到检验、丰富、发展和完善。因此，制定政策要依靠群众，走群众路线，贯彻执行政策也必须依靠群众，走群众路线。

在我们一些地方的领导机关中，有的人认为，党的政策只要领导人知道就行，不需要让群众知道，有时他们主观上也要大家动手去做，但又不让大家知道要做的是怎么一回事，应当怎样去做。这也是我们一些政策不能够很好贯彻的基本原因之一。解决这个问题，从根本上说，必须树立相信群众、依靠群众的观点。相信群众、依靠群众是我们党一切工作的出发点，是党的群众路线的核心内容。马克思主义认为，人民群众是历史的创造者，人民群众能够自己解放自己，必须反对一切轻视人民群众的观点。我们党一贯反对只靠少数人冷冷清清地做工作。道理很简单，做一件事情，不让大家知道要做的是怎么一回事，应当怎样做，大家就不能动起来，就不能发挥积极性和创造力。这样，事情一定办不好。毛泽东指出：“我们的政策，不光要使领导者知道，干部知道，还要使广大的群众知道。……群众知道了真理，有了共同的目的，就会齐心来做。……群众齐心了，一切事情就好办了。马克思主义的基本原则，就是要使群众认识自己的利益，并且团结起来，为自己的利益而奋斗。”[①]实践证明，只要我们真心实意地相信群众，坚定不移地依靠群众，大胆地充分地发动群众，党的正确的路线、方针、政策就会变为群众的自觉行动，我们就能战胜一切困难，不断前进。20世纪60年代初，我国国民经济虽然发生了严重困难，但由于党中央坚定地相信和依靠人民群众，放手发动群众，认真贯彻“调整、巩固、充实、提高”的方针，调动了群众的积极性和创

① 《毛泽东选集》第1213页。

造性，结果我们在较短的时间里就克服了困难，胜利地完成了国民经济调整的任务。党的十一届三中全会以后，党中央也是这样坚定地相信和依靠全国人民群众，把我国国民经济面临的困难和调整的任务都如实地告诉了群众，用党的路线、方针、政策极大地调动了群众的积极性，使我国的工农业生产比预料发展得更快更好。这些，都是我们依靠广大群众贯彻执行政策的结果。

人民群众自己的解放，只有人民群众自己起来斗争，自己起来争取，才能获得，才能保持与巩固。任何恩赐的观点，代替群众斗争的观点，都是错误的。那种只靠少数人发号施令，只靠少数人冷冷清清地做工作的坏风气，是会妨碍政策的贯彻执行的。新中国成立初期，我们有些土改工作队新到农村开展土改工作，在没有充分发动群众，地主势力没有明显打垮的情况下，就急急忙忙分浮财、分土地，结果有的农民白天分到东西，晚上又偷偷地把东西送回地主家中。这说明，党的政策还没有变为群众的行动，群众并没有真正发动起来，并不是自觉自愿的。这样即使分了土地，工作必然还会出现反复。因此，一切为群众的工作，都要从群众的需要出发，而不能从任何良好的个人愿望出发。有许多时候，群众在客观上虽然有了某种改革的需要，但在他们的主观上还没有这种觉悟，群众还没有决心，还不愿实行改革，我们就要耐心地等待。直到经过我们的工作，群众的多数有了觉悟，有了决心，自愿实行改革，才去实行这种改革，否则就会脱离群众。凡是需要群众参加的工作，如果没有群众的自觉和自愿，就会流于徒有形式而失败。

从领导者来说，贯彻政策必须把政策交给群众；从人民群众来说，由于我们党和政府的政策都是从人民群众的根本利益出发而制定的，因此，人民群众也有了解、掌握政策的强烈要求。我们有些干部则无视群众的这一要求。党的十三大结束后不久，河北省邢台地委宣传部和南和县的负责同志与农民对话，南和县农民对本县一些村干部不及时传达上级政策提出尖锐的批评。东韩村一位农民说：中央每年对农业问题都下个文件，可是文件上讲的是啥精神，村干部也不开个群众会传达传达，加上村里报纸少看不到，农民文化低理解不了，精神咋能摸得准。结果是：党的政策传不下去，小道的消息则把农民都传迷糊了。什么土地要收归集体种啦，归种田大户啦……传得农民心神不定。地虽然没收归集体种，农民的心却被搅乱了。现在农民是一边看，一边干，一边怕，心里老是不踏实。这次贯彻十三大精神，可不能像以前那样了。县委王副书记问："听村干部讲，现在村里开不成群众会，说是群众不愿参加。"北关村党支部副书记、村委会主任说："国家大事关系着家庭大事，谁都愿到会听听。实际上，不是群众不听会，而是干部不开会。"辛庄村一个姓何的农民说，现在有的村干部只开提留会、征购会，就是不开"政策会"，有的认为让群众知道了上边的政策，他们就不好搞"土政策"捏群众了[①]。我们的干部必须看到群众渴望了解政策的要求，积极地向群众宣传政策，用政策武装群众，发动群众，组织群众。一项政策下来后，领导者必须向其所管辖范围内的广大干部和群众进行传达部署和宣传解释的工作，使所有执行者能全面正确地理解政策的基本精神和要求，尤其在传达部署和宣传解释群众切身利益密切相关的党和国家的重大方针政策时，更应做到家喻户晓，人人明白。

群众不仅迫切要求掌握政策，而且也完全能够掌握政策。那种认为只有干部能够掌握政策、群众是不能掌握政策的认识，是不相信群众的反映，当然是错误的。应该看到，党的政策是党把群众的智慧、经验、要求、愿望集中起来，经过分析研究、综合加工而形成的。这样形成的政策，任何一项都包括有群众自己的意见，群众也就一定能够掌握政策，而且还能根据自己的经验和当地的实际情况，找出执行的最好方法。所以，我们一定要把政策交给群众，相信群众一定能够掌握政策。一些脱离实际、脱离群众的人把政策看得很神秘，似乎没

---

① 见 1987 年 11 月 13 日《人民日报》第 1 版。

有很高的文化水平和理论水平的人是不能掌握政策的。其实相反，群众是社会实践的主体，理论来于实践，智慧来于实践，群众不是比干部愚昧，而是比干部高明。任何复杂的政策，只要我们向群众交代清楚，群众往往比我们某些缺乏实践经验的干部接受得更快，掌握得更好。毛泽东曾对《晋绥日报》编辑人员说：你们对于1933年制定的《怎样划分农村阶级》的小册子，就看不大懂。这一点，农民比你们强，只要给他们一说就都懂得了。崞县两个区的农民180多人，开了五天会，解决了分配土地中的许多问题。假若你们的编辑部讨论这些问题，恐怕两个星期也解决不了。原因很简单，那些问题你们不懂得。

第二节　政策的宣传教育

我们的政策虽然是从群众中来的，是和群众的根本利益和愿望相一致的，但由于它是系统化、集中化了的群众意见，因此它同群众中的一些具体认识就有一定的差别，不一定会立即被所有的群众所理解、所接受。据中国社会调查系统1987年两次民意调查，反映出一些群众对近几年出台的一些改革政策缺乏足够的理解。如不了解中外合资经营政策、经济特区政策、租赁承包制的人竟分别占被调查者的59.1%、56.3%和44%。[①]因此，要使群众接受我们的政策，并化为实际行动，就需要作艰苦细致的宣传动员和解释教育工作。

在我国古代，统治者也很重视国家法令和政策的宣传。先秦思想家荀子就曾指出，君主治理国家的重要方法之一，就是公开宣传自己的政治主张和政策法律。他再三强调“主道利明不利幽，利宣不利周”，主张人主之道宜宣明而不宜隐秘。他说：“起于上所以导于

① 见1987年8月18日《人民日报》第1版。

下，政令是也。”[①]“绳墨诚陈矣，则不可欺以曲直；衡诚县矣，则不可欺以轻重；规矩诚设矣，则不可欺以方圆。”[②]韩非也主张“法莫如显”，“明主言法，则境内卑贱莫不闻知矣，不独满于堂”[③]。他又说：“法者，编著之图籍，设之于官府，而布之于百姓者也。”就是说应把法令制度编成图表，写成文件公之于众，让人们都知道。我们共产党人的一切事业，都是人民的事业，都是建立在相信和依靠人民群众的基础之上的。因此，我们今天的政策宣传，与古代封建专制政权的做法有着根本的区别。列宁指出：“任何负有远大使命的政党的第一个任务，都是说服大多数人民，使他们相信这个党的纲领和策略正确。”[④]毛泽东曾经说过，在每一行动之前，必须向党员和群众讲明我们按情况规定的政策。否则，党员和群众就会脱离我们政策的领导而盲目行动，执行错误的政策。他指出：“任何政策，如果只作简单的说明，即不能动员党与群众，从事正确的实践。”[⑤]实践证明，党的政策一旦深入人心，一旦被群众掌握，就会极大地调动群众的积极性，创造出巨大的物质财富和精神财富。

政策的宣传教育，贯穿在贯彻执行政策的各个环节，需要紧密联系实际进行。

当某项政策下达之后，就要采取多种形式，如会议传达、政策报告等，及时地把政策传播出去，让应该知道的人都尽快地知道。有些重大政策需要做到家喻户晓，还可广泛使用各种新闻媒介，向社会各界直接宣布或公开传达。应该看到，仅仅让人们知道某项政策，还不能够变成有关人员去实现政策目标的实际行动，而必须通过深入、系统的宣传动员，让他们弄清制定该项政策的背景、理论依据、目的

① 《荀子·非相》。

② 《荀子·礼论》。

③ 《韩非子·难三》。

④ 《列宁选集》第3卷，第495页。

⑤ 《毛泽东书信选集》第296页。

和意义。还应看到，任何一项政策，都有严格的执行范围和界限。领导者在传达部署和宣传解释时，必须弄清这一政策的作用范围，并向广大干部和群众讲清实施这一政策的制约条件、合理限度以及与其他政策规定的关系等，防止对政策的片面理解。在政策的宣传教育中，任何干部，既不能怕麻烦，敷敷衍衍，马马虎虎，也不能各取所需，歪曲政策精神，或只把自己有兴趣的政策告诉群众，而必须不折不扣地、原原本本地交给群众。所谓不折不扣、原原本本传达政策，绝不是照本宣科，而是要求领导者结合本地区、本部门、本单位的实际情况，既讲明政策的内容及要达到的目标，又讲明实施这一政策的具体步骤、方法和要求。这样，才能使广大干部和群众真正把自己的思想及行动统一到所要实施的政策上来，做到心往一处想，劲往一处使。

在政策的执行过程中，同样要重视宣传教育工作。在这个过程中，会出现不少矛盾和问题。很多政策直接关系到千家万户的切身利益，一些新的情况出现后，群众往往会有这样那样的顾虑和担忧，甚至可能产生一些谣传，谣言的传播会在群众中造成恐慌。这就需要抓住人们普遍关心的问题，宣传解释政策，做好工作，既保证政策的顺利贯彻，又起到稳定人心的作用。在政策执行中，有的地方可能对政策发生曲解，贯彻中出现这样那样的偏差。这些都是不奇怪的，有时也是难以完全避免的。领导者必须重视这些问题，给予正确的解答和引导，帮助下面正确地理解和执行政策。

在重大政策的变动时期，更要注意抓好政策的宣传教育工作。人的认识总是落后于实际的。一项政策经过长期的宣传和实行，往往会变成一种习惯的力量。当客观情况发生推移变化之后，当实践已经证明某些政策是错误的或者是过时的之后，有些人还会留恋以致坚持这些错误的或过时的政策，对于新的政策则不适应，不习惯。有时候，经过一番实践和思想斗争，突破了一种框框，又会形成另一种新框框，又需要加以突破。这在历史转变时期尤其如此。列宁在《论口号》一文中指出："在历史急剧转变的关头，往往连先进的政党也会在相当一段时间内不能理解新的局势而重复旧的口号，这些口号在昨天是正确的，但在今天已经失去任何意义。历史的转变来得如此‘突然’，这些口号也是如此‘突然’就失去了意义。”[①]这就是习惯的力量。毛泽东指出：“现状和习惯往往容易把人们的头脑束缚得紧紧的，即使是革命者有时也不能免。”[②]从十年内战到抗日战争，从革命战争到和平建设，我们党内都有不少同志在这种大转变的时刻跟不上形势，对党适应新的情况提出的路线、方针、政策一时不理解。党的十一届三中全会做出了把工作重点转移到社会主义现代化建设上来的决定，这是我党历史上又一次伟大的历史性转变。在这个转变过程中，一些同志还不能完全摆脱过去“左”倾错误的影响，有意无意地要回到“以阶级斗争为纲”的老路上去，因此，对于党中央的一些重大决策接受不了，甚至格格不入。这就需要加强政策的宣传教育工作，统一人们的认识。例如，党中央适应情况变化，决定对多年来遵守政府法令、老实劳动、不做坏事的地主、富农分子以及反、坏分子摘掉帽子，给予农村人民公社社员的待遇。同时规定，对地主、富农家庭出身的农村人民公社社员，他们本人的成分定为公社社员，享有同其他社员一样的待遇；对地主、富农家庭出身的社员的子女，他们的家庭出身定为社员，不再定为地主、富农家庭出身。这是我国政治生活中的一件大事。但由于我们在过去较长一段时间里，对现实阶级斗争缺乏实事求是的分析，“文化大革命”中林彪、“四人帮”鼓吹“阶级斗争就是一切”，搞反动的血统论，混淆两类不同性质矛盾，造成阶级斗争扩大化，搅乱了人们的思想，因此贯彻落实这一政策，必须着重抓好宣传教育工作，把人们的思想认识统一到党的政策上来。按照党中央的部署，各地广泛深入地宣传党的改造地、富、反、坏分子政策的伟大胜利，宣传党中央决定的伟大意义，教育各级干部

---

① 《列宁全集》第 25 卷，第 173 页。

② 《毛泽东选集》第 838 页。

特别是领导干部解放思想，防止和克服宁“左”勿“右”，“左”比“右”好的错误思想，大胆落实党的政策，正确对待摘掉帽子和新定成分的人。由于宣传教育工作做得比较深、比较细，保证了这一政策的顺利贯彻。

进行政策的宣传教育，必须注意做到准确、全面、完整。所谓准确，就是要吃透政策精神，准确地向人们宣传政策的内容，不能各取所需，也不能凭印象出发，把感想当政策，特别是一些重大的政策界限，更要正确地向群众宣讲，不能含含糊糊，似是而非，也不能简单化。例如，整顿市场管理，反对那些哄抬物价、欺行霸市的“倒爷”，有的则把个体经济等同于“倒爷”，混淆了政策界限。准确地宣传政策，不仅是让干部群众弄清政策实质，划清政策界限，而且要教育干部群众从我们党和国家的总目标、总任务出发对待政策，正确处理和协调集体利益和个人利益的关系。例如，我们在改革中制定政策、措施，出发点都是为了有利于发展生产力，这是全国人民的根本利益所在。但是，不是每一项改革的政策、措施都能使每一个人得到目前利益的，有时候，有的人的利益会暂时受到一些影响。常常有这样的情况，当改革深入发展，影响到某些人的既得利益和权利的时候，我们就会看到，一时的狭隘的利益、个人的自私的动机同全社会的利益、同劳动人民长远利益的矛盾就浮到表面上来了，成为改革的思想阻力，从而影响正确的政策、措施的贯彻落实。因此，必须教育干部群众站得高一些，看得远一些，胸怀全局，正确处理集体利益和个人利益的关系，自觉地执行政策。

所谓全面、完整，就是运用辩证的思维，把握政策的各个要点、各个方面，使干部群众对政策有一个完整的了解，不能忘记了同其他方面的联系而孤立地强调一方。拿生产和消费的关系来说，生产决定消费，消费反过来又可以促进生产。这是马克思主义的基本原理。随着生产的发展，我们适当提倡和引导群众进行合理的消费是必须的。但如果宣传过了头，就会适得其反。例如在一段时间，一些报刊的文章宣传“能挣会花”，有的认为无产阶级也要讲“吃喝玩乐”，等等。这种片面性的宣传，在某种程度上是脱离现实的，也带来了不良的后果。在有关方针政策的宣传中，要克服片面性，防止左右摇摆，防止从一个极端走向另一个极端，就要防止一种倾向掩盖另一种倾向，并注意政策的连续性，宣传党的具体政策不要离开党的总路线、总政策。

进行政策的宣传教育，特别要重视发挥报纸的作用。毛泽东在1948年《对晋绥日报编辑人员的谈话》中，一再强调报纸在政策宣传中的这种作用。他说：“有关政策的问题，一般地都应当在党的报纸上或者刊物上进行宣传。我们正在进行土地制度的改革。有关土地改革的各项政策，都应当在报上发表，在电台广播，使广大群众能都知道。”“报纸的作用和力量，就在它能使党的纲领路线，方针政策，工作任务和工作方法，最迅速最广泛地同群众见面。”“办好报纸，把报纸办得引人入胜，在报纸上正确地宣传党的方针政策，通过报纸加强党和群众的联系，这是党的工作中的一项不可小看的、有重大原则意义的问题。”①今天，我们进行政策宣传教育的方式很多，但由于报纸特别是党报，政策宣传比较迅速及时，权威可靠，并拥有广大读者，因此仍然是一个极其重要的阵地。

利用报纸宣传政策，形式也不少，例如可以用“政策信息”专栏，及时传递各种最新的政策信息；用“政策问答”专栏，及时回答读者对政策的各种疑难问题；用消息、通讯、专访，及时报道学习、贯彻、执行政策的动态、经验、典型；还可以用各种言论论述政策执行中的重大问题，鲜明地提倡好的，批评差的、错的东西；用“群众来信”反映下面执行政策中发生的问题以及群众的看法、议论、褒贬。这里，尤应重视开展政策讨论这种形式。

在报纸上组织开展政策讨论，可以是就某项具体政策的理解、掌

① 《毛泽东选集》第1213页、1214页。

握而进行，可以是就执行政策中出现的问题而进行，也可以是围绕某件事、某个人而进行等。“灯不拨不亮，理不辩不明”。通过政策讨论，鼓励不同的看法、意见争鸣，可以使广大干部和群众对客观情况有比较全面的了解，同时学会观察形势、掌握政策的一些基本的思想方法，正确认识支流和主流，局部和全局，眼前和长远，个人利益、集体利益和国家利益等关系，纠正糊涂的或错误的认识，把大家的思想统一到政策上来。例如，企业普遍实行承包、租赁经营后，有的地方出现了与上级单位签订的合同不能兑现的问题。不能兑现的主要原因，是承包者、承租者的收入高，与本企业职工收入差距过大，人们看法不一致。这个问题带有普遍性。东北有一家小厂的厂长，租赁后使该厂由原来年赢利只有几千元搞到年赢利23万元，自己也应得好几万元。厂长是否该拿这笔钱？人们议论纷纷，合同不能兑现。《经济日报》抓住这个问题，从1987年底开展政策讨论。这场讨论引起社会广泛注意，共收到近千封读者来信。讨论的实际意义，不再只是争论一个厂长的高额奖金该不该拿的问题，而是对于社会主义初级阶段中许多现象的探索和认识，如什么是社会公平，什么是平均主义，什么是租赁经营报酬，什么又是按劳分配为主的多种分配形式等。讨论的结果，使人们的思想观念得到了很大解放，不仅认识到“承包者高收入”这个禁区必须打破，而且增强了法制观念、政策观念。[①]

解决群众在政策上的思想问题、认识问题，必须贯彻民主的原则，坚持说服教育，因势利导。压制民主，采取强制的办法，搞什么“我说你听，我打你通”，方法虽然简便，但不会收到好的效果。斯大林指出：“党应当每天每天取得无产阶级群众的信任，应当以自己的政策和工作博得群众的拥护，党不应当命令群众，而首先应当说服群众，使群众易于根据本身经验来认识党的政策的正确，所以它应当

① 参见《一笔奖金和千封来信》，1988年1月14日《经济日报》第1版。

是本阶级的领导者、领袖和导师。”[①]还应看到，正确的思想还是错误的思想，都有一个形成过程，要想使人改变一种认识，接受另一种思想认识，也需要一个过程。人们接受一个新道理，往往不是一说就通，需要想一想，看一看，甚至有时看一看还不行，还必须亲身经历一番，才能真正明白的。有时候还需要较长时间的实践，才能做出正确的结论。因此，要允许人家看一看，允许人家怀疑，允许人家有不同意见。认识有先后，而实践是最好的课堂。只要我们坚持正确的方针政策，把工作搞好了，人们看到成效，是会拥护这些政策的。《中共中央关于经济体制改革的决定》对于如何对待改革过程中的不同意见的问题，写了这样一段话：“改革问题上的不同主张和不同理论观点，可以展开讨论，不要在干部和群众中分什么‘改革派，保守派’，要相信思想一时跟不上形势的同志会在改革的实践中提高认识。农村经济体制改革经过五年时间，许多原来抱怀疑态度的同志都在事实的教育下转变过来。中央在指导农村经济体制改革中坚持耐心教育的方针，保证了改革的顺利进行。这是在重大政策问题上解决党内思想认识问题的极为宝贵的经验，今后一定要坚持这样做。”不仅是对于改革，在一切重大政策问题上，都要坚持这种做法。

进行政策的宣传教育，有的放矢地解决干部、群众在贯彻执行政策中的思想认识问题，应重视社会协商对话这种形式。这是近年来在我国社会生活中出现并日益活跃的一种发扬社会主义民主的好形式。建立社会协商对话制度的基本原则，是发扬“从群众中来，到群众中去”的优良传统，提高领导机关活动的开放程度，重大情况让人民知道，重大问题经人民讨论。社会协商对话可以分为两类：一类是领导同群众的协商对话，一类是群众之间的协商对话。它有两个最显著的特点：一是直接，面对面；二是双向，你来我往，有问有答。进行社会协商对话，不仅可以使群众同领导机关之间彼此沟通，促进互相

① 《斯大林全集》第 8 卷，第 42—43 页。

理解，而且可以使具体利益和具体意见不尽相同的社会群体之间和群众之间彼此沟通，互相理解。这样，就可以造成一种民主、平等、相互信任、相互理解的气氛，使观点易于交流，认识易于深化。显然，这也是进行政策教育宣传的一种好形式。例如，党的十一届三中全会以来的路线、方针、政策，广大群众是真诚拥护的。但由于各人所处地位的不同，观察问题的条件和角度不同，在一些问题上难免产生认识上的差异。这就需要采取平等的、同志式的方式，多摆事实，多讲道理，帮助群众获得正确的认识。对于群众有误解或一时想不通的问题，需要耐心地说明事实真相，解释党的方针、政策。对话的过程又是双方意见、观点相互交流的过程，其中也就包含着批评、反批评、自我批评。质询和批评可以促进双方更深刻地相互了解。对于党的一些方针、政策，不可能一下子都使群众明白，也不能保证各种处置和措施完全没有失误。对话畅通了言路，发扬了民主，既有利于消除误解，避免矛盾激化，又可以不断听取正确意见，使方针、政策的制定更有依据，更合乎民意。总之，搞好社会协商对话活动，有利于群众对形势和政策的各种看法，对实际工作的各种意见，能够顺畅地反映出来，使党和国家的方针、政策能及时正确地贯彻下去。

第三节　科学地组织群众

把政策交给了群众，并不等于就能很快变为群众的自觉的行动，还需要实施正确的领导，做大量艰苦细致的工作，合理地科学地组织群众，才能保证政策的切实贯彻。毛泽东强调要“善于把党的政策变为群众的行动”，看来，关键在“善于”两个字上。怎样才能做到“善于”？下面着重提出这么四点：

第一，一般号召与个别指导相结合。

什么是一般号召与个别指导相结合？按毛泽东的解释就是，从许多个别指导中形成一般意见（一般号召），又拿这一般意见到许多个别单位中去考验（不但自己这样做，而且告诉别人也这样做），然后集中新的经验（总结经验），做成新的指示去普遍地指导群众。所谓一般号召，就是将党的路线、方针、政策，通过多种形式，对人民群众进行广泛深入的宣传教育，使之家喻户晓，人人皆知。我们在政策实施过程中，强调首先要把政策交给群众，用政策统一群众的认识，这就是一般号召。有了一般号召，我们的政策就会为广大群众所掌握，群众知道了真理，有了共同的目的，就会齐心来做。群众齐心了，一切事情就好办了。但是，仅有一般的号召还不够，还要有个别指导。所谓个别指导，是指深入到具体地区、部门或单位，同干部群众一起，研究情况，分析问题，落实政策。实践表明，实施任何一项政策，如果没有一般的普遍的号召，就不能动员广大群众行动起来。但如果只限于一般号召，而不注重和善于在做了一般号召之后，紧接着从事于个别的具体的指导，将所号召的工作深入实施，突破一点，取得经验，就无法考验一般号召是否正确，也无法充实一般号召的内容，就有使一般号召归于落空的危险，结果还是“光打雷，不下雨”。

在贯彻执行政策中，有些领导者往往不能把一般号召和个别指导很好地结合起来，他们要么是只做一般号召，不做个别指导，要么是离开一般号召来进行个别指导。这两种倾向都不利于政策的落实。一般号召和个别指导相结合，包括这么两个过程：一是将一般号召（包括方针、政策等）拿到个别单位去深入实施、接受考验的过程；二是将在个别单位实践中证实、补充、修正了的新的一般号召（即集中新的经验做成的新的指示）去普遍地指导群众的过程。这个工作方法已为我们广大干部所经常运用。例如前面讲过的“一切经过试验”以及“蹲点跑面”等，都是这种方法的具体运用。

第二，领导骨干和广大群众相结合。

贯彻执行政策，要有一个精干的、团结一致、联系群众的领导骨干，没有领导骨干，不能形成贯彻执行政策的领导核心，也就不能充分调动和正确发挥广大群众的积极性。广大群众中蕴藏着极大的社会主义积极性，但其积极性需要领导骨干去恰当地组织、引导，否则就不能走向正确的方向，不能得到正确的发挥，也不能使其持久和提高到更高级的程度。所以，建立领导骨干是非常重要的。但群众是基础，领导骨干的力量根源于群众的积极性，只有领导骨干的积极性，而无广大群众的积极性相结合，便将成为少数人的空忙。这就需要把二者很好地结合起来。

领导骨干和广大群众相结合，必须坚持照顾多数，即照顾中间状态与落后状态的群众。我们党在制定政策的时候，一般是考虑了群众的觉悟程度。但是在不同地区、不同条件下，群众的觉悟程度也有所不同。一个新的路线、方针、政策的下达，刚开始的时候，拥护的、走在前面的，往往是少数积极分子，而处于中间状态的人则占大多数，且还会有个别的落后分子。在这种情况下，领导骨干要同广大群众结合起来，就要很好地组织群众中的少数积极分子，去做多数群众的思想工作，热情地帮助他们提高思想认识，尽快地觉悟起来。同时，对个别落后分子，也不要歧视或丢掉不管，而要设法团结他们，争取一道前进。在这个问题上必须反对两种错误倾向，一种是命令主义，一种是尾巴主义。

执行党的政策，要以群众的觉悟程度为基础，要群众自觉自愿地去实行。当群众对政策不很了解的时候，必须进行耐心的说服教育和等待，直到大多数群众愿意行动起来的时候，政策才能真正贯彻。那种违犯群众的自愿原则、超过群众的觉悟程度而强迫群众行动的，就是命令主义。命令主义的表现形式是强迫命令，硬逼着群众干这干那。产生命令主义的原因：一是“领导高明论”思想作怪，认为群众就是执行领导意图的，领导要让干什么就应干什么，要怎么干就应怎么干；二是以为自己了解了的东西，广大群众也与自己一样都了解了；三是以少数积极分子的觉悟代替大多数群众的觉悟，以为少数人跟着干就是了，至于大多数群众还在观望或犹豫，则无关紧要。当然，对于群众的意见也要具体区分。群众的意见，有些是正确的，我们就要认真听取，按群众的意见去办；有些是不正确的，则必须教育群众，加以改正。离开党的方针政策，强调所谓“群众要怎样办就怎样办”，迁就群众中的错误意见，就成了尾巴主义。命令主义和尾巴主义都不能把正确的政策变为群众的行动。命令主义虽然主观上想要贯彻执行政策，但由于不听取群众的意见，不顾群众的觉悟程度，而实际上不可能贯彻政策；尾巴主义虽然主观上注意听取群众的意见，但由于迁就群众中的某些错误意见，不启发和提高群众的觉悟，也根本谈不上贯彻执行政策。因此，必须既反对命令主义，又反对尾巴主义。

第三，向上级负责和向人民群众负责相结合。

要正确地贯彻执行政策，必须克服单纯建立在“上级”观念上的形式主义态度，把向上级负责和向人民群众负责结合起来。有的干部在执行政策中，群众观点极为淡漠，他们只强调对领导负责，不尊重群众的民主权利，不注意倾听群众的呼声。在发现上级的某些政策规定并不符合客观实际的时候，不是实事求是地向上级反映，提出修正意见，或者从本地实际情况出发，适当地加以变通，而是眼睛只盯着上面，不惜损害群众利益，机械地执行上级的政策规定。产生这种极其有害的工作态度的重要原因，是把向上级负责和向人民负责两者对立了起来。在一些干部看来，政策是“上级”制定的，因此是正确的，因此要对上级负责。这种认识是不对的。“我们说上级领导机关的指示是正确的，决不单是因为它出于‘上级领导机关’，而是因为它的内容是适合于斗争中客观和主观情势的，是斗争所需要的。不根据实际情况进行讨论和审察，一味盲目执行，这种单纯建立在‘上级’观念上的形式主义的态度是很不对的。为什么党的策略路线总是不能深入群众，就是这种形式主义在那里作怪。”[①]

①《毛泽东农村调查文集》第 3 页。

我们的全体干部，包括各级领导干部，都是人民群众的公仆，我们的责任，是向人民负责。向人民群众负责，时时刻刻维护广大人民群众的利益，是我们一切工作的根本出发点。从这个根本出发，我们的各项方针、政策，都必须代表人民群众的根本利益，我们的各项具体措施，必须符合人民群众的愿望和要求。所以，向上级负责，就是向人民群众负责；向人民群众负责，也就是向上级负责。从这个根本出发，如果我们的某些政策规定确实损害了人民群众的利益，领导者就要认真地负责地仔细检查，是属于政策规定本身的原因，还是属于执行中的问题。属于前者，就应及时向上级领导机关反映，果断地停止执行，或对原来的政策规定进行修正；属于后者，就要总结经验教训，纠正出现的偏差。那种借口对上级负责而对群众的反映不理不睬、束之高阁的做法，既不是向上级负责，更不是向人民群众负责。

第四，关心群众生活，注意解决群众的实际问题。

由于我们的革命和建设事业从根本上说是人民群众的事业，由于我们党是广大人民群众利益的代表，因此，我们党和政府制定的作为利益关系表现的全部政策，归根到底，都是以改善人民群众的生活为目的，是人民群众的根本利益和长远利益的体现。在任何时候，我们任何一项政策，都是既考虑到群众的长远利益，又照顾到群众的目前利益，既考虑到整体利益，又照顾到局部利益，而且我们有不少政策，就是直接为改善人民生活、解决人民生活中的实际问题而制定的。关心群众生活，不仅是个群众观点问题、工作作风问题，同时也是党的政策问题。我们只有切实地帮助群众，解决群众的实际问题，才能更好地联系群众，密切党群关系；也才能使群众从实际生活中，从切身利益中感受到党的温暖，感受到党的路线、方针、政策是为他们着想，为他们谋利益的，从而真心实意地跟着党走，自觉地拥护党的政策。因此，关心群众的痛痒，倾听群众的呼声，帮助群众排难解忧，是团结群众，组织群众，实现党的领导，落实党的政策的重要一环。我们一点也不能忽视，一点也不能看轻。在革命战争时期，我们党时刻关心群众，反复强调要关心群众生活，注意工作方法，要发展经济。保障供给，改善人民生活，这对于动员群众进行战争，打破敌人“围剿”，起了极大的作用。社会主义革命和社会主义建设时期，特别是在党的十一届三中全会以后，党中央带头恢复和发扬我们党的优良传统和作风，各级干部关心群众、注意解决群众生活中的实际问题的风气越来越浓，促进了党的路线、方针、政策的落实。

关心群众生活，要注意正确处理群众的当前利益和长远利益的关系，坚持从人民群众的根本利益出发。从人民群众的根本利益出发，是马克思主义的一个基本观点，是历史唯物主义的具体体现。人民群众的根本利益，也就是我们平时所讲的人民群众的长远利益、全局利益，最广大人民群众的最大利益，它是眼前利益与长远利益、局部利益与全局利益的统一。从人民群众的根本利益出发，并不否定个人的正当的利益。个人正当的利益，特别是正当的物质利益，是应当尽可能得到满足的；社会主义制度也为满足个人正当的利益提供了现实的条件和可能。在眼前利益与长远利益、局部利益与全局利益发生矛盾时，要教育群众克服小生产思想的影响，顾大局，看长远，不能迎合和迁就少数人的落后意识，不能因贪图眼前“实惠”、只顾小团体利益而损害长远利益和整体利益。应该使每个同志明了，共产党人的一切言论行动，必须以合乎最广大人民群众的最大利益，为最广大人民群众所拥护为最高标准。

应该看到，群众的生活问题是十分具体而琐碎的。这就要求我们的干部一方面要迈开双脚，到社会上去，到普通职工和农民当中去，亲自看一看，听一听，谈一谈，面对面地做调查研究，通过具体接触和观察，直接掌握第一手材料，看看究竟有哪些严重影响人民生活的实际问题，例如孩子进不了幼儿园、居民住房紧张、公共卫生无人过问、城市交通拥挤、农民养的猪卖不出去等等，都应认真对待，主动帮助解决。正如毛泽东说过的，我们应该真心实意地为群众谋利益，解决群众的穿衣问题，住房问题，柴米油盐问题，卫生疾病问题，婚姻问题，总之，一切群众的实际生活问题，都是我们应当注意的问题。假如我们对这些问题注意了，解决了，满足了群众的需要，我们就真正成了群众生活的组织者，群众就会真正围绕在我们的周围，热烈地拥护我们。

第四节　政策要取信于民

孔子在回答子贡关于治国之道的提问时，说过这么一句话："民无信不立"[①]。意思是说，没有人民的信任，国家就难以存立了。这个信任，主要反映在政策、法令上。今天对我们来说，任何政策，要获得群众的拥护，不仅要正确、符合人民群众的意愿，而且必须讲信用，说话算数，能够切实兑现。如果有了好政策而不落实，言而无信，就不能得到群众的拥护，不能变成群众的自觉的行动。因此，必须正确地、一丝不苟地执行各项政策，注重落实，做到取信于民。

政策是否守信用、能兑现，是关系到政策威信的大问题。在历史上，任何有所作为的统治者、政治家，都非常讲究政策、法令的信用问题。我国战国时期的商鞅，就是这么一个人。他受到秦孝公的信任，实行变法，但怕人们不信任、不遵守，因此在一系列改革政策推行之前，先做了一番准备工作——"立信"。他令人在国都市井南门竖一根三丈长的木头，并规定：谁能把木头搬到北门去，就赏金二百两。老百姓只当儿戏，并不当真，因此悬赏数日，竟无人去搬。商鞅于是又把赏金增到一千两。最后到底还是有位胆大的人试了一下，把木头搬走了，商鞅就分文不少，给他赏金一千两，以表示说话算数，不欺骗老百姓。这样，他的改革政策就取得了人们的信任，很快得到推行。但在推行过程中，有不少人反对，太子驷也犯了法。商鞅对秦

① 《论语·颜渊》。

孝公说：国家的法令必须上下一律遵守，要是上面的人不遵守，底下的人对国家的法令就不信任了。太子犯了法，他的老师应替他担当罪责。秦孝公让商鞅依法去办，商鞅就把太子的两个老师治了罪，一个割掉鼻子，一个脸上刺了字。“言必行，行必果”。他的变法政策受到普遍拥护，改革获得成功[①]。这件事一直被后人传为美谈。“令在必信，法在必行”[②]，这对我们今天执行政策也是有启示的。

我们党是全心全意为人民谋利益的党，我们党和政府的政策，是人民群众利益的体现，得到人民群众的拥护。维护党和政府的政策威信，就是维护党和政府的威信。我们党一贯强调政策要落实到底，取信于民，这也是对人民负责的表现。现在，还有一些干部对维护政策威信、取信于民的重要性缺乏认识，执行政策的态度不够严肃，从而影响了党和政府的威信。这方面的事例很多。近年来，国家为了调动农民种粮、种棉的积极性，实行粮食、棉花合同定购与供应平价化肥、柴油、发放预购定金的“三挂钩”政策，事先让农民吃个“定心丸”。这是党和政府的一项重要政策，深受广大农民群众的欢迎。但是，这个好政策在执行过程中常常被打了折扣，尤其表现在一些基层单位说话不算数，订了合同不兑现。1988年5月20日《人民日报》刊登了两封来信。一封是江苏省盐城市郊区大冈镇一位基层干部写的，反映他们镇上年的超购棉加价款4万多元至今分文未兑现，最近与棉农落实今年度棉花生产合同时，棉农意见很大，认为供销社说话不算数，合同不兑现，再订合同谁还敢相信？另一封是安徽省淮南市潘集区两位农民写的，反映村里长期拖欠农民的卖粮款不给，任凭农民跑细了腿，跑弯了腰，就是没有钱，到手的只是一张又一张不当钱使的白条。不按政策办事，单方面撕毁合同，任意克扣农民的粮款，引起的后果是严重的。在有的地方，就由于化肥不能兑现却大走“后

① 见《史记·商君列传》。

② 欧阳修：《司门员外郎李公谨等磨勘改官制》。

门”，出现了农民抢供销社化肥的事件；有的不履行收购合同，激愤的农民把卖不出去的农副产品堆在县、乡政府的大院，等等。为什么会出现这些问题？就是一些干部没有认识到维护政策威信的重要性，看不到有始有终地确保各项政策的贯彻落实，事关党和政府的威信，事关党群关系，事关国计民生，事关群众的生产积极性。因此，必须认真对待，决不能等同儿戏。

要使政策取信于民，除过要提高思想认识外，还应注意这么三点：

第一，坚持政策的稳定性。

凡被实践证明是行之有效的政策，就要相对地稳定下来，不要轻易变动。这个问题，我们在前面第三章《政策的基本特征》中已论述过。政策不稳定，变来变去，就会搅乱人们的思想，感到无所适从，从而产生不信任感。过去我们在农业方面政策变动就较大，影响了政策的信誉，影响了农民群众的积极性。党的十一届四中全会通过的《中共中央关于加快农业发展若干问题的决定》（1979年9月28日），总结了20年来我国农业发展的经验，提出了七条主要的经验教训，其中第四条就是关于政策的稳定性问题：“我们一定要持续地、稳定地执行党在农村现阶段的各项政策。经过实践证明行之有效的政策，切不可轻易改变，以致失信于民，挫伤农民的积极性。”

第二，坚持政策兑现。

我们的干部要有强烈的政策观念，要树立高度的责任感，每一项政策，特别是关乎群众利益的政策规定，都要认认真真地执行，切切实实地兑现，不能采取任何不负责任的官僚主义态度。这里要注意两个问题：一是政策规定的每一项、每一条，哪怕是些在人们看来不怎么重要的规定，也要逐条落实，不能忽视；二是凡是政策规定涉及的群众，哪怕只是极少数人，也要落实到底，不能遗漏一个人。在政策执行中，可能发现某些具体政策规定不尽符合实际，这对我们来说，重要的是要善于总结经验，逐步弥补缺点，改正错误，使政策规定得更合理一些。但在这个过程中，一定要注意取信于民的问题，决不能因小失大，不能因为自己工作中考虑不周，而不守信用，以致影响了广大群众的积极性。在这个问题上，眼光要远一些，看得宽广一些。在贯彻政策中可能遇到这样那样的困难，我们必须振奋精神，大胆探索，迎难而进。应该看到，有些政策不能兑现的主要原因，是一些部门和一些工作人员官僚主义作风严重，相互推诿，扯皮不止，使许多本来能够及时解决的问题，也迟迟不能兑现。这就要求我们的干部改进工作作风和工作方法，深入实际，敢于负责，敢于碰“硬”，并且紧紧依靠群众，针对不同情况，拿出切实有效的解决办法来，务使政策不折不扣地得到贯彻。

第三，政策难以兑现或确需变动的，要向群众讲清楚，取得群众的谅解。

也有这种情况，由于政策制定中的问题或实际情况发生了变化，原来的政策难以执行。在这种情况下，就要尽快调整政策，并注意做好宣传工作，讲清楚原来政策不能兑现的原因，取得群众的谅解。有些干部不大重视宣传工作，往往采取简单的命令主义的方法，群众摸不着头脑，结果意见很多。这是不尊重群众、不相信群众的表现。其实，群众是最通情达理的。许多问题，只要我们如实地向群众讲清了，并提出补救办法，群众是会接受的。有些政策确需改变，也要转好弯子，作好指导，不要过急过快。

总之，贯彻执行政策必须走群众路线，相信群众，依靠群众，这也是我们党的一条基本经验。

第十章

政策反馈

马克思主义的认识论告诉我们，由于人的认识总是受到科学技术条件和客观事物发展过程中暴露程度的限制，所以在政策实施中，毫无变动的情况是很少的。尤其是有些决策（如战略决策）不可能进行定点试验，只能在执行中逐渐发现问题，逐步纠正同实际的偏差。所以，在政策实施中，还要不断地了解情况，不断地修正方案，使政策同客观实际相符合。这叫作信息反馈。决策、执行、反馈、修正，再决策、再执行、再反馈……如此不断地螺旋式上升，就能使政策更完善、更科学、更有效。

第一节　政策反馈的意义

反馈是控制论中的一个重要概念。所谓反馈，通俗地说，就是由控制系统把信息输送出去，又把其作用结果返送回来，并对信息的再输出发生影响，起到控制的作用，以达到预定的目的。原因产生结果，结果构成新的原因，反馈在原因和结果间架起了“反向”桥梁，在因果性和目的性之间建立了紧密的联系。这种因果关系的相互作用，不是各有目的，而是为了完成一个共同的功能目的。美国数学家诺伯特·维纳认为反馈的特点是“根据过去的操作情况去调节未来的行为”[①]。

反馈是客观世界一种极为普遍的现象。例如，在人体运动中，大脑通过信息输出，指挥人体各部分的各种活动，同时，大脑又接收来自人体各部分与外界接触所发回的反馈信息，不断调节，发出新的指令。如果没有反馈信息不断输入大脑，那么人体运动就达不到它的预定目的。我们的决策活动也是如此。决策活动像一架机器，既要有开动器，也要有制动器；也像开汽车一样，既要有开车机构，也要有刹车机构。如果只能开动，不能停，其后果是不堪设想的。在实际工作中，我们一些政策性失误，而且延续时间很长，一方面是由于非科学的决策，同时也和缺乏有力的控制、监督系统有关，结果造成很大的损失。为了及时检验决策正确与否，就必须重视政策反馈，建立有效的信息反馈系统，及时把原决策与客观情况之间存在矛盾的信息输送给决策者，以便对原决策进行必要的修改和补充。

在政策实施过程中，大致会出现这么三种情况：（1）政策方案基本正确，但在某些局部性或个别非主要问题上与既定目标有偏离，政策方案与原来的客观实际之间存在非根本性的不符；（2）政策方案总体上正确，但与新出现的情况或偶然因素有着某些非根本性的不符；（3）目标方案选错或出现新的情况，使原定政策方案无法实施。上述三种情况，都要通过信息反馈传输到决策机关，使决策机关及时接收实施过程中不断变化的信息，以便及时修正政策方案，或做出相应的追踪决策。

我们党在领导中国革命和建设的过程中，不仅重视制定正确的方针、政策，也重视政策反馈问题。解放战争时期，毛泽东曾亲自起草了一个通知，要求中央局、分局书记向中央写政策性的综合报告，一个月写一次，一次写一个问题，一千字左右，特殊情况至多不超过两千字，目的是为了使中央及时充分了解他们重要的活动和政策的内

① 《维纳著作选》，上海译文出版社，第 8 页。

容。在社会主义建设时期，党中央一直强调下面要如实反映政策贯彻中的情况和问题，反映群众的意见和呼声。但是，应当说我们还没有把政策反馈提到应有的重要地位来认识，加之长时期“左”的指导思想的影响，信息反馈系统不健全或没有建立，这方面一直是个薄弱环节。党的十一届三中全会以来，我们认真总结经验教训，加强了这方面的工作。党的十一届四中全会正式通过的《中共中央关于加快农业发展若干问题的决定》，就是在分析研究了我国现行的一些农村政策极不适应农业发展的反馈信息后，为补救农业合作化后期以来农村工作的失误，对农业政策调整的体现。在党的十一届三中全会以后，党中央确定的国民经济“调整、改革、整顿、提高”的方针，也是在收到国民经济比例失调的反馈信息后做出的英明决策。党中央很重视基层的信息反馈。例如，中央农村政策研究室就有200多个通讯联络点和通讯员。每一项政策下去后，有什么反应，情况很快就反馈上来了，中央可以及时了解群众到底在想什么，要求什么，对实际情况有比较透彻的了解，为正确决策提供了依据。1984年“一号文件”制定之前，许多地方反映，土地承包太零散，不便管理，加之承包期较短，许多农户不愿向土地投资，甚至进行掠夺式经营。当时许多信息点调查提出，应鼓励耕地向种田能手集中，允许农民转让承包地，适当延长土地的承包期，以安定民心，保护地力。这些信息反映上来后，对于制定延长土地承包期、允许土地转包的政策起了积极作用。

第二节　建立信息反馈系统

政策反馈的重要性诚如上述。应该看到，我们虽然也有类似“反馈”那样的检查工作和口头、书面汇报工作的制度，但情况的反映是不灵敏的，信息的来源是单一的和不完全的，在信息反馈上普遍存在着信息数量少、信息传递慢、重要信息漏报、反馈信息失真、信息质量差等问题。解决这些问题，就必须建立信息反馈系统，以便及时准确地搜集、整理反馈回来的信息。

建立反馈系统之所以必要，因为它是现代领导体制的一个重要组成部分。实现决策的民主化和科学化有两个重要条件，一是要有科学的决策程序，另一个是有严密的、有效的领导体制。这个领导体制由智囊系统、决策系统、执行系统和反馈系统四个部分组成。智囊系统即参谋咨询系统，从事决策研究，负责“多谋”工作，它以自身的研究成果向决策系统提供决策预选方案，还要参与预选方案的评定和可行性论证；决策系统是现代社会领导体制的决策机构，它的任务是对由智囊系统提出的各种选择方案进行系统的验证与逻辑推理，反复权衡、对比，从中选取合理的、满意的方案；执行系统又称为指挥系统，它的任务是执行决策中心的各项指令；反馈系统根据决策中心的指令对执行系统进行监督，及时将各种意见反馈到决策中心，以保证决策指令确切无误地贯彻执行。这四个系统构成现代领导体制的有机整体，它们既分工明确，又相互配合。所以，反馈系统不是可有可无，而是必须建立的；没有它，领导体制就是不健全的。长期以来，我们的政策指令信息与反馈信息为同一条信息渠道。实践证明，如果一个机构既是决策执行机构，又是信息反馈机构，那就难免造成信息失真，达不到信息真实性这一最基本的要求。因此，必须建立专门的信息反馈系统，并且努力形成多渠道的信息反馈网络。

我国目前的政策反馈渠道主要有这么几个方面：一是领导机关的信息渠道，即党政机关本身的自我反馈；二是监督信息渠道，即各级人民代表大会和各级政协、各民主党派、各级纪检、检察等的监督反馈；三是新闻信息渠道，即以新闻为媒介的间接反馈；四是民间信息渠道，即来自人民来信来访的直接反馈。这里着重谈谈领导机关信息反馈系统的建设问题。领导机关信息反馈系统如何建设？各地都在探索、总结，创造了不少好经验。在这个过程中，河北省带了一个好头，它的做法和经验值得借鉴。

河北省领导机关于1984年7月建立了全国第一个省级领导机关信息反馈系统。该省信息反馈系统分为党、政两个分系统，同时又各由纵向、横向和扩散三个网络组成。拿省政府这个系统来说，纵向网络由各地、市和25个重点县组成；横向网络由省政府各委、办、厅、局组成；扩散网络除了将省政府驻北京、上海、天津、广州四个办事处纳入信息网络外，还通过交换情报资料和收集分析全国报纸，取得中央和外省外地以至国外的信息。与此同时，各地市、省直各单位也都建立起了本地区、本系统的纵横交错的信息反馈系统。河北省提出了信息反馈工作实现“四化”的要求：一是科学化，就是信息反馈的内容要紧紧围绕当前的“四化”建设，达到多、新、快、短、实，特别是要求确保其真实性和准确性；二是专业化，逐步在全省逐级建立起一支专门从事信息反馈工作的队伍；三是制度化，坚持大事日报等逐级反映信息的制度；四是现代化，除了目前可能采用的电话、电报、传真等手段、设备外，还要逐步购置和学会使用电子计算机、光纤通信等现代化装置，以便更迅速、更准确地开发各种信息资源。同时，河北省委、省政府还十分注意发挥人民团体、纪检、司法及新闻等部门的监督作用。在省领导的过问和督促下，省工会、共青团、妇联等人民团体和审计、统计、纪检等监督部门，充分利用自己组织完善、联系广泛的特点，为省级领导机关提供了大量的负反馈信息，发挥了监督作用。

我们不仅要重视领导机关信息反馈系统的建设，对民间信息系统、即信访渠道也不能忽视。人民群众是社会的实践者，是现行政策的直接实施者，他们对各项现行政策的执行情况最了解、最清楚，反应最为敏感，同时他们又具有反映这些情况的强烈责任感。群众通过来信来访渠道，向党和政府及其领导人反映现行政策在执行中遇到的情况和问题，反映经济建设中出现的新情况，反映他们在政治生活和社会生活中的意见等。现在各级信访部门都比较健全。信访部门要注意在众多的信访信息中敏锐地捕捉处于运动状态的政策反馈信息，及时发现决策与客观实际之间的矛盾和差距，预测这种矛盾的发展和演变，为领导机关修改、补充、完善政策提供必要的依据。

要使信息反馈发挥应有的作用，就要在信息的筛选、加工、传递上下功夫：

第一，搞好筛选，突出政策信息特点。

信息反馈系统形成后，各种信息源源而来，但如果对来自各方面的大量信息材料，不注意筛选，而采取有闻必报、“以多取胜”的办法，就会形成新的“文山”，使领导陷入浩如烟海的信息堆里。筛选是在受理的基础上进行的第一步重要工序。它要求在敏锐感受的基础上，根据需求，从大量、繁杂的反馈信息材料中筛选有用的信息，即挑选与党的政策有密切联系和那些带有动态性、萌芽性、苗头性的信息，提高信息质量。应该明确，信息的质量高低，必须以是否具有政策调研特点为重要标志。对反馈信息的筛选，一般有这么几种方法：一是综合筛选法，即将所有政策反馈信息按系统分类，进行系统分析，筛选有价值的信息；二是单相筛选法，即发现某一有代表性的典型问题，再通过调查论证揭示这一问题存在的普遍性；三是对比筛选法，即将涉及同一政策的两种截然相反的反馈意见和情况进行对比分析，从中选择接近或符合真实情况的一种，四是类比筛选法，即将涉及同一政策的多种相同或相近的意见和情况进行类比分析，择优而取。

第二，搞好加工，揭示信息本质。

加工是揭示反馈信息本质，提高输送信息质量的必要手段。目前，还存在对信息的综合和深度加工不够的问题，零星的动态性初级信息多，经过深入调研综合加工分析的信息少。对于反馈信息，必须坚持实事求是的科学态度，反对弄虚作假，同时要坚持运用辩证唯物主义的观点，进行认真的综合分析，由此及彼，去粗取精，从零碎到系统，从中找出带有规律性的东西。对于不同情况的反馈信息，要分别进行粗加工和细加工。

第三，搞好传递，实现信息的价值。

传递是指信息流通，它是信息最根本的特征之一。信息的价值是在流通中得以实现的，离开了流通，就等于失去了信息的价值。信息又有很强的时效性，它的使用价值的大小与提供的时间成反比，时间的延误，会使其价值衰减或消失。如果对政策反馈信息筛选、加工、传递不及时，延误了时机，就会使应该修订的决策不能尽快修订，应该纠正的失误不能迅速纠正，应该减少的损失不能最大限度地减少。信息反馈工作涉及许多环节，任何一个环节工作失误，对信息的输出都要产生影响。要做到传递及时，就必须注意传递方法的灵活性，改革陈规陋习，减少环节，简便手续，特别应注意提高机关工作效率。对一些带有全局性和突发性的重大信息，更要及时反映，不应间隔时间过长。

第三节　必须重视信息负反馈

信息反馈，有正的，也有负的。如果反馈使系统的输入对输出的影响增大，导致系统的运动加剧发散，这种反馈叫作正反馈；如果反馈使系统的输入对输出的影响减少，使系统偏离目标的运动发散趋向于稳定状态，叫作负反馈。领导机关在政策的实施过程中运用反馈控制原理，从通常所说的“报喜”中，了解执行中的成效，推广好的做法和经验，其效果是加快向既定目标前进的步伐，这种信息反馈称之为正反馈；反映贯彻执行政策中存在的问题、失误，即通常所说的“报忧”，使领导采取措施，以缩小或消灭同既定目标的差距，这种信息反馈称之为负反馈。由于信息负反馈主要说明存在问题的，因此又可称作“问题反馈”。

在政策实施过程中，正反馈、负反馈都是需要的，负反馈尤其需要。负反馈能起到正反馈所不能起到的作用。我们制定和实施政策的目的，是为了解决问题，如果制定的政策与客观实际有差距，或者在实施过程中出现了新的情况、新的问题，而我们却只把眼睛盯在已取得的成绩和经验上面，看不到存在的问题，那么问题只能作为问题而存在，得不到解决，甚至会越来越大，这就不能有效地制定和实施追踪决策；如果再有意识地夸大成绩，拒绝负反馈，更会铸成大错，酿成大祸。这方面我们的教训很多。1957年的反“右派”斗争，就犯了扩大化错误，把许多向党提出中肯意见、反映真实情况的人打成了“右派”，甚至采取了“引蛇出洞”的不正当做法。“大跃进”时期，只准讲成绩、讲光明面，不准讲缺点和错误，把敢于直言批评“大跃进”的同志斥为攻击“三面红旗”、攻击党的方针政策，打成了“右”倾机会主义分子。“文化大革命”时期，甚至形成了这样一套固定模式：形势大好，不是小好，而且越来越好。对“大好形势”下潜伏的严重危机、存在的严重问题，视而不见，充耳不闻，结果整个国家被拖到了危险的边缘。这些历史教训我们必须牢记，绝不能忽视存在的问题，更不能有意掩盖问题。

长时期以来，各级领导机关收到的反映下级机关的信息材料中，普遍存在“报喜不报忧”的问题，汇报成绩和表扬正面典型的信息多，反映在执行政策中出现的问题、失误的信息少，并因此而给工作带来重大损失。所以产生“报喜不报忧”的问题，有信息反馈体制上的原因，有工作方法上的原因，而主要是领导思想作风上的原因：

其一是思想路线不端正。在我党历史上，“左”的错误倾向曾多次占据思想统治地位，加上封建的家长制的影响，它使我们一些党组织的某些负责人不能正确地审视和对待自己，尤其是自己的缺点错误及前进中的困难，不能容忍下级对上级的批评，把对于方针政策失误的反映视为给党“抹黑”，是“否定党”“攻击党”。敢于实事求是的人往往受到打击，报喜者得福，报忧者得祸。这样，久而久之，本来就不很顺畅的信息负反馈的路子逐渐被堵塞。

其二是私心杂念作怪。信息负反馈，往往与人们的利害相关。

是否反映它，直接关系到领导者对自己或自己管辖部门的工作评价，以及随之而来的荣誉、提拔、物质利益等。有些领导者担心，反映问题多了，怕影响上级对本地工作及本人能力的印象，怕说自己对党的方针政策有认识问题或贯彻不力，怕问题反映多了使工作上的成绩黯然失色。因此，他们往往从私心出发，只要负反馈信息可能对自己不利，就不反映它，甚至还不允许别人反映，对反映负反馈信息的人进行追查、打击报复。也有的人屈服于上级的压力，违心地掩盖问题，不敢反映负反馈信息。

搞好信息负反馈，最根本的是端正实事求是的思想路线。实事求是是党的思想路线，它反映了唯物主义对待外部世界的根本态度，是我们共产党人从事各项工作的基本出发点。在政策反馈上能否坚持实事求是，直接关系到我们能否大量地获取并正确反映负反馈信息，使党的方针政策更有成效地贯彻执行的大问题。每个共产党员，尤其是党的干部，都应从党和人民的利益出发，发扬我党“说老实话，办老实事，当老实人”的优良传统，自觉克服私心杂念。“忧”和“喜”是客观存在。在向上级反映情况时，要有一说一，有二说二，光明磊落，心怀坦荡，既不扩大成绩，也不缩小缺点和问题，绝不靠弄虚作假、文过饰非来支撑门面，抬高自己。作为上级机关，不但自己要实事求是，还要鼓励和支持下级实事求是地反映问题，支持信息工作人员如实上报情况，不捂不盖，不给反映问题的人“穿小鞋”。对各级信息工作人员来说，也必须坚持实事求是，树立对党对人民高度负责的精神。要有坚持真理、刚直不阿的品德，不能看领导脸色行事，不能对上级封锁消息或弄虚作假，不能搞倾向性调查，不能按领导划定的框框去收集信息。另外，还要加强学习，增强政治上的敏感性，提高鉴别能力，善于洞察问题。要不断地改进作风，深入基层，认真倾听群众的呼声。

为了加强信息负反馈工作，切实纠正那种报喜不报忧的倾向，领导者必须旗帜鲜明，发现彰功隐过，对重大问题知情不报的，要严肃批评，使不报忧者得忧。比如在贯彻1984年中央一号文件中，河北省衡水地区安丰县马店乡什伍村把责任田打乱重分，该村群众人心惶惶，无心生产，陆续到乡、县上访，问题得不到解决，乃于3月中旬到人民日报社反映情况。《人民日报》的一期内部刊物反映了这个问题，河北省委书记收阅后立即批示："此等惊人事件我们竟听不到一点动静，可见地县两级反馈失灵到何等程度"，要求"查明情况"。经查，《人民日报》反映的情况属实，安丰县委对这一重大问题没有及时向上级反映是错误的。对此，河北省委办公厅向全省发了通报。河北省的这一做法，对扭转只报喜不报忧的倾向起了一定的作用[①]。

第四节　追踪决策

前边说过，在决策实施过程中，要根据实际情况的发展变化不断地修正方案，逐步纠正决策同实际的偏差。但是这种变动、修正，还不是追踪决策。所谓追踪决策，是对决策方案的根本性修正，在科学决策中往往是必要的，是正常的现象。

毛泽东说过："由于实践中发现前所未料的情况，因而部分地改变思想、理论、计划、方案的事是常有的，全部地改变的事也是有的。"[②]社会是一个动态结构，由于客观事物发展过程的复杂性，实践的不确定性，认识的曲折性和反复性，要求决策方案一次完成，要求决策实施中主客观情况一成不变是不切实际的。决策方案总是在实施反馈中不断修正、补充、完善的。但是在实施过程中，如果发现决策方案有重大错误或主客观条件发生了重大变化，仅仅对原决策方案做些修改、补充就不够了，而必须重新进行决策，即追踪决策。修正决

① 见《加强信息反馈，为领导决策科学化服务》，《现代领导科学与艺术》一书第238页。

② 《毛泽东选集》第270页。

策，是以原来方案作基础的，追踪决策则是对原决策目标和决策方案进行的根本性的改变。比如，在社会主义改造基本完成以后，我国所要解决的主要矛盾，是人民日益增长的物质文化需要同落后的社会生产力之间的矛盾，党和国家工作的重点必须转移到以经济建设为中心的社会主义现代化建设上来，大力发展社会生产力，但是我们却没有实现这个转移，仍然以阶级斗争为纲。实践证明这个决策是错误的。党的十一届三中全会开始全面地认真地纠正“文化大革命”中及其以前的“左”倾错误，果断地停止使用“以阶级斗争为纲”这个不适用于社会主义社会的口号，做出了把工作重点转移到社会主义现代化建设上来的战略决策，使我们党的路线、方针、政策符合中国的国情。这个决策，对在我国如何进行社会主义革命和建设事业的决策中，就带有战略上追踪决策的性质。

追踪决策也要遵循制定政策的程序，但又不是简单的重复。由于它是在实施过程中依据信息反馈来进行的，所以具有自己的特征，这是决策者必须注意的。与一般决策分析比较，追踪决策有以下几个重要特征：

第一，回溯分析。

一般决策是在分析当时条件与预测未来的基础上，进行方案的择优的；而追踪决策是在原有决策业已实施，在实施中环境发生极大的变化，致使原有决策面临失效的局面下进行的。追踪决策的分析过程，首先要回溯到原决策的起点，对原有决策的产生机制与产生环境进行客观分析，列出失误的产生过程并找出问题的症结，以便去误取正，转误为正，使追踪决策建立在现实的基础之上。

第二，非零起点。

一般决策指的是人们为了达到一定的目标，从两个以上的方案中，经过分析比较，选择一个最佳的或满意的方案。这种决策所选定的方案，尚未付诸实施，客观对象及环境也未受到人的决策的影响，就这一点而言，一般决策是以零为起点的。追踪决策则不然，它所面对的状态，已不是原决策起点的状态，而是经过人们按照既定方案，对之施加了一定时期的改造、干扰与影响，主客观条件都已发生变化，因而追踪决策极为重要的一个特征，即是非零起点。就是说，要以这种已变化的条件为起点进行决策，依变化条件重新审查目标，进行追踪决策。

第三，双重优化。

一般决策的方案选优是属于一次优化的范畴，即从并列的方案中择优即可。然而，追踪决策的方案选择，却具有双重优化的性质，即不仅是在供选择的几种方案中选优，还要优于原来的方案。不符合双重优化的方案不能成为“满意”方案。

第四，心理效应。

在追踪决策中，心理效应占有重要的地位。如果说，当今一般的决策已十分重视社会成员心理因素的话，那么，追踪决策的心理效应就更为重要。这是因为，追踪决策是在原有决策实施的背景下进行的，经过宣传动员，已被社会成员所接受，原有决策的改变，都会使决策对象的内部与外部的人员心理状况发生很大的变化。就内部而言，在原有决策的实施过程中，参与实施的全体成员已经形成一定的心理状况，当得知原有决策将有所改变而又不知详情时，就会由于前途未卜，产生不安情绪，而这又反过来影响追踪决策的进行。就外部而言，在改变决策之前，应严格注意保密。倘若论证尚在进行之中，而决策方案的主要精神已事先外泄，就会引起社会心理的浮动，反过来，影响追踪决策的进行。因此，追踪决策中应充分注意心理效应这一点，予以妥善的处置，否则会引起不满、消极、抵触情绪，影响追踪决策的实施。

追踪决策是比一般决策更为复杂的决策，更难以决断。追踪决策如果失误，就会造成更大的损失。民主革命时期，李立三执行了“左”的路线，但是王明却认为立三路线是“右”，不是“左”，于是在批判立三路线时，不是正确去反“左”，而是以“左”反

“左”，结果第三次“左”倾比立三路线更“左”，使革命力量遭受到严重损失。因此，追踪决策一定要慎之又慎，防止草率从事。首先，必须认真分析原决策失误的原因，直到搞清每一个环节。分析要以客观事实为依据，对事不对人，不评论原决策人的功过，尽量消除感情因素影响追踪决策。其次，必须认识追踪决策的复杂性和紧迫性。为了防止错误方案实施的恶果继续扩大，必须果断地中止原方案的继续执行，不慎重对待或延误时机，都会造成更大的损失；而把损失减少到最低限度是追踪决策的基本要求，否则追踪决策本身就失去了意义。再次，追踪决策应是对原决策的“扬弃”，而不是对原决策的全盘否定，因此在找出原决策失误的原因的同时，还要挖掘原决策的一切合理方面，也只有这样，才能制定出有效的追踪决策方案。

第十一章
检验政策的标准

我们制定政策的目的，是为了达到真理性的认识，使主观和客观相一致，以便正确地指导实践。那么，如何衡量政策的正确与错误？这就要掌握好检验政策的标准。

第一节 实践是检验政策的唯一标准

政策属于主观范畴，它是否正确，并不是在制定时能够判定的，要看它能否正确地反映客观外界的规律，这就要进行检验。所谓检验政策，就是检验政策的真理性问题。实践是检验人们认识是否具有真理性的唯一标准，当然也是检验政策的唯一标准。只有经过实践检验而证明是符合于客观实际情况的认识，才是真理；也只有经过实践检验而证明是符合于客观实际情况的政策，才是正确的政策。毛泽东曾讲过政策与实践的这种关系，他说："惟政策与经验的关系一点，似应了解为凡政策之正确与否及正确之程度，均待经验去考证；任何经验（实践），均是从实行某种政策的过程中得来的，错误的经验是实行了错误政策的结果，正确的经验是实行正确政策的结果。"①

---

①《毛泽东书信选集》第 295 页。

要掌握实践是检验政策的唯一标准的道理，首先要弄清什么是实践。

所谓实践，就是人们有目的地改造客观世界的物质活动，亦即“主观见之于客观的东西”。辩证唯物主义认识论认为，人们对周围事物既是反映与被反映的关系，又是改造与被改造的关系。物质世界首先是人们改造的对象，才成为人们认识的对象。周围的物质世界是客观存在，而实践则是人们能动地改造世界的客观的社会活动，是联系主观认识同客观事物的桥梁。人们只有通过实践，才能接触并深入被研究的对象，引起感觉和印象，进而揭示其本质和规律，变客观的东西为主观的东西，即形成认识、思想及政策、计划、方案等，达到主观和客观的统一，这是认识世界的过程。同样，人们也只有通过实践，才能改正主观认识上的错误，使主观中的思想实现出来，也就是把认识、思想、政策等变成客观现实，使主观和客观达到新的统一，这是改造世界的过程。认识世界和改造世界这两个过程，都是通过实践来实现的。一部人类认识的发展史，就是在实践中不断产生主观和客观的矛盾，又不断解决它们之间的矛盾，使之达到统一的历史。因此，“实践的观点是辩证唯物论的认识论之第一的和基本的观点”[①]。

那么，为什么只有人们的社会实践才是检验政策的真理性的唯一标准？这是由真理的本性和实践的特点所决定的。

真理是人们对客观事物及其规律的正确反映，它的本性就是主观和客观相符合。人的主观认识，包括思想、理论、路线、方针、政策等，只有同客观实际相符合，才是真理，否则就不是真理，而是谬误。所谓检验真理，就是检验人们的主观认识同客观实际是否相符合，以及符合到什么程度。要做这种检验，就必须把主观认识与客观实际加以对照。单纯的意识范围内的活动，起不到同客观实际相对照

① 《毛泽东选集》第 261 页。

的作用；客观事物本身也无法判明某一认识是否与自己相一致。因为两者都缺乏将主观认识和客观实际联系起来的纽带，达不到检验主客观是否符合的目的。而实践所独有的本质特点——直接现实性的品格，能够把主观与客观联系起来，使精神见之于物质，主观见之于客观。因此，必须通过实践把主客观联系起来加以比较、对照，由实践做出判定。列宁指出："行动的结果是对主观认识的检验和真实存在着的客观性的标准。"①毛泽东指出："判定认识或理论之是否真理，不是依主观上觉得如何而定，而是依客观上社会实践的结果如何而定。真理的标准只能是社会的实践。"②他在1963年5月修改《中共中央关于目前农村工作中若干问题的决定（草案）》时增写的一段话中又讲道：由社会实践中产生的"思想"（包括理论、政策、计划、方法）是否正确地反映了客观外界的规律，只有放到社会实践中去，经过实践的考验，才能证明它"究竟是正确的还是错误的，此外再无别的检验真理的办法"。社会实践是检验真理的唯一标准。有了这个标准，我们在实际工作中，就能分清是非，区分正确与错误。凡是经过实践反复证明了的政策，就要坚持，不能一听有人反对，就产生动摇和怀疑；凡是实践证明错误的政策，就要坚决改正，改正得越迅速越彻底越好；凡不适合新情况的某些政策，就要调整改变，不能墨守成规，死抱着不放。

用实践检验政策、衡量我们工作的得失成败，说起来容易，做起来却不那么简单，还需要我们从理论和实践的结合上注意解决好这样几个问题：

第一，对政策效果要采取辩证分析的科学方法。

用实践检验政策，即以政策实施的效果作为衡量政策的尺度。但是，世界上的事情是复杂的，实践检验真理也不是一目了然的。对一

① 《列宁全集》第38卷，第235页。

② 《毛泽东选集》第261页。

种政策付诸实践后所产生的效果，应当仔细分析，从多方面去评价。这里要注意区分这么几种情况：

一是近期效果与远期效果。一项政策的近期效果是比较容易估计和衡量的，但对远期效果就必须进行慎重研究。有的从近期效果看是可以的，但从远期效果看则是不行的。有的从近期效果看并不十分理想，但从远期效果看却是可行的。这就要求我们既要重视眼前利益，又要着眼长远利益，并且善于把眼前利益同长远利益结合起来。

二是直接效果与间接效果。评估一项政策，人们一般比较注意它的直接效果；又由于每一项政策都有明确的针对性，因此，它的直接效果的好坏，人们也是比较容易看得到和评估的。但是政策并不是孤立的，具有系统性的特点，某一项政策的制定和实行，往往带来新的问题，出现新的情况，这就是政策的间接效果。衡量政策的效果，不仅要重视它的直接效果，而且要看到它的间接效果。例如，有的乡镇企业产值高、利润也大，但要看它办得好不好，却不能只着眼于产值、利润，还要看它是否造成环境污染，是否浪费甚至破坏资源，就是说还要考察它的间接效果。只有全面考察它的效果，才能得出正确的结论。

三是经济效果与社会效果。经济效果是每一个生产单位所应该追求的，必须克服那种“只要政治账，不算经济账”的认识，但是在追求经济效果的同时，还要注意社会效果，不能单纯去追求经济效果。

总之，对政策效果的评价是一个非常复杂的问题，不能采取简单地肯定或否定的做法，而要具体问题具体分析，深入地研究它的复杂联系，才能坚持好实践检验政策的标准。

第二，要多次实践，反复检验。

在社会实践中检验政策，就是看它在实践中能否达到预期的目的。一般说来，成功了的，是正确的；失败了的，是错误的。但是任何实践总是在一定的时间、地点和条件下进行的，必然带有一定的局限性，不可能一下子完全证实或驳倒某种认识。某项政策是否正确，也不能仅凭个别实践就遽下结论。还要看到，实践的成功与失败同政策的正确与否，也有一些复杂的情况。有时候政策是正确的，但由于方法不当、工作不细等原因，在执行中走了样，造成一定损失。况且社会现象存在着许多复杂的现象，起着不同的作用，在许多情况下，正确的政策一开始效果并不一定很理想，但是经过多次实践以后，特别在排除了不利因素之后，好的效果才会愈来愈明显。总之，用实践检验政策，并不是一次完成的，往往需要经过一个反复过程，经得住时间和实践的检验。例如，我国实行农业合作化，历史已经证明是正确的；而合作化以来的农村各项经济政策，如集体所有制的形式、生产责任制、自留地、家庭副业、多种经营、集市贸易等等，都是经过了二十多年的反复实践，有了正反两方面的经验和教训，直到党的十一届三中全会以后，才基本上达到了比较正确、比较稳定的阶段。因此，我们切不可根据一时一地的实践结果，轻易做出结论，而要经过多次实践，反复检验，在大量可靠的事实的基础之上，做出全面的、历史的、辩证的分析，力求做出比较合乎实际的结论。

第三，在实践中完善和发展政策。

实践是不断发展的。任何实践总是与一定历史阶段相联系的，而一定历史阶段的实践，只能在一定范围内进行。因此，它对认识的检验只能是相对的、有条件的、近似的，通常只能达到一定的准确程度。在一定历史阶段上曾经被实践证实的真理，随着实践的发展，就会发现其真理性不完善或不够精确，因而需要部分地纠正或补充。实践检验政策也是如此。通过实践，才能检验政策的正确与否，也只有通过实践，才能不断地完善和发展政策。

检验政策的唯一标准是社会实践，具体说来，主要有这样两条：第一，是否有利于生产力的发展；第二，是否为群众所拥护。

第二节　正确的政策必须有利于生产力的发展

我们所说的实践，指的是社会的实践，而社会实践的基本内容，主要是生产实践、社会关系实践以及科学实验。所谓生产实践，就是为了发展生产，解放和促进社会生产力的实践，它是人类社会最基本的实践，是决定社会关系和科学实验的实践。社会关系实践指在社会内部处理人与人之间关系的实践活动，它被生产实践所决定，又反过来作用于生产实践。在阶级社会中，处理社会关系的实践活动主要表现为阶级斗争。阶级斗争的实践虽然通过政治斗争或武装斗争等形式表现出来，但政治是为经济服务的，革命的政治斗争的根本目的，还在于解放和促进社会生产力，推动生产的发展。科学实验是近代从生产实践中分化出来的一项相对独立的实践活动。随着社会生产的发展，生产实践愈来愈和科学实验结合在一起，科学实验的实践推动着科学技术的发展，引起了工业生产和农业生产的革命，大大提高了劳动生产率，促进了社会经济的飞跃发展。可见，我们从事的一切实践活动，从根本上来说，都是为了促进生产力的发展。检验政策的唯一标准是社会实践。因此，正确的政策必须有利于发展生产，有利于解放和促进生产力的发展。具体来说，有这么几条原因：

第一，这是唯物史观的要求。

马克思主义的历史唯物主义从来认为，生产力是一切社会发展的最终决定力量，生产力决定生产关系以及建立在一定生产关系上的上层建筑，生产关系和上层建筑又反作用于生产力，生产力与生产关系的矛盾是人类社会的基本矛盾。这个基本原理，不仅适用于奴隶社会、封建社会和资本主义社会，同样适用于社会主义社会和未来的共产主义社会。根据这一原理可以得出结论，只有能够解放生产力、促进生产力向前发展的生产关系和上层建筑，才是进步的，顺应历史发展潮流的。生产关系和上层建筑只有适应生产力的发展，才能促进生产力的发展。在社会主义的长时期内，最根本、最主要的社会实践就是发展生产力，因而生产力标准也就是我们认识我们自己在脚下的这片土地所从事的一切经济、政治活动是否正确的根本标准，也就是说，坚持生产力的标准，也就是坚持实践的标准。它是实践标准在社会历史领域里的具体运用、展开和深化。我国社会主义生产关系和上层建筑的变革，必须从我国现阶段生产力的性质和水平出发，而不能离开生产力状况这个最基本的国情去主观任意地制定路线、方针和政策。在社会主义条件下，生产力发展所带来的一切好处，都归劳动人民享受，因此，一切有利于生产力发展的东西，都是符合人民根本利益的，因而是社会主义所要求的，或者是社会主义所允许的。一切束缚、阻碍生产力发展的东西，都是违反科学共产主义的，是社会主义所不允许的。是否有利于生产力的发展，应当是检验我们关于社会主义的一切理论和政策是否正确的根本标准。

第二，这是我们共产党人的最终目标和最高纲领所要求的。

中国共产党以实现共产主义为最终目标和最高纲领，所有共产党员都必须为此而奋斗终生。共产主义社会是人类最高理想的社会。由社会主义过渡到共产主义，不能不是生产关系和人们全部社会关系的一个深刻变革。诚如前述，生产关系的变革是以生产力的一定发展为前提的，因此，生产力的高度发展，社会产品的极大丰富，是过渡到共产主义社会的必要条件，是必须具备的物质基础。我们知道，共产主义社会实行“各尽所能，按劳分配”的分配原则，而只有生产力发展到社会产品能充分满足整个社会及其成员的一切合理需要时，这个分配原则才得以实现。正如恩格斯指出的：“唯有借助于这些生产力，才有可能去实现这样一种社会制度，在这种制度下不再有任何阶级差别，不再有任何对个人生活资料的忧虑。”[①]所以，生产力的高度

① 《马克思恩格斯选集》第 3 卷，第 154 页。

发展，这是彻底消灭三大差别，使劳动成为生活第一需要、社会成员变成全面发展的新人的首要条件，是实行“各尽所能，按需分配”、过渡到共产主义的首要条件。因此，我们共产党人在各个历史时期的一切政策，都必须是直接地或间接地为发展生产力服务，一步步地为将来实现共产主义制度准备基础。我们之所以进行革命，就是要改革一切妨碍生产力发展的生产关系，解放社会生产力，建立能够促进生产力发展的新的生产关系，使人民过上幸福的生活。很显然，一切革命政策，如果离开了有利于发展生产力的观点，就等于不懂得革命的根本任务和目的。我们当年所以要实行土地改革，领导贫苦农民斗地主分田地，就是因为封建的土地制度束缚了生产力的发展；三中全会以后我们在农村进行改革，实行以家庭承包经营为主的生产方式，就是因为这种生产方式适应生产力的发展状况；同样，我们进行经济体制和政治体制两大改革的目的，也是为了在党的领导下和社会主义制度下更好地发展生产力。应当明确，我们一切政策的制定和改变，都是为了有利于发展生产，为了解放和促进生产力的发展。

第三，这是我党历史经验的总结。

早在革命战争时期，毛泽东就指出：“中国一切政党的政策及其实践在中国人民中所表现的作用的好坏、大小，归根到底，看它对于中国人民的生产力的发展是否有帮助及其帮助之大小，看它是束缚生产力的，还是解放生产力的。”[①]这段话，一方面是针对国民党反动派的祸国殃民政策来说的；另一方面也阐明当时我们共产党之所以把阶级斗争放在中心的位置上，是因为只有首先推翻反动阶级的统治，使劳动人民政治上不受压迫，经济上不受剥削，才能解放生产力。新中国成立后，随着剥削阶级被消灭，劳动人民当家做主，我们已经进入社会主义建设时期，发展生产力已经成为直接的中心任务。国家的富强，人民的富裕，教育科学文化事业的繁荣，公有制和人民民主政权

① 《毛泽东选集》第980页。

的巩固和发展，一句话，社会主义优越性的充分发挥和吸引力的不断增强，都取决于生产力的发展。在这方面，我们是有经验教训的。从20世纪50年代生产资料所有制的社会主义改造基本完成，我们本来就应当一心一意地搞建设，全力以赴发展经济。可是，由于“左”的错误思想占了上风，我们走了弯路。总结我们过去所犯的错误，归根到底，就是没有坚定不移地实现工作重点的战略转移，没有以经济建设为中心。这与我们对社会主义认识上的空想论有关。

多年来，我们在对社会主义的认识上，对生产力的标准问题不大重视，对社会生产力的发展很不重视，常常离开了社会生产力抽象地讲所谓社会主义原则，企图超越社会主义的初级阶段，以为在生产的社会化和商品化程度很低的基础上也能建设成社会主义，甚至以为在缺乏物质文明的情况下也可以实行共产主义政策。长时期以来，我们不是用生产力标准，而是用阶级和阶级斗争观点去观察各种社会现象，去检验我们的各项工作。过去我们政策上“左”的错误，一个总病根就在这里。党的十一届三中全会重新确立实事求是的思想路线，拨乱反正的头一条，就是不再提“以阶级斗争为纲”的基本路线，决定全党工作的重点转移到社会主义现代化建设上来。这些年来，我们党在认真吸取正反两个方面的历史经验的基础上，在对社会主义的再认识中，深化和发展了“以经济建设为中心”的思想。这种深化和发展，总结在党的十三大报告中。十三大报告列举的六条长远指导方针，头一条就是“必须集中力量进行现代化建设”。在说明这条方针时，十三大报告写了十一届三中全会以来我们党反复申述的两个“根本”，即“社会主义社会的根本任务是发展生产力”；“是否有利于发展生产力，应当成为我们考虑一切问题的出发点和检验一切工作的根本标准。”社会主义有多方面的任务，要追求多方面的理想和目标，但根本的任务是而且只能是发展生产力。其他任务的完成，其他目标的实现，都要围绕着并且取决于生产力的发展。离开发展生产力这个根本任务来谈其他任务、其他目标，都只能适得其反。检验真理的标准，在社会主义建设上，就是生产力标准。

坚持生产力标准，对于我们正确地理解、执行党的政策，辨别是非，防止和避免“左”的或“右”的错误，有着十分重要的意义。在改革、开放、搞活中，人们常常看到这样一种现象，那些明明束缚生产力发展的东西，却被当作“社会主义”而加以固守，谁要改它一改，往往被视为大逆不道，那些明明有利于生产力发展的东西，却被扣上“资本主义复辟”的帽子而遭到反对，谁要是敢于试验它、采用它、普及它，往往要承担很大的政治风险。例如，这些年来，各地出现了一些个体经济、私人经济、中外合资经济、外商独营经济等非社会主义经济成分，有些人就心存疑虑，十分惧怕，认为偏离了社会主义方向。之所以出现这种糊涂认识，一个重要原因，就是没有确立生产力标准。这些人不懂得，在所有制结构上，社会主义并不要求纯而又纯，在初级阶段，这样做更加有害。因为社会主义初级阶段生产力总的水平比较低，发展又很不平衡，呈现多层次的结构，决定了生产资料所有制的结构必须与之相适应，才能促进生产力发展。因此，在以公有制为主体的前提下发展多种经济成分，允许一些非社会主义经济成分存在，对于发展社会生产力是有利的，是社会主义经济必要的有益的补充。同时这种非社会主义经济成分在国民经济中占的比重很小，国家可以通过经济的、法律的、行政的手段加以控制和管理。这种非社会主义经济成分的存在，今天不会、将来也不会改变我国的社会主义性质。我们党正是从坚持生产力标准出发，明确主张，凡是有利于生产力发展的政策、措施，广大党员、干部和群众就应当大胆试验、大胆采用、大胆普及，不必因此而担惊受怕。

应该注意的是，衡量政策是否正确，归根结底是生产力标准，但不能把这个标准绝对化、简单化。马克思主义者是生产力与生产关系的辩证统一论者。我们承认生产力的决定作用，同时承认生产关系和上层建筑对生产力的巨大反作用。因此，必须把生产力同生产关系、上层建筑统一起来考察，不能割裂开来，顾此失彼。我们把党在社会主义初级阶段的基本路线，概括为一个中心、两个基本点。这个概括，就是在考察生产力同生产关系、上层建筑之间的辩证统一关系的基础上得出来的科学结论。我们之所以必须坚持四项基本原则，坚持改革开放的总方针，就是因为党的领导和社会主义制度为发展生产力提供了坚强稳定的政治保障，就是因为只有这样才能保证和促进当代中国生产力的发展。

第三节　正确的政策必须为广大群众所拥护

“群众的人数有千百万，——政策应当是从千百万人着眼，而不是从几千人着眼。只有从千百万人着眼，才会有实事求是的政策。”[①] 必须以群众是否拥护作为检验政策的标准，政策必须从千百万人着眼，这主要有三方面的原因：

第一，群众是实践的主体。

我们坚持实践是检验政策的唯一标准，必须明确，这里的实践，不是指孤立的个人的实践，而是指人民群众的社会实践。一切真知都是从直接经验发源的，但是，作为每个个别的人，包括担负领导工作的人，他们个人的实践相对说来总是有局限性的，不可能事必躬亲，只有群众的实践是丰富多彩、日新月异的，是取之不尽、用之不竭的认识源泉；只有群众的实践，才是带全局性的，表现本质的实践；只有群众的社会实践，才能成为检验政策的尺度。正如毛泽东指出的：“政策必须在人民实践中，也就是经验中，才能证明其正确与否，才能确定其正确和错误的程度。”[②]“真理只有一个，而究竟谁发现了真理，不依靠主观的夸张，而依靠客观的实践。只有千百万人民的革命

① 《列宁全集》第 27 卷，第 87 页。

② 《毛泽东选集》第 1181 页。

实践，才是检验真理的尺度。”①

第二，我们的一切政策，都是为了群众。

我们党的政策之所以取得人民群众的拥护，最主要的原因，是这些政策能保证人民群众取得物质利益和政治权利。任何革命政党所进行的一切革命活动，都是为了争得物质利益和政治权利。离开一定的物质利益和政治权利，任何阶级的任何积极性是不可能自然产生的。我们的一切政策是否符合发展生产力的需要，就要看这种政策能否调动劳动者的生产积极性。

《关于新中国成立以来党的若干历史问题的决议》指出，在毛泽东的政策和策略思想中，很重要的一条原则是：“无产阶级及其政党要实现自己对同盟者的领导，必须具备两个条件：一是率领被领导者向着共同的敌人作坚决斗争并取得胜利；二是对被领导者给以物质利益，至少不损害其利益，同时给以政治教育。”毛泽东1944年在和美国记者根瑟·斯坦因的谈话中说道：“我们任何政策的正确性经常必须是，而且是在为群众所考验着。”“群众的意见与经验一定要作为我们政策的基础。因为人民能教给我们许许多多事情。我们的任务就是听从他们，学习并了解他们的经验、愿望、批评，确定他们所需要的东西的总和，再作为政策交还给他们。”②我们党在领导中国人民进行革命和建设过程中，一向关心群众的利益，把使人民群众得到物质利益和政治权利作为制定政策的根本出发点。毛泽东曾一再教育广大党员，共产党人的一切言论行动，必须以合乎最广大人民群众的最大利益，为最广大人民群众所拥护为最高标准。在民主革命时期，我党提出了新民主主义革命的纲领，制定了一系列正确的政策，反映了人民群众的物质利益和政治要求，因而得到了人民群众的拥护，取得了新民主主义革命的胜利。在社会主义建设时期，由于“左”的指导

① 《毛泽东选集》第623页。

② 《毛泽东印象记》第25页。

思想的干扰，在一个时期内，我们在某些政策的制定上，对于群众的利益是重视不够的。十一届三中全会后，党中央拨乱反正，在制定政策的指导思想上，坚持使人民群众取得物质利益和政治权利。例如，《中共中央关于加快农业发展若干问题的决定》（1979年9月28日）指出："确定农业政策和农村经济政策的首要出发点，是充分发挥社会主义制度的优越性，充分发挥我国八亿农民的积极性。我们一定要在思想上加强对农民的社会主义教育的同时，在经济上充分关心他们的物质利益，在政治上切实保障他们的民主权利。"我们是执政党，党的一切政策的结果如果不是使人民的物质生活和文化生活得到不断的改善，党的政策就不是正确的，党的领导就不是成功的，就不会得到人民的拥护。在新的历史时期，我党制定了实现社会主义现代化为核心的政治路线，全党一心一意搞"四化"，实行富民政策，要求在20世纪末实现工农业总产值翻两番，人民生活达到小康水平。党的十三大又提出了以"一个中心""两个基本点"为主要内容的基本路线。所有这些，都反映了广大人民的根本利益。总之，我们每句话，每个行动，每项政策，都要适合人民的利益。

第三，我们党的一切政策，都必须依靠群众来贯彻执行。

刘少奇说过："我们共产党人的一切事业，都是人民群众的事业。我们的一切纲领与政策，不论是怎样正确，如果没有广大群众的直接的拥护和坚持到底的斗争，都是无法实现的。"[①]就是说，任何政策只有为群众所拥护，并在群众自觉的基础上贯彻执行，才能发挥巨大的威力，才能完满实现，否则，再正确的政策也只能流于空谈，无法实现。广大群众的根本利益同社会发展的规律是一致的。因此，某项政策符合广大人民群众的根本利益，就证明它与社会发展规律相符合，证明是真理，也才能得到群众的拥护，才能在群众当中生根，与之相反的政策则是错误的，就无法得到群众的拥护，这样的政策也就

① 《刘少奇选集》上卷，第 351 页。

缺乏生命力。

以群众是否拥护作为检验政策的标准，还需要进行具体分析，这里要注意以下两个区别：

一是，应该把正确的政策同由于种种原因群众还没有认识到，而不能接受的暂时现象加以区别。我们党的一切政策都是从最广大人民群众的最高利益出发的，因此能够得到广大群众的拥护。但是事情又是复杂的，并不是每一项正确的政策一开始都能为广大群众所接受。事实证明，有些政策为广大群众所理解、所拥护，往往需要一个过程。当群众对党的政策还不清楚、不了解，或者有些人受眼前利益、个人利益的限制而怀疑甚至反对党的政策的时候，我们就应当把政策原原本本地交给群众，通过耐心细致的思想政治工作，说服教育，启发群众自觉，把群众的认识和行动统一到党的正确的政策上来。

二是，应该把多数人拥护还是少数人拥护加以区别。衡量某项政策是否真正为群众所拥护，必须考察到底是多数群众拥护还是少数群众拥护。我们的政策是面向广大群众的，因此应该受到多数群众的拥护。但是由于人们的经济地位和经验水平的不同，对政策的看法和接受的程度也就有所不同。常常有这样的情形，有些受到多数群众拥护的政策，可能不为少数人或个别人所拥护。这就不是我们的政策不正确，而是少数人对政策缺乏认识。例如，现在如果有少数人或个别人反对对外开放政策，主张仍像过去那样闭关锁国，很显然，这并不能说明对外开放政策是错误的，而只是少数人或个别人的看法不对头。还应注意，基层干部和积极分子的意见，并不一定就反映了多数群众的意见，要进行具体分析。毛泽东说过："下面干部的话，有正确的，也有不正确的，听了以后要加以分析。"[①]只有当基层干部和积极分子密切联系群众，真正反映了群众意见、要求的时候，他们的意见才具有广泛的代表性，他们拥护的政策，才是群众拥护的政策。反

① 《毛泽东选集》第1331页。

之，如果某些基层干部和积极分子脱离了群众，不了解群众的意愿和要求，他们的意见就只能代表他们自己或少数人的想法，而不是广大群众的普遍要求。所以要了解某项政策是否真正为群众所拥护，必须深入群众，深入实际，认真调查研究，加强综合分析，透过现象抓住本质，才能做出正确的判断。

第十二章
政策研究

众所周知，正确政策的制定是建立在深入调查、多方收集各种情况、反复进行研究的基础上的；而为制定或者修改、补充、完善某些政策所进行的研究并提出政策方案的工作，就是政策研究。可见，政策研究是制定政策的基本前提。实践证明，政策研究能力的大小，政策研究水平的高低，直接关系到政策制定的效率和质量。因此，我们必须重视和加强政策研究工作。这一章我们就政策研究的几个问题加以阐述，同时介绍一下国外政策咨询研究的特点以及颇负盛名的兰德公司的情况。

第一节　政策研究的意义

政策研究工作的重大意义，是由政策的重要地位决定的。无论是制定政策或贯彻政策，都离不开政策研究。建立各种形式的政策研究机构，开展经常性的政策研究，有利于提高制定政策的科学化和民主化程度，减少失误。政策研究也是实施政策的重要保证。通过政策研究，能够提高各级领导者和政策执行者对政策的理解和把握的水平，增强创造性地执行政策的能力，从而有利于政策的顺利贯彻。

政策研究与政策科学有着密切的关系：一方面，政策科学的发展，对政策研究工作有着重要的指导意义。它有利于提高领导者和政策研究人员的理论政策水平，提高他们的认识能力和研究制定政策的能力，在研究方法上也更讲究科学性。另一方面，政策研究是完善和发展政策科学的主要途径。通过认真的政策研究工作，总结经验教训，从感性上升到理性，能够进一步探讨政策的基本理论，摸索制定和实施政策的规律、方法，为政策科学奠定基础，并使之不断地完善和发展。在我国，政策科学正在草创阶段，亟须通过加强政策研究工作，使这门新兴的学科逐步建立起来。

对于政策研究工作、特别是对地方上开展政策研究的重要意义，并不是所有的人都认识了。有些人认为，政策是中央制定的，地方上就是执行政策，搞不搞研究没多大关系。这种认识显然不正确。不错，在我国，大的方针政策都是由党中央制定的，面向全国，具有普遍的指导意义，各地必须坚决贯彻执行。但是我们的国家地域辽阔，各地情况差异很大，在贯彻执行的时候，又要分析各地千差万别的情况和具体事物复杂多样的特点，把它同各地区、各部门、各单位的实际相结合，提出实施的具体办法和要求，这样才能有效地贯彻执行，真正解决那里的实际问题。因此，不仅中央要搞政策研究，地方上也同样需要进行政策研究。还要看到，我们国家既然这么大，新情况、新问题又不断出现，中央怎么能够就所有的具体问题都制定出具体的政策呢？特别是某一个地方特有的问题，都靠中央制定政策来解决，是难以办到的，而要靠地方根据实际情况制定相应的政策来解决。而且，就是中央制定政策，也要靠地方提供经验和材料。“中央领导机关是制造思想产品的工厂，如果不了解下情，没有原料，也没有半成品，怎么能制造出产品？”①所以，对于地方上来说，政策研究工作不是没有关系，而是意义十分重大。

政策研究工作，顾名思义，既不是决策，也不是执行，而是就政

① 《毛泽东选集》第5卷，第91页。

策问题进行研究，提出政策建议，供决策机构参考。因此，政策研究的特点，可以从以下几个方面去认识：

其一是理论性。政策是理论与实践相结合的产物。我们研究任何政策，都必须坚持科学理论的指导，坚持马克思主义。政策研究的对象是复杂的，要从复杂的事物中看出事物的本质，理出规律性的东西，离不开马克思主义。还要看到，政策研究既要坚持科学理论的指导，又要通过对政策实践的总结、升华，达到理性的认识，从而丰富和发展科学理论。因此，理论是政策研究的灵魂。

其二是实践性。实践是人们能动地改造和探索现实世界的一切社会性的客观物质活动，具有客观性、能动性和社会历史性的基本特征。政策是以行动为准则的，行动也就是实践。我们研究政策，必须研究实践。脱离实际，不研究实践，主观臆断，是不可想象的。而且，我们的研究成果又要用实践来检验。实践也是检验我们政策研究工作的唯一标准。

其三是创造性。政策研究的对象是复杂变化的客观事物，它的任务是探索事物的客观规律。既然是探索，就是说没有现成的答案可以寻找，不能照抄照搬，不能人云亦云，而必须具有创造精神。政策研究人员要从实际出发得出结论，提出的东西力求深刻、新鲜，政研成果贵在突破、升华、创新。

在探讨政策研究的特点时，应注意弄清政策研究与调查研究的关系。我们习惯地把进行实地调查、同时也对有关政策进行的研究称为调查研究。我们党历来重视调查研究，并把它作为我们党的优良传统。在有些人看来，调查研究也就是政策研究，把二者等同了起来。这种认识是不全面的。政策研究与调查研究既有联系，又有区别。调查研究是体现马克思主义认识路线的科学的思想方法和工作方法，是主观和客观相符合的重要桥梁。政策研究则是由专门从事政策研究的一批人，集中各方面的专家、学者通力合作，采取各种方法就政策问题进行研究，最后提出政策方案，供领导决策选择。正确的政策是主观与客观相一致的产物。可见，政策研究离不开调查研究。调查研究是搞好一切工作，当然包括政策研究在内的基础。这是二者的联系。但是两者又有明显区别。首先，调查研究表现的是一种方法、手段，而政策研究直接表述了研究的对象、研究的目标；其次，调查研究既可以是针对有关政策方面的，也可以是工作经验教训的总结，或搞清某些情况等，而政策研究只能是就某一政策的研究；再次，调查研究的目的是多种多样的，而政策研究最终是要制定政策或反馈某些政策执行情况，以至对某些政策进行修改、补充等。因此，我们既要重视调查研究工作，但又不能把它与政策研究工作等同起来，而要真正弄清政策研究的含义，切实加强政策研究工作。

由于我们党对政策问题的高度重视，因而对政策研究也是相当注重的。1941年8月1日，党中央做出了关于调查研究的决定，同一天又做了关于实施调查研究的决定。党中央决定，在中央下设中央调查局，内设调查局、政治研究室、党务研究室三个部门，作为中央一切实际工作的助手。调查局担负收集材料之责。政治研究室担负根据材料加以整理研究之责，内分四个组：一是中国政治研究组；二是中国经济研究组；三是敌伪研究组；四是国际研究组。党务研究室担负研究各地党的现状与党的政策，也内分四个组：一是根据地研究组；二是大后方研究组；三是敌占区研究组；四是海外研究组。从中央调查局的机构和任务看，它不只是收集材料，主要是对收集的材料进行研究，为党中央制定政策服务。可以说这是我们党内最早成立的政策研究机构。新中国成立以后，县以上党委都曾设立过政策研究机构。我们党和国家的各级领导，绝大多数都能亲自深入实际调查研究，不但解决了大量的政策问题，也积累了通过调查研究解决政策问题的丰富经验。但是，由于指导思想上的“左”的影响，由于长期封建社会遗留下来的落后的决策意识和决策方法的影响，我们还缺乏一套严格的科学的决策制度和决策程序，在政策方面有不少失误，给党和人民的事业带来重大损失。

党的十一届三中全会以来，随着改革、开放的深入，社会主义现代化建设事业的蓬勃发展，我们党和国家的决策过程发生了重大改革，政策研究工作也有了很大的起色。近几年，为决策服务的各类政策咨询机构纷纷成立，大致有这么几种组织形式：

一是专门的政策研究机构。我国中央各部、委、总局等国家部门领导机构，大多数已设立了政策研究室，从事科技、教育、经济等政策问题的研究。党中央设有农村政策研究室、政治体制改革研究室，专门从事农村及政治体制改革方面重大政策问题的调查研究。各省（区、市）委以及绝大多数地（市）委、县委，也都设立了政策研究机构。

二是决策科学的专业研究机构。最近几年，决策科学在我国发展极为迅速，先后筹建了一些有关专业研究机构。一些经济和管理科学的研究机构，也与决策关系密切，如我国的经济研究中心、体制改革研究所、国家科委政策局、国家计委经济研究所、中央各部的部门经济研究机构，以及高等院校建立的很多管理科学和系统工程教学、研究机构，它们的研究成果，对国家总体规划和制定政策，对部门和地方的管理决策，也起着重要的智囊作用。

三是各级科技情报机构、信息资料中心。

四是各级专家委员会、学术委员会等，把各学科、各行业的专家组织起来，发挥有效的顾问、参谋作用，是专业化决策智囊机构的重要补充。

政策研究是软科学研究的一个重要组成部分。1986年7月，国家科委在北京召开了全国软科学研究工作座谈会。万里在会上做了题为《决策民主化和科学化是政治体制改革的一个重要课题》的重要讲话，引起了全社会对软科学研究工作的重视和关心，推动着软科学研究工作为现代化建设做出更大的贡献。这次会议的召开是我国软科学研究广泛进入各级各类决策领域的重要里程碑，也标志着我国的软科学研究进入到一个新的发展阶段。党的十三大报告和国务院机构改革方案，都强调要加强决策咨询机构和政策研究机构工作，表明了党中央、国务院对政策研究工作的高度重视。近年来，一些省、市还通过政策研究成果评奖等活动，推动了研究的深入。例如1987年底，北京市就召开了首届哲学社会科学和政策研究优秀成果授奖大会，市委领导在会上指出，要把社会科学研究和政策研究提到科学决策的高度和战略高度来加以重视，要求繁荣社会科学，加强政策研究。

我国的政策研究工作虽然取得了很大成绩，但从总体上说，从我们政策研究的力量、水平和体制来看，还不能适应形势发展的需要。随着我国经济体制改革和建设事业的深入发展，随着政治体制改革的逐步实施，政策研究工作越来越显得重要，亟须加强、提高和发展。

第二节　政策研究机构的建设

政策研究机构是为各级领导提供思路、方法、策略、方案及其论证的。实践证明，进行政策研究，既要走群众路线，又必须发挥专门研究机构的作用，加强政策研究队伍的建设。

首先，各级领导者要进一步提高对政策研究的认识，加强对政策研究机构建设的领导。

政策研究机构是通过决策研究、决策咨询来履行其职责的，它是一个智能机构、智能群体，是产出科学的观点、建议、方案的思想库，是为各级领导者制定政策服务的。领导者应该十分珍惜和尊重这种服务。但是，我们有些领导者对此还缺乏足够的认识，认为政策研究机构不出钱、不出物，似乎可多可少，可有可无。这种认识是错误的，根本原因在于某些领导者不懂得知识的价值，不懂得尊重知识、尊重人才的重要性。因此，领导者应确立新的知识价值观。要认识到，不仅物质生产能够产生社会财富，而且知识生产也能创造财富，甚至比物质生产具有更大的投入产出比。政策研究是知识密集、集约式的、高密度的人类智力开发，是生产物质财富和精神财富的重要力量，领导者必须重视政策研究工作，加强对政策研究机构建设的领导。

其次，要加强组织建设，充实、稳定、提高政策研究队伍。

各种形式的政策咨询研究机构都应发展，这里，着重谈谈各级党政机关的政策研究室的建设问题。在目前众多的政策咨询研究机构中，各级党政机关的政策研究室起着相当重要的作用。作为政策研究的专门机构，它的任务主要是：紧紧围绕中心工作，就政策性、战略性问题进行调查和研究，并根据研究的结果，提出建议；根据需要，参与重要文件的起草工作，积累并编印有关资料，供领导同志参阅。这类属于党政机关的政策研究机构，其功能与咨询公司一类智囊机构的区别，在于它不仅是为决策部门提供决策方案，而且更重要的职责是帮助决策部门选择决策方案。这类研究机构的突出特点是：一是从组织上，它的建立为领导决定重大问题配备了一批专门的研究人员，他们可以摆脱具体业务，专心致志从事政策问题的研究；二是他们研究的课题都是比较重大的、急需解决的“热点”问题；三是他们由于身居领导机关或政府业务部门，有条件接触到各方面的有关资料；四是他们有充足的时间收集各种情况、资料，可以广泛地接触各个方面人士和深入实际，全面细致地了解掌握情况。因此，必须加强政策研究室的建设，要选择有较高政治思想水平、政策水平，并有实践经验、热爱政策研究工作的同志充实政策研究队伍。

近几年，党政机关的政策研究机构与过去相比，发生了明显的变化，具有这么几个特点：一是研究工作重点正在由秘书服务型向参谋决策型转变；二是在组织上正在由“封闭型”向“开放型”转变；三是研究的方法正在从单一的传统方法向结合应用现代研究方法转化，由定性研究向定性研究与定量研究相结合转化。但是，这类研究机构也存在一些困难和问题，需要认真解决。除过要适当增加研究经费，并注意改善研究人员的科研条件和生活条件外，当前应着重解决好这么两个问题：一是要提高科研队伍的素质。现在研究人员中复合型和科研组织型的人才还太少，知识结构不够合理，研究人员之间的协作能力较差。因此，一方面要优化组合，进行合理调整；另一方面要加强学习，努力实践，使之不断提高。二是要正确处理基础理论研究和短期对策研究的关系。当前在一些研究机构，基础理论研究和短期对策研究是有矛盾的。由于研究人员有限，基础理论研究的持续性、连贯性必然同短期对策研究及一些临时应急任务的突发性、跳跃性之间发生人员、时间上的矛盾，在一定的时期内，往往难于兼顾。因此，需要妥善解决这个矛盾，做到统筹兼顾，长短结合。

各级党政机关的政策研究室，还应担负起协调各类智囊组织的职责。现在，在各级各部门政策咨询研究机构大量涌现的情况下，应该加强这些机构之间的协调与合作。通过协调，沟通信息，交流思想，发挥合成作战的优势，有利于完成难度较大的研究任务。由于政策研究牵涉的面广，所需要的知识和信息量也多，更有协调、合作的必要。各级党政机关的政策研究室，应该而且有条件担负起这个责任。进行协调的形式很多，比如课题规划、协同攻关、专题研讨、方案论证、信息交流、经验介绍等。还要通过建立“特约研究员”制度，把社会上各种人员，比如高等学校、党校、社团、企事业等单位的专门人才，以及一些有政策研究能力的老干部组织起来，以建立一个有专职和业余两部分政策研究人员组成的开放型的政策研究队伍。建立在分散研究基础上的协调、联合，必将给政策研究带来活泼、开放、民主、科学的新风气，从而建立起有活力、有功效的决策支持系统。这是把政策研究提高到一个新水平的重要措施之一。

再次，要有必要的物质条件的支持。

这主要是两方面的工作。一方面是要为政策研究机构提供一些必要的条件，比如改善工作、学习条件，参加必要的会议，提供锻炼的机会等。另一方面是解决经费问题。政策研究队伍是一支轻骑兵，投资少，效益高，它不需要大型实验室和贵重设备，只需要少量资料费、机时费、调研费等，每年确定一个适当的稳定的经费额度，就可以满足需要了。

最后，加强资料、数据的调查收集工作。

资料、数据的调查收集是政策研究工作的基础，只有在取得完备、正确的资料和数据的前提下，才能使研究工作不致走入歧途。应该看到，由于种种条件的限制，现在我国整个统计工作还相当落后，对许多社会经济现象还缺乏系统的调查研究，缺乏科学的统计和数据分析。现有的一些很不完全的数据材料，往往控制在一些部门或地方手里，没有得到充分利用。这种状况，很不适应政策研究工作的需要。加强资料、数据的调查收集工作，是当务之急。要建立图书情报部门，建立和完善科技、经济、社会的统计指标体系和统计制度，建立各种信息和数据的服务系统，健全各种保密和解密的制度，尽可能把各种信息和数据，包括可能得到的世界各国的信息，送到各级政策研究机构。

第三节　政策研究的方法

不同学科的研究对象及特点决定了不同的研究方法。政策研究工作涉及诸多学科知识，并且是社会科学与自然科学的交叉，是政治学与经济学、社会学、管理科学、领导科学的交叉，这种高度交叉性的特征，决定了政策研究必须吸收自然科学、社会科学的研究方法，兼容并蓄，因“题”制宜。从哲学方法论上说，政策研究必须以辩证唯物主义和历史唯物主义的立场、观点和基本方法作指导，这是将诸多方法建立在科学基础上的可靠保证。无产阶级革命导师倡导并有效运用的诸如调查研究，理论联系实际，从群众中来到群众中去等，也是我们进行政策研究应坚持的主要方法。同时，要注意研究方法的不断丰富和发展，吸收并创建新的方法。从目前政策研究工作的实际出发，在方法上强调以下几点：

一、把定性分析与定量分析结合起来

世界上任何事物都是质和量的统一体，事物的质的方面和量的方面是互相联系、互相制约的。脱离了量的定性分析是空洞无力的，不能令人信服，也不能解决实际问题；而脱离了质的定量分析则成了抽象孤立的数字推演，同样是不科学的。因此，当我们用思维去把握现实时，对事物既要作定性的分析，又要作定量的分析，并且把二者结合起来。但是，在我们的政策研究中，一些人对定量分析是重视不够的。毛泽东在《党委会的工作方法》一文中，曾精辟地论述了关于数量分析的重要性，他说："对情况和问题一定要注意到它们的数量方面，要有基本的数量的分析。任何质量都表现为一定的数量，没有数量也就没有质量。我们有许多同志至今不懂得注意事物的数量方面，不懂得注意基本的统计、主要的百分比，不懂得注意决定事物质量的数量界限，一切都是胸中无'数'，结果就不能不犯错误。"[①]政策研究要有预见性，提高预测水平，就要重视定量分析。应该明确，政策研究中提出的观点，要有数据支持。当我们只能用文字概括地描述某个观点的时候，在还没有关于事物状态的数量描述和过程描述的时候，我们的认识还仅仅处于概念的形成阶段。因此，在研究制定每一项重大政策之前，应尽可能在调查研究的基础上，进行定量的分析和必要的数字计算，通过分析和比较，选择较优的方案，做出科学的决策。当然，社会现象、特别是社会经济生活中的问题是十分复杂的，各种情况犬牙交错，偶然因素很多，要研究其中的数量关系，进行定量分析，许多情况下确实是困难的。但是，不能因为进行定量分析有困难，就使认识停留在比较笼统的"大而化之"的定性水平上。人们对事物的认识从定性的描述发展到定性分析和定量分析相结合，是思

① 《毛泽东选集》第1332页。

维方法进一步科学化和准确化的重要标志，是我们在政策研究中必须坚持的努力方向。

怎样对事物进行定量分析？从现代科学的角度来看，应当包含这样几层意思：第一，针对我们面对的问题，应确定要收集哪几种数据，或者说要建立哪几种指标，或指标体系；第二，在选定一种指标体系后，就要运用科学方法来收集足够数量的实际数据；第三，在收集到一定数量的数据以后，就要根据一定的目的，在数据之间进行比较分析，以寻求各种数据之间的关系；第四，还要建立数学模型，通过在数学模型上所作数学推导和计算结果，对于问题的发展做出判断和预测；最后，才能根据这种判断、预测，提出政策方案，或者修改、补充政策方案的意见。

二、重视比较研究法

比较法是政策研究中常用的一种方法。运用比较方法，确定研究对象之间的共同点和差异点，可以对事物展开定性的或定量的分析，揭示事物不易观察到的运动变化规律，从而做出明确判断。比较研究法包括历史的（纵向）与剖面的（横向）比较研究。在政策的制定过程中，历史的比较很重要。“前车之覆，后车之鉴”，科学的客观的历史总结，是科学决策的最好的借鉴。作历史比较，有利于在总结历史经验教训中，发现发展变化的规律，我们在决策中就可以不犯错误或犯的错误少一些。作横向比较，有利于找到国与国之间、民族与民族之间、地区与地区之间、部门与部门之间的差距，发现自己的长处和短处，认识自己的特点，制定出具有自己特色的政策。一些国际性的组织，例如世界银行，他们的优势相当部分在于他们积累了世界各国发展的经验教训，因而能在对各国的考察与比较中，较快地提出一些解决问题的看法，因而，我们在政策研究中要重视运用比较的方法。

运用比较方法，应注意这么三点：一是要看事物之间是否有客观的联系。有的事物有可比性，有的没有可比性，如果拿两件没有共同性的事情来比较，就会成为诡辩，当然得不出正确的结论。二是要看到比较的复杂性，不可简单对待。有的事物一次比较就可以弄清楚，有的则需要经过多次比较，才能对错综复杂的现象的相互关系和因果关系有更为深刻的认识。三是要用科学的辩证思维方法作指导。就是要坚持用实事求是的观点、全面的观点、发展的观点来看问题，反对形而上学的思维方法。

三、借鉴和吸取新的研究方法

现代科学技术的发展，新兴学科、边缘科学、交叉学科的不断涌现，相应地创造出了不少新的研究方法。借鉴和吸取这些新的方法，对于政策研究的繁荣、发展有着重要的意义。例如：

科学预测法。政策研究从本质上讲，是属于未来范围的动态研究。这就不仅要把握过去和现在的信息，而且要科学地预测未来的趋势。政策研究的每一项研究活动，都是一项预测工程。因此，政策研究的方法，应更多地吸收预测科学的研究成果。预测学是一门研究如何对未来状况做出科学估计的学科，它的研究方法，可以基本归纳为定性分析法和定量分析法两大类。

系统分析法。所谓系统分析，就是指把对象放在它所实际隶属的系统之中，通过它与系统以及其他子系统的各种联系和动态过程进行分析的方法。政策研究实质上是整体性、相关性、目的性以及决策者、研究者、被研究对象的统一，它同样要经过“输入——处理——输出——反馈”的全过程。系统分析法是使政策研究能够总揽全局的可靠保证。要提高政策研究的效率和质量，没有系统分析的方法显然是不行的。

价值分析法。价值分析法的基本特点是以功能分析为核心，通过对研究对象的功能分析，想出更好的办法来提高功能或降低消耗，从而达到以最低的总费用可靠地实现最大限度的功能。政策研究成果的基本要求之一是它的最大价值性。因此，在它的研究方法中也应当侧重于功能和成本两个方面。

对策研究法。对策论是研究竞争双方可能采取的最优对策，以及可能获得的最优结果的理论，又叫博弈论或竞赛论，它是运筹学的一个分支。其中，有关对“局中人”、策略、得失等问题的专门研究，可使政策研究更符合客观实际。

第四节　政策研究人员的修养

政策研究中的素质概念，指的是政策研究人员在一定时间、空间条件下进行政策研究的知识、才能、品格、精神、观念等诸因素的总和。政策研究人员的素质如何，直接影响着政策研究的质量，提高政策研究人员的基本素质，是提高政策研究水平的重要一环。因此，必须重视建立一支政治素质、业务素质较高的研究队伍。一般来说，政策研究人员应该在以下几个方面加强自己的修养：

第一，要有较高的政治素质。

政策研究工作，政治性很强，这就要求政策研究人员具有较高的政治素质。政策研究人员政治方面的良好素质，是指辩证唯物主义的世界观以及建立在这个世界观基础上的政治立场，代表先进阶级的先进思想。在社会主义历史时期，政治素质主要是坚持党的领导，坚持社会主义道路，坚持无产阶级专政，坚持马列主义、毛泽东思想。对于政策研究工作来说，应该具备以下三点：

一是要在政治上同党中央保持一致。

二是要有宽阔的胸怀。政策研究队伍具有学科交叉的优势。要很好地发挥这个优势，必须破除门户之见，互相学习，取长补短。政策研究工作又是一种创造性、探讨性的工作。进行探讨，就往往有不同看法，就要争论，在争论中逐步取得一致。政策研究人员一定要胸怀宽阔，既要坚持原则，要有独立见解，又要善于在争论中团结相处。

三是要从国家整体利益出发。政策研究是跨地区、跨部门、跨行业的大系统综合研究，研究工作必须从国家整体利益出发，瞻前顾后，统筹安排。不可否认，由于目前我国在行政体制上条块割裂，部门所有制严重，各种研究机构大都直属不同部门和地区，他们的观点有时自觉或不自觉地会受到部门和地区利益的影响。政策研究人员应当提高自己的理性化程度，自觉地抵制这种习惯势力。他们应该站在国家整体利益的立场上，避免陷在可能产生的部门偏见和利害冲突之中。他们必须对人民负责，对历史负责，以国家、民族利益为重，秉公直言，按科学精神办事。

第二，要有广博的科学文化知识。

政策研究是科学知识再生产的一项活动，它的深入和提高，在很大程度上取决于政策研究人员的知识素质和文化修养。科学文化知识是人们认识事物的工具，是提高认识能力的一种武装。一般地说，政策研究人员科学文化知识愈丰富，对事物的认识能力就愈强，政策研究的水平也就愈高。随着科学技术的发展，每门科学都不是孤立的，都渗透着其他科学知识，同时政策研究又是跨学科的，这就要求政策研究人员应有广博的知识。不学无术、当外行不行，知识面太窄、见识不广也不行。搞自然科学的需要一定的社会科学知识，搞社会科学的也需要借助于自然科学知识。要完成一项比较重要的政策研究成果，常常是各种知识综合作用的结果：具备一定的理论政策水平，才能提高自己的思维能力；具备一定的专业知识，才能以懂行的身份去搞研究；具备一定的文化知识，才能开阔视野，开拓思路；具备一定的数学知识，才能对所研究的事物进行定量、定性分析，用精确的数字来说明问题，等等。这样看来，政策研究人员应有较广的知识面，应是个“通才”。这种“通才型”的人才往往比专家型的人才更难培养。他们是在长期学习和实践中锻炼出来的，而不是随便就可凑数的。因此，政策研究人员必须勤奋好学，坚持不懈，努力提高自己，才能适应政策研究工作的需要。

这里要强调的是，政策研究人员必须掌握马克思主义基本理论。政策研究是一种探索性、开创性的实践活动，如果研究人员理论修养差，就会缺乏预见性，见事迟，不能锐敏地发现和研究新问题，甚至当带有规律性的东西碰到我们的鼻尖时，也可能发现不了。马克思主义理论具有判明局势、揭示规律、预测进程、指示方向的巨大指导作用，是我们搞好政策研究工作的“望远镜”和“显微镜”。因此，必须认真学习和掌握马克思主义的立场、观点和方法，切实打好理论根基。

第三，要有从事政策研究工作的基本能力。

这种基本能力主要有三个方面：

一是独立研究能力。政策研究人员要有调查研究的基本功，善于发现问题，提出问题，并能综合运用自己占有的知识，举一反三，触类旁通，随时迸发出创造性的思路和见解。

二是政策分析能力。政策研究人员应该熟悉党的有关政策，熟悉并掌握本地区、本部门某些方面过去和现在实行的政策的情况，了解不同地区的有关政策，善于在比较分析中找出利弊，从本地区、本部门特点出发设计政策。

三是较好的文字表达能力。政策研究的成果主要靠文字材料来表现。因此，每一个政策研究人员都要具备一定的辞章修养，并在实践中坚持学习，下决心练就一身过硬的文字功夫。

第四，要有求实创新的品格。

政策研究工作的目的，在于探讨事物的客观规律，寻求真理，因此它是一门科学。对待科学，必须坚持老老实实的态度，来不得半点马虎。这最主要的是要树立求实精神，一切从实际出发，一切讲实事求是。这也是政策研究人员必备的职业素质。在研究问题的时候，要面向实际，勇于探索，敢于突破已经不适应实际情况的传统观念和一切束缚人们思想的条条框框；在制定政策方案的过程中，要独立思考，坚持实践是检验真理的唯一标准，不人云亦云，不见风使舵，不看领导人的眼色行事，即使自己的见解与领导人的意见不完全一致，甚至截然不同，也应该大胆直言，无所顾忌，敢于提出经过自己的研究、有充分事实根据的独立见解；在政策实施过程中，要自觉地深入实际，搜集、了解实施中的经验和问题，进一步进行研究，敢于反映真实情况，既报喜又报忧，同时又要有坚持真理、修正错误的勇气，正确的就拥护，不完善的要补充，错误的要提出不同意见，也不怕实践推翻自己已经做出的不正确的结论。

求实与创新是统一的。政策研究人员不仅要从实际出发，而且要求富有开拓前进的精神，具有创造性的思维能力，思想活跃，目光敏锐，善于发现新事物，对各种政策信息反应迅速，能够及时而正确地调查新情况、研究新问题，提出解决问题的办法、措施。总之，只有忠实地反映客观实际，尊重客观规律，勇于坚持真理又大胆创新，才能做一个言行一致、无所畏惧的彻底的唯物主义者，也才能真正搞好政策研究工作。

第五，要有严谨细致的作风。

政策是党的生命，政策出了毛病，就会带来严重的后果。因此，政策研究人员必须抱着对党负责、对人民负责的高度的责任感和革命事业心，在政策研究中坚持严谨细致、认真负责的工作作风，每一个步骤、每一个环节，都要一丝不苟。在了解情况时，不能满足于一般地听听汇报、看看材料，不能浅尝辄止，而要进行细致的综合研究，追根求源，力求把握事物的联系，了解它的底蕴；在测算数据时，要做到准确无误，不能凭“想当然”，不能靠“估计”“大概”“差不多”一类的数字来应付；在分析问题时，要坚持正确的立场、观点和方法，要讲究分寸；在形成材料时，要字斟句酌，一个标点也不放过，力求准确地反映研究结果。应该懂得，我们所做的一切，都要能够经得起实践的检验，经得起历史的审查；而任何一个环节的疏忽，都可能铸成大错。

在政策研究工作中要做到严谨细致，还要发扬不怕吃苦、勇于攀登的精神。吃苦精神主要反映在三个方面：一是在实地考察中，要不怕条件艰苦，不怕跋山涉水，不吃透情况誓不罢休；二是在“加工制作”过程中，多思多想，付出艰苦的脑力劳动，有时候需要夜以继日，连续作战，耗费很多精力，以至弄到废寝忘食的程度，三是在研究过程中不怕困难，遇到矛盾不是回避，而要迎难而上。总之，政策研究如果没有“衣带渐宽终不悔，为伊消得人憔悴”的精神，是不能达到“柳暗花明又一村”的境地的。

需要强调指出的是，不仅要重视每个政策研究人员的修养，更应重视作为整个研究机构人员群体结构的优化，这包括年龄、知识等多个方面的内容。如果不注意群体结构的优化，即使人员很多，文化程度也很高，也起不到应有的作用，甚至力量会互相抵消，难以形成“合力”。

第五节　国外的政策研究

在美国、西欧和日本，政策咨询研究正蓬勃兴起，这类机构也大量涌现。美国在1916年创立布鲁金斯学会，1919年创建胡佛研究所，这两个综合性政策研究机构，被公认为现代智囊团的先驱。第二次世界大战以后，科学技术与社会经济以空前的速度向前发展。为了使这一发展少走弯路，各国竞相发展咨询业务，并日益完善化、制度化，逐步形成了一种社会公认的行业——“智囊团”。在这些众多的研究机构中，有些主要为统治集团在政治、外交、经济、军事、科技、社会等各个领域进行调查研究，出谋划策，即进行综合性政策咨询研究，而有别于一般学术和纯科技研究机构。在美国，通常把这类机构称为“思想库”。

政策咨询研究在现代决策中起着非常重要的作用。这里以日本为例。日本在战后之所以能迅速崛起，一跃而成为世界上仅次于美国的经济强国，最主要的因素是它重视现代教育。日本的现代教育之所以能很好地适应形势的发展，是由于其教育决策的科学性，而教育决策的科学性，又归功于教育界的“智囊团”——教育审议会、教育革新委员会以及中央教育审议会。教育审议会成立于1937年12月，是总理大臣的咨询机构，它接受了“应该采取何种方案以刷新和发展我国教育内容”的咨询，审议了学校教育、社会教育、教育行政和财政等整个教育领域的问题，提出了7项咨询和建议。1946年8月日本政府设立了教育革新委员会，是总理大臣的咨询机构，由五十来名学识渊博的人士组成。从1946年9月开始工作到1952年1月为止，在五年多时间，对日本教育进行了全面的批判和研究，并向总理大臣提出了35次建议，后来经过讨论，提出了全面改革日本教育的方案，提交国会审议后付诸实施。该委员会对战后日本的教育改革立下了汗马功劳。日本文部省于1952年在教育革新委员会的基础上设立了中央教育审议会。该会按照文部省大臣的咨询，调查和审议有关教育、学术和文化方面的基本政策，并据此向文部省大臣进行建议。日本就是通过教育界的这些政策咨询研究机构，不断提出改革教育的方案来进行决策的。由于教育决策的科学性，从而提高了全日本民众的文化水平，促进了科学技术的进步，最终实现了经济的巨大起飞。

当前，这类综合性政策咨询研究机构即思想库，可以说遍及世界。无论是发展中国家还是发达国家，都有相当的数量。相对来说，发达国家的思想库要比发展中的国家多，并且质量也高。发达国家，不但政府中有众多形式、多种名称的思想库，如各种委员会、审议会、咨询会议等，而且在民间也有不少思想库。

发达国家思想库研究的领域十分广泛，包括外交、政治、军事、经济、社会、科技和情报等，可以说囊括了现代社会出现的各种问题。例如，美国的思想库在国内研究方面，包括诸如权力结构，社会制度、经济发展，财政预算和开支、资源开发和利用、企业经营管理、市场分析和预测，以及金融、货币、税收、福利、卫生、教育、科研、地区发展、城市管理、贫穷和犯罪等问题。有人形容美国的思想库说，它的研究报告“决定着美国人从出生到死亡的一生”；有人认为，只要分析一下日本那些主要思想库的研究课题，就不难推测出日本的决策集团正在思考什么，正在追求什么。发达国家的思想库已经明显地影响着国家的一切活动，通过决策人物而显示出越来越大的作用。

政策咨询研究机构的作用相当广泛，主要有以下几点：

（一）从事调查研究，提供系统和背景情况，分析、估计形势，展望发展趋势，充当认识机构；

（二）出谋划策，提出战略政策主张和措施，充当幕后决策机构和咨询机构；

（三）宣传主张，制造和左右舆论，影响决策，充当宣传机构；

（四）沟通国内外各方、各派的观点，交流看法，讨论并协调政策，充当国内外重要的财团和权势集团的政策协调机构；

（五）培训、储备和交流人才，为统治当局输送治理和决策人员。

当然，并非每一个机构都起这些作用，常是各有侧重的。

从美国的思想库来看，这些政策咨询研究机构的研究活动，主要有这么一些特点和方法：

（一）情况研究与出谋划策相结合。不仅了解情况，分析形势，回顾过去，估计趋向，而且对症下药，提出可供选择的战略、政策和具体措施。

（二）国内研究与国外研究相结合。一些研究机构不仅研究国内问题，而且研究国外的问题，并把这二者联系起来，研究其相互作用与影响。

（三）专项研究与综合研究相结合。某些研究机构既研究政治、经济、军事、外交、社会等某一领域的问题，又将各个领域的问题综合起来进行研究；既研究对某一地区或国家的政策问题，也研究本国整个对外战略与政策。

（四）微观研究与宏观研究相结合。如研究如何维持经济增长，将宏观经济与微观经济方面的问题联系起来进行分析，提出政策、措施；在军事方面，既研究战略问题，也研究战术问题；在政治方面，既研究总体问题，也研究某些具体问题。

（五）短期、中期和长期政策相结合。对某一问题不仅研究当前亟待解决的方面，提出应急措施，而且预测今后中、长期内的发展趋势，研究对策，制定长远战略，并在此基础上发展成为一门专门的未来学。

（六）社会科学与自然科学研究相结合。如能源问题，不仅研究其对国家安全、经济发展、人民生活等方面的关系及其影响，而且还研究在开发、利用、节约能源中的技术问题。

（七）传统研究方法与现代科学方法相结合。有的机构除沿用一般研究方法外，还使用电子计算机等先进设备来查找资料，运算数据。有的机构创造了一些独特的研究方法，如美国兰德公司的“程序预算编制法”“成本效用分析法”“系统分析法”；有的机构提出了独特的研究理论，如美国乔治城大学战略和国际问题研究中心估计世界各国实力的“战略发展趋势理论”，有的机构还运用独特的研究方式，如美国斯坦福国际咨询研究所的“趋势估计和监视计划”，借以跟踪不断发展的形势。

（八）内外结合。这主要是指这些机构的活动方式而言。它们不仅自己制订研究计划，确定选题，配备专职研究人员，独立进行研究，同时与国外其他机构合作，相互交流人员，共同制订计划，对某一问题进行研究。很多时候它们是利用各种会议来进行内外交流的。通过交流，了解各国、各方的观点，起到政府所不能起的作用[①]。

① 参阅吴天佑、傅曦编著《美国重要思想库》，时事出版社 1982 年版，第 3—6 页。

第六节　世界著名的思想库——兰德公司

目前世界上有不少有名的政策研究机构，它们的经验和做法对我们是有启发的。这里，我们着重介绍一下以“政策研究权威”和美国政府的智囊团、思想库著称的兰德公司。

兰德公司是美国最重要的综合性战略研究机构，也是美国规模最大的政策咨询机构，被誉为世界智囊团的开创者。“兰德”是英文“研究与发展”的缩写。它组建于1946年，从美国空军和道格斯公司签订合同，推行兰德研究计划开始，至今已有四十来年历史。它的研究成果对美国各项政策起着不可低估的作用，尤其是对美国军事科技的发展、军事战略思想和防务政策的形成和演变，以及美国政府制定对苏、对华政策都做出了很大贡献。

兰德公司的水平由一大批杰出的研究人员所代表着。据1982年底统计，它有研究员424人。其中，博士占43％，硕士占32％，学士占21％；另外400多人中，文职秘书占绝大多数。这些秘书业务熟练，办事精干，为研究人员提供了良好的业务后勤服务。同时，兰德公司还聘请了400多名知名学者作为客座研究员或顾问。兰德公司的很多研究人员是国际知名的学者和专家。有6位诺贝尔经济学奖获得者曾在兰德公司工作过。兰德公司拥有一个专为培养政策分析人员的研究生院，设有政策分析的博士学位，它所采用的教学大纲是以掌握分析技术方法为目的，通过让学生参加兰德公司的部分课题研究积累经验。该院建立十六年来，培养了大批政策分析人才，共有42人得到博士学位。

兰德公司的研究领域十分广泛。尽管它是以研究美国空军问题起家，现在开展的4个主要研究领域有3个还是以国家安全、空军和陆军为对象，但是民用项目计划在最近几年内有了较大的发展。民用研究项目主要包括：各种工业技术（通用技术、城建、交通、能源等）、农村发展、教育和人才资源、社会问题、卫生保健、民法等。典型的研究项目有：大型项目的成本和风险性分析、海洋能源的开发、世界石油价格预测、妇女就业问题、吸毒的控制等。兰德公司每年出书7本，公开发行的各种研究报告、论文即达400余份。

兰德公司政策咨询研究的主要特点是：

第一，和政府保持了密切的关系。

这是兰德公司最突出和最根本的特点。这使它享有许多额外的便利，例如消息异常灵通。其最大的好处，就在于能经常了解政府面临哪些问题，政策实行中有什么麻烦，从而使自己的研究努力紧紧跟上国家决策的日程，政策研究成果更为实际与成熟，为政府采纳的比率大大提高。

兰德同政府关系的密切还体现在："学而优则仕"，不管是共和党还是民主党的政府上台，都有兰德人去"做官"；"仕而优则学"，卸任的政府官员和专家又是兰德的重要人才来源。现在兰德的最高机构理事会中就有拉姆斯菲尔德、布朗这两位前国防部长。尽管兰德和政府保持着密切的关系，但在具体研究中，兰德努力遵循"独立、客观和科学"的原则。他们尊重事实，注意统计规律，依靠电子计算机进行仿真模拟，并辅之以基础理论的分析，从不迷信权威，不受"大人物"言论的干扰。例如，兰德的多数研究人员对里根的"星球大战"计划持怀疑和否定态度。当初，兰德确定设在远离首都的加利福尼亚西海岸的一个理由，就是为尽量减少政府对它们研究工作的干扰。

第二，严谨的治学风格。

兰德的治学风格，突出表现在严谨认真、注重实效上。他们认为政策研究是实打实的，不能仅满足于弄清情况和停留在理论上的探索，而是要从中引申出能够具体、有效地影响社会行为的改革措施来，不然就只走了一半里程。兰德人认为最大的耻辱是被称作"书生气”“学院式”。外界有人说兰德的研究成果“琐碎”，“缺乏巨著”，“学术水平不高”，兰德人则不以为然，他们觉得能对现实生活做出直接贡献，同样是真正反映高学术水平的。

兰德坚持跨学科和综合研究。兰德认为美国面临的各种问题是庞大而复杂的，要得出政策答案，在大多数情况下，都不能由哪一个单一学科来完成，而只能采取跨学科的方法。在兰德，几乎所有项目都是由不同专长的学者，采取不同程度的“集体研究”（从组成“工作班子”到一人研究、大家讨论等）来完成的。由于它学科齐全，合作紧密，有条件从较宽的视野进行分析。

兰德用对待硬科学的那种严肃态度来研究软科学。误差分析是硬科学研究中不可缺少的重要方法，但兰德的研究人员在软科学研究中也成功地运用了这一方法。误差估计和精度测算从一个政策研究项目的开始——统计抽样方案的选定，就着手进行并一直贯彻到项目的终结。兰德研究人员对误差分析重要性的认识是从实践中不断深化的。能源专家麦若博士曾讲过这样一件事：从1981年开始，美国很多研究机构和大学在对世界石油价格的预测分析中，由于把沙特阿拉伯对世界石油市场的影响简单地处理成次要的随机变量，结果预测结论无一接近实际。所有的50多份报告，没有一份报告作认真的误差分析及提供精度的说明，都认为世界油价会持续上涨。当时的美国政府和企业界由于受到这些报告的影响，大力发展核电，耗了大量的资财，并使美国的核电成本成了世界之最，而今天的事实却是石油价格降到约10美元一桶。

兰德的科学态度还表现在研究机构的严密和高效上。以抽样调查为例，兰德下设有一个由30多人组成的抽样小组，协助各课题进行抽样方案设计、样本选取及具体的抽样实施。他们的抽样形式有当面采访、书信问卷调查及电话询问。抽样小组设有29台电话采访终端，调查员随时把采访对话输入到电子计算机中，一位专家通过终端显示来监察采访过程，控制采访质量。

第三，有一条科学地使用、发挥，培养以及保持智力资源的用人之道。

兰德认为，一个合格的政策分析家必须在社会科学和自然科学方面具有渊博的背景知识，掌握多种不同的分析技术，并有能力和信心从事跨学科的研究。正是从这条用人标准出发，兰德不仅拥有一支人数众多、质量颇高的研究队伍，并且注意使队伍的构成“均衡配套”，即力求让研究人员与行政支援人员，研究人员中的各种不同专业人员，以及资深研究员与年轻的研究员等，按最佳比例搭配。

兰德十分注意保持基本队伍的高质量、稳定性和后劲。兰德的经营很灵活，不同人员随研究项目的增减有进有出，但从事与国家安全研究有关的骨干，则始终保持长期稳定。另外还从著名大学中选用一些专业与兰德研究项目对口的研究生来写博士论文，让他们既完成学业，又承担部分课题任务。其中优秀者往往留下来成为兰德骨干队伍的生力军。兰德每年都要进行激烈的录用人员的竞争活动。这是一种不带偏见的竞争，被录取者必须是与兰德气质相似的人。几十年来，兰德人不断换代，其骨干队伍始终能跟上最新学术水平，后劲越来越大。

兰德尽量给研究人员以进修和交流的便利。兰德人在完成本职工作的前提下，可以自行机动支配时间。有些人就是这样挤出时间去读博士学位的。兰德还尽量给研究人员以外出兼职、兼课、当访问者以至进政府工作一段时间的便利。兰德内部各个学部之间也有人员交流，这主要是通过组织跨学科研究进行的。研究人员经过一个又一个跨学科项目的研究，不断扩大自己的研究领域，反转来又使自己的第一专业上升到仅仅从事单科研究无从达到的高度。兰德人这种一专多能的跨学科本领，使他们具有很强的适应形势和任务变换的能力。

兰德要求研究人员自由探索，不断创新，有一个钻研学术的气氛和环境。一位曾经在兰德工作过的哈佛大学教授说：“在兰德处于一种接受挑战、忠告、评论、争论、鼓励和教育的地位。兰德不仅是一个优秀人物的集体，而且是一个以智慧、创造力和生气勃勃为特征的社会有机体。”生活在这种环境中，对每一个人都有无形的压力，要求他不断勤奋工作，努力钻研，有所建树。因此，兰德公司打破了8小时工作制的常规，研究工作不分昼夜，星期日也常常利用。

兰德也很重视学习和交流。公司要求研究人员经常注视科技发展的新动向；要求他们不光钻研本专业知识，而且要学习其他学科尤其是新兴学科的知识；要求他们具有较高的智能，博中有专，专博相济，是专家中的杂家，专家中的通才。自然科学家要学习社会科学和哲学，经济学家要熟悉一些工程技术知识。兰德差不多每年都组织研究人员去参观访问各地的民间和军事研究单位，每月要接待400多名各界学者、科学家以及政治家前来交流和讲学。这十分有助于兰德人员的提高。

第四，不断探索各种科学的研究方法。

兰德的本行是政策分析，它以向政策制定人提供有足够情况为依据的政策建议，使决策得到改进为基本目标。为此，它不断地探索着各种科学的研究方法。兰德已总结出一整套自己独特的政策研究理论与研究方法，并把每个研究步骤规范化。在此过程中，它为“系统工程与系统分析”这门现代学科的创建和开拓，做出了杰出的贡献。兰德为有别于工业界通常使用的“系统工程”一词，称自己的方法为“兰德型系统分析”，即把传统的研究方法与现代系统分析结合起来，利用电子计算机技术提供的最新便利，全面分析影响事态发展的有关因素与资料，提出前景展望与多种政策方案，对比其间利弊，最终找出最优政策选择。

兰德公司的专家们还创造了一整套政策研究的跨学科的分析方法，比如：著名的线性规划方法、非线性规划及最优方法、运筹学及博弈论在政策分析上的应用，特尔斐专家调查法及A因子方法等。这些先进的研究方法加上兰德开发出的一系列计算机实用软件，为世界范围的软科学研究事业的发展做出了重要的贡献。

总之，经过40年的努力，兰德公司已经成为一个规模巨大、学科齐全、独具特色的现代化政策分析思想库。它的成功经验值得我们学习、借鉴。

第十三章

努力提高政策水平

党和政府在制定了正确的政策之后，就要在实际工作中全力去贯彻，使之变成群众的自觉的行动；而要做到这一点，又必须依赖于广大干部，在很大程度上取决于这些干部的努力。这是因为，广大干部既是各项实际工作的领导者、组织者和实践者，又是党同广大党员及人民群众直接联系的桥梁。党的政策要靠干部去向群众宣传解释，靠干部率先做出榜样，靠干部去组织群众付诸行动，还要靠干部在实践中不断发现问题、解决问题，及时地把政策执行的情况反映出来，又把进一步贯彻的意见落实下去，如此自上而下和自下而上的循环往复，才能保证党的路线、方针、政策不断完善与圆满地实现。由此可见，在贯彻执行政策过程中，干部的作用是极其重要的。这就要求我们的干部都能有较高的理论水平和政策水平，都能比较稳当地掌握每一项政策，都能既严肃认真而在方法上又很灵活地执行党的政策。这一章，我们就着重谈谈提高干部的理论政策水平问题，并且作为全书的结束。

第一节　政策水平是衡量干部素质的重要标准

对于一个干部的素质，可以从德、识、才、学等不同方面去衡量，但其中重要的一条，则是看他的政策水平的高低；或者说，懂不懂和善不善于实行党的路线、方针、政策，这是衡量一个干部觉悟高低、能力强弱的重要标志。

为什么这么说呢？我们知道，一个革命政党的任何行动都是实行政策。同样，对于我们党的干部来说，每个人所从事的一切工作也与政策问题紧密联系，都在执行某项政策，他们不是执行正确的政策，就是执行错误的政策；不是自觉地，就是盲目地执行某种政策。经验证明，干部政策水平的高低，对于贯彻执行党的政策具有决定的意义。我们常常看到这样的情况，党的政策是正确的，也符合群众的意愿，但在有的地区、部门或单位，实行的结果却不能令人满意，没有达到预期的结果，这里的原因固然很多，主要的一点，则是这里的干部尤其是主要领导干部的政策水平不够高，执行政策不够有力。群众常说的“歪嘴和尚把经念反了”，指的就是这种情况。例如，企业推行承包制，进行招标，这是很好的政策，但是能否真正引入竞争机制，而且在平等的基础上竞争，则是承包政策能否真正落实的关键。这里就牵涉到干部的政策水平问题，要求执行政策的干部，不仅要懂业务，还要有全局观点和正派的思想作风，要不折不扣地按政策办事，依法办事。如果干部的政策水平不高，再好的政策也难以落实好。

我们党历来重视政策问题，要求共产党员和广大干部认真学习和研究政策，并坚决地贯彻执行，“必须锻炼自己成为懂得马克思主义策略的战士”[①]。党的十二大通过的《中国共产党章程》，也强调了政策问题，并明确地作了有关规定。在党员必须履行的八条义务中，第一条是“认真学习马克思列宁主义、毛泽东思想，学习党的基本知识和党的路线、方针、政策和决议，学习科学、文化和业务”。在党的各级领导干部必须具备的基本条件中，第一条就规定“有一定的

---

① 《毛泽东选集》第751页。

马克思列宁主义、毛泽东思想的理论政策水平”。为了使地方党政领导干部的考核工作更加科学和规范，经党中央批准，从1988年起，在我国建立地方党政领导干部年度考核制度。《县（市、区）党政领导干部年度工作考核方案（试行）》适用于由选举产生的干部，它把被考核者的工作实绩和德才素质分为九个项目，依次为“贯彻方针政策”“知人善任”“实施组织领导”“团结配合沟通”“分管工作完成情况”“工作态度”“原则性”“民主性”“廉洁性”等；《地方政府工作部门领导干部年度工作考核方案》，适用于由委任产生的干部，它从工作实绩和“政策理论”“本职业务能力”“组织协调能力”“调研综合能力”“用人能力”“口头表达能力”“文字表达能力”“工作态度”“法纪观念”“改革创新观念”等十个方面对被考核者进行评鉴。可见，不管是选举产生的还是委任产生的干部，对他们基本的要求，重要的一条就是政策水平。

上面是就对领导干部的要求而言，对广大普通干部来说，政策水平也仍然是一条主要的衡量标准。这里还要强调指出，对于基层干部特别是乡村干部来说，更要努力提高他们的政策水平，增强他们的政策观念。由于文化水平以及农村条件的限制，农民中直接见到中央文件的并不多，他们接触最多的是乡村干部，乡村干部对政策理解和掌握的程度，对农民影响很大。1987年春，《人民日报》记者在山东滕县（编者注：今滕州）采访，问农民靠什么了解中央的政策，分住在两个村的刘某和高某同声说：“主要听干部吹。”这两人分别经营着两个很兴旺的个体企业，两人看上去同样精明，但心理状态明显不同。高某极力把自己的资产说得少些，并声称不再扩大工厂的规模，而刘某却在自己小小的院子里盖起一栋两层的新车间，准备扩大工厂规模。为什么会出现这种差别呢？主要原因是两个村的干部对于个体企业政策理解不同所致。高某那个村的干部对这个“地主后代”的致富有些不习惯，有一次对高某说：“三中全会后就好了你们这伙人。”刘某那个村的党支部书记则按照党的政策，支持个体企业的发展，他不仅要刘某填写了入党申请书，并且要求刘某在村里想法发展针织业。这说明，许多农民还在凭干部的态度来确定自己干什么和不干什么[①]。因此，提高乡村干部的政策水平，有着十分重要的意义。

衡量一个干部政策水平的高低，不仅要看他能否深刻理解，能否恰当地组织群众正确执行，而且要看他是否能以身作则，带头贯彻执行。列宁说过："群众主要地是从亲身的经验中学习。"[②]干部的思想作风如何，能否带头执行党的政策，对各项政策的落实影响很大。他们的一言一行，影响到一个单位、一个部门、一个地区。在这个问题上，我们的干部特别是各级领导干部一定要有足够的认识。这是因为，群众往往是根据执政党各级干部特别是领导干部的言论，尤其是行动来看待党、评价党的，影响所及，关系到群众的情绪和积极性，关系到党的威信以及革命和建设事业的成败，决不可等闲视之。在这方面，人们总结了不少经验，例如"喊破嗓子，不如做出样子""打铁先得本身硬""村看村、户看户，社员看的是干部"等等，说的都是一个道理。领导者为人表率，做出榜样，才有资格去教育群众、说服群众和带领群众为实现党的路线、方针、政策而奋斗。因此，要求群众做到的，自己首先做到；要求群众不做的，自己首先不做。否则，领导"唱功好，做工差"，台上讲得头头是道，台下不和自己行动对号，那就会上行下效，妨碍党的路线、方针、政策的贯彻。

事实证明，干部带头，比任何言辞更有动员作用和说服力。无声的榜样胜过有声的命令，身教重于言教。烟台市是我国住房制度改革较早、搞得也较好的城市，之所以搞得好，群众满意，重要的一条经验就是领导带头执行政策。房改工作开始时，这个市虽然一再宣传"多住房，多拿钱，住好房，多拿钱"，实行"住房面前官民平等"，但人们对此并不完全相信。在房改方案出台前夕，一位副市长

① 见《政策稳，人心定——1987年春在滕县》，1987年5月24日《人民日报》第2版。

② 《列宁全集》第9卷，第133页。

征求群众对方案的意见，有个职工火辣辣地讥讽道：“什么改革，还不是‘革’老百姓，能‘革’到当官的头上！？”后来这位职工看到了几位市领导的房租单，承认改革也“革”到了当官的头上，他们的火气熄了下去。该市市长住房总面积90.95平方米，房改前月房租7.28元，现在按照全市房改方案确定的每平方米1.28元计租金为116.42元，因质量较好另增加租金5.21元，因而他每月应交租金121.63元。市长全家基本工资307元，按23.5％计发有价住房券72.15元，按政策规定减免增支部分20％，共7.84元，扣除这两项，他每月实际交纳房租41.64元。机关财务账单上清楚地记载着，财务科每月从市长工资中扣下的房租正是这个数目。房租单上，几位副市长也是按住房面积交房租。市长们的房租单在群众中引起了很大反响。群众信服政策，也佩服政策的执行者。思想认识的统一，推动了烟台市房改工作的顺利进行①。

上面举了一个好例子，这里再说一个反面典型。1988年8月7日《人民日报》刊了这么一个消息：现年38岁的陕西省乾县梁村镇中梁村党支部书记杨某，原已生育7胎。1987年2月，杨的妻子又生下第8胎。儿子满月时，杨披红挂彩，杀猪宰鸡，摆30桌酒席庆祝。由于身为村党支部书记的杨某带头超计划多胎生育，近年来，中渠村的五个自然村中，计划生育工作无人过问，多胎生育现象严重。一些超生者说：“书记能多生，我也能多生。”可见，领导者到底是带好头还是带坏头，对于贯彻执行政策，有着多么重大的不同的影响和作用。

第二节　维护政策的严肃性

我们党的政策是在马克思主义理论指导下，根据党的政治路线以及革命和建设的具体实际制定的，是符合无产阶级和广大人民群众的

① 见《市长们的房租单》，1988 年 5 月 7 日《人民日报》第 2 版。

根本利益的，是指导工作、分析和处理各种复杂问题的依据。为了保证党的政治路线的实现，必须保证作为政治路线具体体现的各项方针政策能够得到认真的执行。只有统一政策，才能统一行动，步调一致地去夺取胜利。这就要求各个地区、部门、单位，要求广大干部特别是各级领导干部，必须增强政策观念，维护政策的严肃性，认认真真地贯彻执行各项政策。

维护政策的严肃性，首先要正确地对待政策。要从“政策和策略是党的生命”的高度认识政策的重要性，增强政策观念。对于党的各项政策，必须采取严肃的态度，不准采取阳奉阴违、各行其是、各自为政的错误态度，不能合意的执行，不合意的就不执行，公开地或者变相地进行抵制，甚至随心所欲，标新立异，以感想代替政策，擅自另定什么“政策”；不准在群众中公开散布与党的方针政策相反的意见，造成群众对党的方针政策的误解和混乱。

维护政策的严肃性，必须反对“上有政策，下有对策”的错误做法。政策是党和政府为了完成某一任务而制定的行动准则，政策规定什么该做，什么不该做，该这样做，不该那样做，以保证任务的完成。“对策”，即对付、应付的策略和办法，这是钻政策的空子，甚至歪曲政策以搞不正之风的恶劣行为。这些人把自己摆在国家整体利益的对立面，站在本单位、小团体的立场，抵制、干扰甚至破坏政策的实施。例如，政策规定不准乱涨价，他可以改换装潢，以次充好，变相涨价；不准滥发奖金，他可以发实物；不准发实物，他可以“代买垫付款项”，分期扣还，而真的要扣清，也许得扣几十年，等等。一个政策下来，有些人就想方设法钻政策的空子，尽可能为本单位、小团体多捞一点利益，而置国家整体利益于脑后，其恶劣结果是可想而知的。我们必须反对这种“上有政策，下有对策”的做法，正确认识和处理国家、集体和个人之间的利益关系，顾全大局，自己制定的小政策一定要服从大政策，保证各项政策不折不扣地得到贯彻。

维护政策的严肃性，还要坚持正确的变通原则。一些政策规定在实行过程中，从本地区、本部门、本单位的实际出发，可以有所变通。但是有的地方却以“变通”为名，歪曲政策，为少数人谋私利。河北省宽城县政府党组严重违反国家劳动人事政策，擅自将35名以工代干人员转为国家干部，美其名曰“变通办理”。当宽城县人大获悉这一情况，通知县政府将转干情况向县人大常委会汇报，并要求“暂停办理转干手续，待认真研究后再行处理”时，理应接受人大监督的县政府，竟以转干是政府党组研究的，人大无权监督政府党组为由，拒绝向人大汇报。[①]检验变通是否合理，标准只有一个，就是是否有利于生产力发展，有利于改革和对外开放。而如上面所举的一类所谓“变通”，恰恰妨碍改革和对外开放，滞碍生产力的发展，为少数人或小集团谋取利益而损害党和人民的利益。这种变通违反原则，破坏党的政策的严肃性，应坚决反对。

维护政策的严肃性，必须严格政策纪律，反对在政策问题上的无纪律状态和无政府状态。遵守纪律的最高标准，是真正维护和坚决执行党的政策，国家的政策。我们党历来重视这个问题。回顾一下党的历史，我们会对这个问题有更进一步的认识。

1948年，我党曾提出用最大的努力，克服在路线、方针、政策问题上的无纪律状态和无政府状态。当时为什么要提出这个问题呢？这一年正是我国革命发展的极其重要的时期，中国共产党已经拥有1.6亿人口并在某种程度上连成一片的地区当政，并即将成为执掌全国政权的党。但在这时，一些党、政、军领导机关，由于长期处于游击战争和被敌分割的环境中，形成相当严重的无政府状态和无纪律状态。例如，在执行土改、统一战线、工商业、宣传教育等方面的政策时，往往出现不经中央（或中央委托的领导机关）的同意，自由地、迫不及待地擅自修改中央的政策，执行自以为是的违背中央的路线和政策；在工作繁忙的借口下，采取事前不请示、事后不报告，多报功绩，少

① 见1988年5月16日《人民日报》第1版。

报错误缺点的不良做法，将自己管理的地方，看成一个独立王国。为了克服这些严重妨碍统一意志、统一纪律、统一行动的分散主义现象，党中央自1948年1月以后，连续多次发出指示，其中有1月7日发出的《关于建立报告制度》的指示，规定建立政策性综合报告的制度；3月，又发了补充指示；同年9月，政治局会议提出要“用最大的努力克服无纪律状态和无政府状态”，做出了关于向中央请示报告制度的决议；9月20日，中央又作了《关于健全党委制》的决定，以及关于召开党的各级代表大会和代表会议的决议。这些措施都是为了克服分散主义，保证党的路线、方针、政策的正确贯彻。为了提高全党执行纪律的自觉性，加强对无政府无纪律现象的斗争，1948年6月1日，《人民日报》刊登了中共中央宣传部关于重印列宁《共产主义运动中的“左”派幼稚病》第二章的《前言》。《前言》指出：“那些犯有无纪律无政府错误的同志，大都是对中央的路线和政策不细心研究，不认真执行，对于带政策性原则性的问题，粗率地、不细心地擅自处理，事前既不请示，事后又不报告，以至在某些行动中和宣传中直接违反党中央和上级的决定，造成错误，而且不能迅速纠正。这种无党性无纪律性的现象，是党和人民利益所不能容许的。”由于我党坚决而又及时地纠正了在政策问题上的无纪律状态和无政府状态，把全党的思想统一在党的正确的路线、方针、政策上，从而夺得了解放战争的伟大胜利。

党的十一届三中全会以来，党中央既要求各地解放思想，从实际出发，创造性地贯彻中央的各项政策，同时又强调要维护政策的严肃性，认真执行党的纪律。《中共中央、国务院关于一九八六年农村工作的部署》（1986年1月1日）就指出：“这几年，中央对农村工作连续发出了一系列重要政策文件。各地各部门认真执行，为推动农村改革做出了应有的贡献。但是，在若干问题上，也存在思想不统一，工作不适应，对新事物支持不够，对中央政策执行不力的情况，必须加以克服。今后，各个地方和各个部门要维护党的政策的严肃性，提高执行政策的自觉性，在重大政策问题上不得各行其是，修改不适合情况的过时政策，必须通过民主集中程序。需要变通执行的，也必须请示报告，经过批准。执行中遇到困难时，要调查研究，积极探索，发挥主动精神，不能知难而退。”我们一定要遵循中央的指示，增强纪律观念，维护政策的严肃性，正确地、百折不挠地贯彻执行各项方针政策。

第三节　反对政策问题上的“左”倾、“右”倾

正确政策的贯彻执行，往往不是一帆风顺的，而会遇到干扰，可能出现这样或那样的错误倾向。在实践中，常见的错误倾向有两种：“左”的倾向和右的倾向。这两种倾向都偏离正确政策的轨道，而有害于革命和建设事业。因此，在贯彻执行政策的过程中，我们必须善于和“左”倾、右倾做斗争。只有克服了错误倾向，才能维护党的正确政策，才能保证政策的贯彻执行。这也是我们党的一条极为重要的历史经验。

我们所说的“左”和“右”，是指党内政治方针政策上的指导思想离开马克思主义的倾向性的东西，而不是指具体工作中这样那样的小的偏差或缺点错误。毛泽东总结我们党同“左”倾、右倾斗争的经验教训，对“左”倾、右倾作了正确的解释。他说：“超过时代，超过当前的情况，在方针政策上、在行动上冒进，在斗争的问题上、在发生争论的问题上乱斗，这是‘左’，这个不好。落在时代的后面，落在当前情况的后面，缺乏斗争性，这是‘右’，这个也不好。”[①]这就告诉我们，“左”倾、右倾的含义有两种：一种是指主观认识不符合客观实际，即时间还没有到，他看过头了，就叫“左”倾，不及，

① 《毛泽东选集》第 5 卷，第 152 页。

就叫右倾。另一种指我们做的事情本身就是错误的，不是什么“看过了头”和“落后于实际”的问题，而是在“方针政策上和争论的问题上乱斗”，或者是“缺乏斗争性和丧失斗争性”的问题。这些“左”的和右的错误，并不是跑在时间前边和时间后边的问题，而是做的事情本身就根本错了的问题。这种在党内和革命队伍内部，为了克服和纠正偏离马克思主义的理论原则和党的正确路线、方针、政策的错误倾向而展开的批评和斗争，就是反倾向斗争。

我们党的正确路线和正确政策，同“左”或右的错误路线和错误政策是完全相对立的。我们所取得的革命和建设事业的伟大胜利，就是我们党的正确路线和正确政策战胜“左”倾、右倾错误路线和错误政策的结果。回顾党的历史，我们就可以清楚地看到这一点。在大革命时期和大革命失败以后，“左”倾、右倾两种错误路线和错误政策，曾经在我们党内一时占据了统治地位，直到1935年1月“遵义会议”以后，确立了毛泽东在红军和党中央的领导地位，才彻底克服了“左”倾和右倾机会主义的错误领导，实行了正确的路线、方针、政策，从此保证中国革命一个胜利接着一个胜利地不断前进。但是新中国成立后，由于种种原因，我们党内曾一度唯心主义横行，形而上学猖獗，在指导思想上出现严重的“左”倾错误，例如1958年的高指标、瞎指挥、浮夸风、“共产风”等，特别是“左”倾错误在政治和思想文化方面的继续发展，后来成为“文化大革命”的导火线。党的十一届三中全会从根本上批判和否定了党在指导思想上的“左”倾错误，重新确立了实事求是的辩证唯物主义的认识路线和思想路线，制定和推行新的路线、方针和政策，把全党工作重点转移到社会主义现代化建设上来，实现了新中国成立以来我党历史上具有深远意义的伟大转折。

“左”的和右的错误，都是以主观同客观相分裂、认识和实践相脱离为特征的。发生这种偏颇的根源是复杂的，需要做具体的分析。从社会根源讲，旧中国是一个半殖民地、半封建社会的国家，农民和其他小资产阶级占绝大多数，我们党就处在这个广大阶层的包围之中；在我们党内，小资产阶级和农民出身的党员也占相当大的比重。小资产阶级由于在经济地位上的不稳定性，其中大多数群众经常陷于贫困破产和失业的境地，在政治上他们一般地就容易表现为左右摇摆。从思想根源上讲，则由于主观主义的思想方法在作怪。用这种思想方法观察问题，就是不从实际出发，而是从自己的主观愿望、感想出发，把片面当成全面，把局部变成全体，把树木当成森林。特别是那些脱离实际而仅有书本知识的人，思想方法比较容易表现为教条主义，即一切从"本本"出发；那些联系生产而有一定感性知识的人，思想方法比较容易表现为经验主义，即一切从狭隘的经验出发。教条主义和经验主义都是主观主义。还要看到，缺乏实践经验，对革命和建设的规律没有真正认识，对党的政策缺乏全面深刻理解，有时也会犯"左"倾或右倾的错误。可见，产生"左"倾、右倾错误的原因是复杂的，同样，克服"左"倾、右倾错误也是一个艰苦的教育过程，必须在参加革命和建设的实践中，在深入进行马列主义的理论教育和党的方针政策教育中不断提高，纠正错误。

正确地开展反倾向斗争，应该注意以下四点：

第一，实事求是地反对错误倾向。

反对"左"、右错误倾向，一定要从实际出发，实事求是，存在什么问题，就解决什么问题。正如邓小平讲的："有'左'就反'左'，有'右'就反'右'。"同时，"对'左'对'右'，都要做具体分析。"[①]在这方面，我们的经验教训是极其深刻的。在过去相当长一段时间，有些同志在反倾向斗争中，不从实际出发，不坚持实事求是的原则，一说反右倾，似乎到处都是右倾，把什么都往右倾机会主义上挂，甚至把正确的东西也当右倾错误批判；或者听说要纠正"左"倾，又似乎什么都是"左"倾。所谓"左"和右，是指党的方

---

① 《邓小平文选》第334页。

针政策的倾向讲的，至于在一般干部和群众以及基层单位的日常工作中，是什么问题就解决什么问题，不要乱上纲上线，硬往“左”或右上套，或贴“左”或右的标签。纠正“左”的和右的倾向，必须注意方法，不要层层清理，人人过关。这是要十分注意的。应该看到，即使在一个时期里，从总体上看，某种倾向在某一段时间里是主要的，但是在某些局部，这种倾向可能不是主要的，甚至没有这种倾向，或者是另一种倾向。这一情况是大量存在的。因此，我们在反倾向斗争中，决不能“一刀切”，更不能主观主义地乱反一通，而要敢于从实际出发，有“左”就反“左”，有右就反右，有什么反什么，有多少反多少，哪里发生了问题，应该尽可能就在哪里解决。这是实事求是的马克思主义的方针。遵循这样的方针，就能使我们及时排除错误倾向的干扰，保证党的路线、方针、政策的正确贯彻。

第二，防止在注意一种错误倾向的时候忽视另一种错误倾向。

在党内和革命队伍内部发生错误倾向的时候，一个时期往往有一种错误倾向是主要的。但是在反对主要错误倾向的时候，要注意防止另一种错误倾向的滋长。这是因为，世界上一切矛盾着的事物、矛盾的双方总是互相联系着，共处于一个共同体中，有了一定条件就互相转化。“左”和右这两种错误的东西，就世界观来说，都是唯心主义的，就方法论来说，都是形而上学的，这个共同的思想基础把两者联结在一起，在一定条件下它们就会互相转化。“左”和右不仅可以相互转化，而且在危害革命和干扰党的正确领导方面，又互相补充。历史经验证明，反对右的错误倾向时，可能出现“左”的错误倾向；反对“左”的错误倾向时，可能出现右的错误倾向。党的十一届三中全会以后，党在制定和实施路线、方针、政策的过程中，力求符合客观实际，防止在注意一种错误倾向的时候忽视另一种错误倾向。在这个历史大转变的时期，由于旧思想、旧习惯的严重影响，由于对新事物缺乏经验，加上其他社会政治因素的作用，人们思想上的片面性是很容易发生的。党在一系列重大原则问题上，始终保持坚定的立场，及时地正确地开展了反对“左”和右的倾向的两条战线的思想斗争。在处理许多实际问题的时候，都尽力按马克思主义的科学性全面性的要求办事。因此，才能够在较短的时间内，把许多相当复杂的思想问题和社会政治矛盾处理得比较妥善。

第三，克服“左”的僵化的思想，是相当长时期的重要任务。

党的十三大报告指出，在社会主义现代化建设和改革中，我们既要反“左”，排除僵化，又要反右，克服自由化倾向。反对这两种错误倾向的干扰和影响，将贯穿社会主义初级阶段的全过程。报告又强调指出：“从总体上说，克服僵化思想是相当长时期的主要任务。”为什么这样说呢？这是从新中国成立以来的历史和改革开放的实践中得出的结论。过去我们长期受“左”的指导思想的影响，主要吃“左”的亏，有些僵化的观点已经存在二三十年，并被当作正确的东西向人们灌输，“左”的积习很深，改起来很不容易。这一点，人们大都有亲身的感受。回顾这些年来的改革历程，从搞农村家庭承包经营责任制起，到扩大企业自主权，提出社会主义商品经济，实行对外开放，开放劳务市场、技术市场、金融市场，一直到全民所有制企业的所有权和经营权分离，推行各种形式的承包责任制等等，有哪一项改革所遇到的阻力不是主要来自“左”的僵化的旧观念和习惯势力？过去是这样，今后改革中遇到阻力恐怕还会是这样。因此，从总体上说，克服僵化思想是相当长时间的主要任务，是符合实际的。

此外，长期以来流行着这么一种说法，叫作“‘左’比右好”，其理由是：“左”是方法问题，右是立场问题。这种论调是错误的。从思想方法说，“左”与右一样，都是主观地片面地观察问题的结果，都是主观主义的方法。方法和立场是有区别的，又是有联系的。什么是我们所说的立场？毛泽东说：“我们是站在无产阶级的和人民大众的立场。对于共产党员来说，也就是要站在党的立场，站在党性和党的政策的立场。”[1]主观主义，不论是表现为右倾的主观主义，还是表现为“左”倾的主观主义，都是同马克思主义格格不入的，都是党性不纯或没有党性的一种表现。其实，“左”也好，右也好，既可能是方法问题，也可能是立场问题，要具体分析，不能一概而论。

在我们党内，“左”比右好的思想由来已久。1930年，周恩来为党中央起草的《关于武汉工作问题》的指示中就提出：“你们提出加强反‘右’倾的斗争是对的，同时‘左’倾的危险也在党内继续发生。你们应坚决反对这一观念：‘左’倾会比‘右’倾好些，在现时只怕‘右’倾不怕‘左’倾。要知道‘右’倾会障碍革命与断送革命，而‘左’倾也同样会障碍革命与断送革命的。”[2]几十年来，“左”比右好的思想可以说是绵绵不绝，直到今天，仍然在一些人的头脑中存在着。这绝不是偶然的。“冰冻三尺，非一日之寒。”我们党犯“左”的错误的倾向，比犯右的错误的时间长得多。另一方面，在长期的“左”倾错误中，都是站在“左”的立场反右，而且常常是“‘左’受禄，‘右’挨斗”。在这种现实环境中，“左”比右好的思想就很自然地产生和发展起来，宁“左”勿右也成了有些人恪守的信条。因而，右一旦被发现，只要采取措施坚决，就比较容易克服；而排除“左”的干扰，扫除“左”的阻力，比纠正“右”的问题，难度大得多。因此，提出克服僵化思想是相当长时期的主要任务，有利于我们去排除这方面的积习。

第四，反倾向斗争要坚持正确的方法。

“左”和右两种倾向基本上属于思想认识问题，纠正这两种偏向，一般说属于思想斗争的范围，因此只能说服，不能压服，而应遵循思想斗争的原则和规律，主要采取批评和自我批评的方法。大家知道，我们党在过去较长时期内曾经不适当地开展反倾向斗争，甚至使

① 《毛泽东选集》第805页。

② 《周恩来选集》上卷，第52页。

之发展到荒谬的程度。今天开展反倾向斗争，决不能重复前些年那一套戴帽子、打棍子等简单粗暴的方法。就拿今天来说，应该看到，我们党的绝大多数同志是拥护十一届三中全会以来的路线和政策的，是坚持马克思主义和赞成改革开放的，固守“左”的僵化的观念的人和否定马克思主义的人，都是极少数。因此，不要把思想一时跟不上改革步伐说成是僵化，也不要把思想解放中讲了点过头话说成是搞资产阶级自由化。我们在认识和处理党内思想矛盾时，一定要掌握好这个重要的量和质的界限。

第四节　加强理论政策学习

为了正确地贯彻执行党的政策，防止和克服在执行政策过程中可能发生的各种错误倾向，我们的干部必须努力学习和掌握马克思主义基本理论，学习方针政策，并且善于把两者的学习结合起来，这样才能从根本上提高干部的理论政策水平，提高干部的政治素质。

要把学习马克思主义基本理论同学习方针政策结合起来，需要正确认识理论和政策之间的关系。

马克思主义的基本理论，是包括马克思主义哲学、政治经济学和科学共产主义这三个组成部分在内的严密完整的体系。这一科学体系，为我们提供了根本的立场、观点和方法。我们党的一切正确的路线、方针、政策，都是在马克思主义基本理论的指导下制定的。这可以从以下四个方面来理解：

第一，马克思主义基本理论为正确地制定党的方针政策指明了总的目标和方向。掌握马克思主义基本理论，能够使共产党人通晓人类社会发展的客观规律，了解无产阶级解放运动的条件、进程和一般结果，能够正确地把握形势，把握阶级关系的变化和阶级力量的对比，正确处理当前利益与长远利益、局部利益与全局利益的关系，从而能制定正确的路线、方针和政策。

第二，马克思主义基本理论为党的各项方针政策提供了理论依据。马克思主义作为严谨的科学体系，由于它的科学性和真理性，使它具有永不衰竭的生命力，它的基本原则和基本方法，不会因时代和任务的变化而过时。无论过去和现在，我们党的正确的方针政策，都是对马克思主义基本理论的具体运用，是理论与实践相结合的产物。很显然，如果我们在基本理论上发生了迷误，或者理论与实践结合得不够好，就势必影响到所定政策的正确性。“文化大革命”中，我们没有从中国实际出发，机械地搬用列宁关于小生产每日每时地大批地产生资本主义的论述，在目标不明、界限不清的状况下，制定了一系列不正确的城乡经济政策和阶级斗争政策，在实践中犯了“左”倾的错误。党的十一届三中全会以来，党中央正是从恢复我们党过去坚持的马克思主义的科学理论入手，认真纠正了这些“左”倾错误，从而制定了一系列正确的方针政策。

第三，马克思主义基本理论为正确地制定和贯彻党的方针政策提供了方法论的指导。实事求是、群众路线，是马克思主义的科学的思想方法和工作方法。党的方针政策，就是运用这种方法，实行领导与群众相结合、理论与实际相结合、一般与个别相结合的产物。同样，党的方针政策的贯彻，需要自觉地以辩证唯物主义和历史唯物主义为指导，认真调查研究，倾听群众意见，一切从实际出发，把党的方针政策变为群众的自觉行动。

第四，马克思主义基本理论还是党的方针政策保持连续性的根本保证。方针政策的连续性表现为两个方面：一是方针政策本身是按照马克思主义的基本理论和方法制定的，是正确的；二是不同时期针对不同情况而制定的具体政策在基本精神上前后一致，在对具体政策进行调整、补充时，绝不能背离马克思主义的基本原理。

马克思主义基本理论是党的方针政策的基础，反过来，党的方针政策的提出和深化，又丰富和发展了马克思主义基本理论。我们党的每一项政策，既富有实践意义，又富有深刻的理论意义。我们党的重要文献，就是方针政策与理论的高度统一。把无产阶级政党的方针政策同马克思主义基本理论结合在一起阐述，这是马克思主义发展史上一种传统的形式。例如列宁的《论粮食税》是一篇论政策的文章，但它就在对于粮食政策的论述中，阐明了关于商品交换、关于国家资本主义、关于农民同盟军等许多问题的重要理论原理。毛泽东的《中国社会各阶级的分析》《中国革命和中国共产党》《新民主主义论》等著作，也是新民主主义革命的理论和政策的统一。党的十一届三中全会以来，我们党在实事求是、一切从实际出发的思想路线的指引下，坚持马克思主义的普遍原理同我国改革和建设的实践相结合，认真总结新中国成立以来我们党的历史经验教训，不仅提出了一系列正确的方针政策，而且在阐明方针政策的同时作了充分的理论论证，是方针政策与理论的高度统一。随着这些方针政策的贯彻和进一步完善，随着我们对社会主义再认识的加深，在哲学、政治经济学和科学共产主义等方面，发挥和发展了一系列科学理论观点，用新的实践经验充实丰富了马克思主义的一些重要原理，使之更加具体、完备；突破了某些已经过时的或者实践证明不完全正确的个别原理，而代之以新的原理和结论；根据新的历史时期的新情况和新经验，提出全新的理论原理，做出新的理论概括，从而为马克思主义理论宝库增添了新的财富。这就说明，党的方针政策同马克思主义理论是紧密联系的。

在看到党的方针政策同马克思主义理论的密切关系时，也应注意到它们之间的区别：其一，马克思主义理论是我们认识世界和改造世界的基本原则和科学方法，政策是理论与实践的中间环节。就是说，政策既受理论指导，又不是理论本身，既指导实践，又不是实践本身，它是基本理论的具体化，是实践经验的原则化，是理论与实践相结合的产物。其二，马克思主义是严密的完整的科学体系，而党的政策只是其中某一方面、某一理论或某一原理的具体应用，它不是也不可能概括马克思主义理论宝库的全部内容。其三，马克思主义是被实践证明了的科学真理，它的基本理论和基本原则是相对稳定的，而党的政策则受严格的时间性、空间性制约，随条件的变化而有所变化的。

从以上关于马克思主义理论与党的方针政策的关系的论述中可以看到，必须把学习基本理论同学习方针政策结合起来。这里应注意克服两种倾向：

一种是仅以懂得若干方针政策为满足，不去刻苦钻研马克思主义基本理论。这些人不懂得，只注意了解政策规定而不掌握基本理论，实际上政策水平也难以提高。因为没有理论根底，就对党的方针政策接受不快，领会不深，或知其然不知其所以然；就不能创造性地贯彻执行党的方针政策，只会照本宣科，生搬硬套；也不能维护政策的原则性和严肃性，容易人云亦云，忽冷忽热，时“左”时“右”。恩格斯在《反杜林论》原序中，针对德国1848年革命失败后出现的否定理论的倾向指出：“一个民族想要站在科学的最高峰，就一刻也不能没有理论思维。”[①]学习马克思主义基本理论，善于进行理论思维，是党的干部尤其是领导干部必不可少的素质。如果仅以懂得政策规定为满足，从而降低自己学习理论的要求，那么不仅不能掌握好政策，而且可能陷入不正确的思维，成为经验主义者或盲目蛮干的鲁莽家。

另一种是仅以读过一些马列著作为满足，不认真学习党的现实的方针政策。这些人不懂得，只注意读马列主义经典著作，而对现实的方针政策问题不感兴趣，实际上理论水平也提不高。衡量理论水平的高低，不在于能够背诵多少马列的词句，而是看能够运用马克思主义的立场、观点、方法，解释和解决多少现实的方针政策问题。如果只满足于读一些马列的书，而不联系现实的方针政策，不能解决实际问题，那就会变成食古不化的教条主义者。

总之，我们的干部只有坚持理论联系实际的优良作风，把学习马

① 《马克思恩格斯选集》第3卷，第467页。

克思主义基本理论同学习党的方针政策紧密结合起来，不断提高自己的理论水平和政策水平，才能成为一个自觉的革命者，也才能保证党的政策的完满实现。

后记

奉献给读者的这本小册子，可以说是自己工作实践的一个总结，也是对于政策问题的一个初步探索。

党的十一届三中全会刚结束，就组建成立了中共陕西省委政策研究室（1983年后改为中共陕西省委研究室），从那时到现在，笔者在这个部门整整工作了10年。由于工作性质的原因，平时主要是与政策打交道。多年的政策调研实践，使我深切认识到政策问题的重要性，也看到我国在政策研究上的不足与缺陷，感到亟须把政策作为一门科学来研究，我也就萌生了探索这门科学的念头，为我国社会主义政策学的建立、发展打点基础工作。但是苦于工作较忙，难以静下心来，念头始终是念头。1987年前半年，笔者有幸在中央党校进修部学习。优美的校园环境，相对安静的学习生活，给了我思考政策问题的极好机会。回顾，总结，学习，逐步理出了一些思路，形成了一个提纲，寄陕西人民出版社后，得到编辑部的赞同、支持。从1987年8月利用工作之余开始拟写，到1988年8月，也就是历时一年，这本小册子得以脱稿。以上是撰写该书的缘由和过程。

政策学作为一门新兴学科，在我国正处在创立阶段，需要大家动手，共同努力。本书只是涉猎这一领域的一个初步尝试，是在学习和实践中的一些体会，因此只能是政策科学大厦上的一块砖石。由于水平有限，加之时间仓促，不当之处在所难免，敬祈读者指正。

在本书写作过程中，得到许多同志的支持和鼓励。姜桦同志通阅全稿，提了好多宝贵意见，笔者也参考和吸收了一些同志的研究成果，在此一并表示感谢。

郑欣淼

1988年9月17日